Être et vérité

Collection « Ouverture philosophique »
Série « Bibliothèque »
dirigée par
Jean-Marc Lachaud et Bruno Péquignot

Une collection d'ouvrages qui se propose d'accueillir des travaux originaux sans exclusive d'écoles ou de thématiques.

Il s'agit de favoriser la confrontation de recherches et des réflexions, qu'elles soient le fait de philosophes « professionnels » ou non. On n'y confondra donc pas la philosophie avec une discipline académique ; elle est réputée être le fait de tous ceux qu'habite la passion de penser, qu'ils soient professeurs de philosophie, spécialistes des sciences humaines, sociales ou naturelles, ou… polisseurs de verres de lunettes astronomiques.

La série « Bibliothèque » comporte des ouvrages qui inaugurent ou complètent la connaissance des philosophes en explorant leur problématique, leur argumentation et leur héritage.

Dernières parutions

Pierre ZANGA, *De l'éthique chrétienne à l'éthique philosophique. Une question de métaphysique*, 2023.
Crispin SOLULA MASUNDA, *Rationalité et communication chez Jürgen Habermas. Approche critique et contextualisée*, 2023.
Isabelle RAVIOLO, *Vers l'empreinte incréée*, 2023.
Pascal GAUDET, *Kant et l'éthique de la pensée*, 2023.
Joël BIENFAIT, *Rousseau et la tentative philosophique. Croyance et coût de Dieu. Essai d'Analyse ontologique*, 2023.
Constantin BRUNNER, *Matérialisme et idéalisme*, 2023.
Alla Marcellin KONIN, *La religion de Spinoza : une joie christique*, 2023.
Giancarlo PIZZI, *Niklas Luhmann et la gouvernance systémique*, 2023.
Akos CSEKE, *La vie pour la vérité. Etudes sur le dernier Foucault*, 2023.
Jonathan DAUDEY, *La pharmacie de Nietzsche. De la philosophie comme médecine*, 2023.
André PHILIP, *Lectures du* Phèdre *de Platon*, 2023.
Nicolas DITTMAR, *Comenius et l'Europe. Une critique de la faculté de croire. La philosophie de la pansophie coménienne*, 2023.
Jean-Pierre Emmanuel JOUARD, *La démonstration du manifeste. Le spectre et la puissance II (Marx/Heidegger II)*, 2023.
Jean-Pierre Emmanuel JOUARD, *La répétition, la politiquez et l'histoire. Le spectre et la puissance I (Marx/Heidegger II)*, 2023.

François Doyon

Être et vérité

Les origines platoniciennes de l'herméneutique de Hans-Georg Gadamer

Du même auteur :

Les philosophes québécois et leur défense des religions, Paris, Connaissances et Savoir, 2017.

Nietzsche : Généalogie de la morale, Montréal, CEC, 2019.

Platon : Lachès/Lysis, Montréal, CEC, 2020.

© L'Harmattan, 2023
5-7, rue de l'Ecole-Polytechnique, 75005 Paris
http://www.editions-harmattan.fr
ISBN : 978-2-336-41906-0
EAN : 9782336419060

Le sentier des justes est comme la lumière resplendissante, qui augmente son éclat jusqu'à ce que le jour soit en sa perfection.

Proverbes 4,18

À Tommy Guignard, qui a cru en moi depuis le commencement.

TABLE DES MATIÈRES

Introduction... 9

1. Herméneutique de la facticité et métaphysique....................... 17

2. La doctrine de Heidegger sur Platon.................................... 23

3. L'interprétation gadamérienne de Platon............................... 45

4. Plotin : un Platon ressuscité.. 69

5. Les théories antiques et médiévales de l'art........................... 75

6. La pensée chrétienne... 107

7. La métaphysique de la lumière.. 139

Conclusion.. 173

Bibliographie... 185

Remerciements... 193

Sigles

GA Martin HEIDEGGER, *Gesamtausgabe*, Franfurt am Main, Vittorio Klostermann, 1975—.
GW Hans-Georg GADAMER, *Gesammelte Werke* 1-10, Tübingen, J.-C. B. Mohr (Paul Siebeck), 1986-1995.
VM Hans-Georg GADAMER, *Vérité et méthode. Les grandes lignes d'une herméneutique philosophique*, trad. P. Fruchon, J. Grondin, G. Merlio, Paris, Seuil, 1996.

Introduction

Quid est veritas ? Qu'est-ce que la vérité ? À la question de Pilate, le penseur allemand Hans-Georg Gadamer (1900-2002) propose une réponse surprenante. En effet Gadamer est le père d'une œuvre qui s'oppose à la fois au relativisme postmoderne et à l'idéal de neutralité des sciences modernes. Selon Gadamer, la vérité existe en philosophie et en sciences humaines. Même si, comme le dit Nietzsche, tout est interprétation, une vérité subsiste malgré tout.

Traditionnellement, l'herméneutique est la discipline de l'interprétation des textes sacrés et juridiques. Martin Heidegger, le maître de Gadamer, a redéfini le terme pour en faire une caractéristique essentielle de l'être humain. Tout être humain est en quête de sens et cela détermine radicalement son existence. Gadamer va élaborer à la suite de Heidegger une herméneutique philosophique dans le but de montrer que la vérité existe en sciences humaines et en philosophie.

Pour élaborer sa théorie générale de l'interprétation, Gadamer se fonde sur un élément de l'herméneutique traditionnelle, le cercle herméneutique du tout et de ses parties. Devant un texte obscur, le lecteur présuppose *a priori* qu'il forme un tout cohérent et l'interprète en projetant des hypothèses de sens sur les parties qui le compose. Tant que les hypothèses de sens projetées sur chacune des parties restent cohérentes avec le tout, nous pouvons considérer l'interprétation comme crédible. Si, progressant dans la lecture du texte, on se rend compte que notre hypothèse de sens projetée sur les premières parties lues n'est plus cohérente avec la totalité composée par les parties suivantes, il faut alors retourner au point de départ et trouver une meilleure présupposition de sens. « La justesse de la compréhension a toujours pour critère l'accord de toutes les parties avec le tout[1]. » Autrement dit, pour bien interpréter, il faut présumer de la rationalité et de la cohérence du texte, anticiper sa perfection, avant de le soumettre à une explication scientifique. Au départ, il y a les préjugés, qui sont les conditions de possibilité de la compréhension. C'est toujours à partir d'une certaine hypothèse interprétative que l'on aborde un texte. Un dialogue de Platon lu pour la première fois est lu à partir des préjugés que l'interprète possède déjà sur la pensée platonicienne. Ces préjugés seront éventuellement remis en question et révisés s'ils ne sont pas cohérents avec ce qui sera découvert dans le dialogue. Les préjugés sont révisés, mais

---

[1] VM, p. 313 ; GW 1, p. 296.

jamais complètement éliminés, car la compréhension de Platon n'est jamais définitive. Il faut être conscient de nos préjugés interprétatifs, le plus grave préjugé consiste à se croire sans préjugés, car il nous vient de la croyance en la possibilité d'un point de vue neutre et objectif sur une œuvre philosophique. Or, toute compréhension est une réponse à une question émanant de celui qui tente de comprendre. Lire un texte philosophique, c'est chercher en lui des réponses à nos questions, c'est le voir comme notre interlocuteur dans un échange. Le questionnement de l'interprète est présent dans l'interprétation. La compréhension nous engage. En cela, l'interprétation ne génère pas une vision objective du texte, mais une fusion entre l'horizon du passé et l'horizon du présent. Il est impossible d'échapper complètement à l'influence de la tradition. Nos préjugés, nos questionnements sont déterminés en grande partie par la tradition. Par conséquent, aucune interprétation ne peut échapper au travail de l'histoire (*Wirkungsgeschichte*).

> Personne ne peut sérieusement croire qu'il peut lire Platon sans entendre d'une certaine manière la voix secrète d'Augustin, même s'il n'a jamais lu une seule ligne d'Augustin. Mais derrière Augustin, il y a aussi tous les écrivains grecs de l'Antiquité tardive, notamment ceux de la philosophie que l'on appelle néoplatonicienne, fondée par Plotin, ce génie si singulier qui, dans l'Antiquité tardive, a renouvelé la pensée platonicienne comme s'il était un second Platon[1].

Voilà qui exprime bien la « méthode » de Gadamer en histoire de la philosophie.

Pourquoi une herméneutique philosophique est-elle nécessaire ? Notamment parce que la pensée occidentale actuelle trace des frontières étanches entre la philosophie, la religion, la science et l'art. Ce cloisonnement nous confronte maintenant, affirme Gadamer, à la tâche de méditer l'unité fondamentale du savoir issu de notre tradition de sagesse religieuse et poétique, unité qui était toujours vivante chez Platon[2].

---

[1] H.-G. Gadamer, « L'actualité de la philosophie grecque » [1972], *Esquisses Herméneutiques. essais et conférences*, trad. J. Grondin, Paris, Vrin, 2004, p. 126 ; Hermeneutische Entwürfe. Vorträge und Aufsätze, Tübingen, J. C. B. Mohr (Paul Siebeck), 2000, p. 98.

[2] H.-G. GADAMER, « Le retour au commencement » [1986], *Les chemins de Heidegger*, trad. J. Grondin, Paris, Vrin, 2002, p. 268 ; GW 3, p. 415-416.

> Peut-on se contenter de voir en Platon une simple étape conduisant à la métaphysique ? Ne devrait-on pas plutôt voir en lui un témoin privilégié de l'unité indéniable du savoir et d'une tradition de sagesse religieuse et poétique ? Si cette dernière lecture devait s'avérer juste, il se pourrait que nous ayons encore des choses à apprendre de Platon[1].

C'est à la faveur d'un intense dialogue avec le platonisme que Gadamer présente les grandes lignes de son herméneutique philosophique dans *Vérité et méthode*, paru en 1960. Cet ouvrage d'une grande densité convoque plusieurs notions forgées par des siècles de méditations métaphysiques, parfois même théologiques, comme les notions d'émanation néoplatonicienne et d'incarnation chrétienne. La convocation de notions issues de la tradition platonicienne lui permet de rappeler ce que la philosophie moderne, obnubilée par les éclatants succès des sciences de la nature, a laissé sombrer dans l'oubli.

Le professeur d'histoire des religions américain David W. Carpenter s'est penché sur les présupposés ontologiques de *Vérité et méthode* et souligne que l'herméneutique gadamérienne se fonde sur une conception de l'être comme autoreprésentation, conception qu'il partage avec la tradition néoplatonicienne et qui justifie l'emploi par Gadamer de la notion d'émanation pour penser la vérité comme auto-expression de l'être[2]. Carpenter a le grand mérite d'avoir pour la première fois attiré l'attention sur quelques-uns des présupposés ontologiques qui structurent souterrainement *Vérité et méthode*.

Poursuivant dans la même voie, la minutieuse exégèse de John Arthos, professeur au département d'anglais de l'Université de l'Indiana, met en évidence la grande influence de la théologie médiévale sur la pensée de Gadamer, en plus de commenter en détail les neuf pages du chapitre « Le langage et le verbe » de *Vérité et méthode*[3]. Arthos montre comment le mystère théologique de l'Incarnation procure à Gadamer les ressources conceptuelles nécessaires pour résoudre le problème philosophique du

---

[1] H.-G. GADAMER, « Le retour au commencement » [1986], *Les chemins de Heidegger*, trad. J. Grondin, Paris, Vrin, 2002, p. 268 ; GW 3, p. 415-416.
[2] D. CARPENTER, « *Emanation, Incarnation,* and the *Truth-Event* in Gadamer's *Truth and Method.* », B. R. WACHTERHAUSER (dir.), *Hermeneutics and truth*, Evanston, Northwestern UP, 1994, p. 98-122.
[3] J. ARTHOS, *The Inner Word in Gadamer's Hermeneutics*, New-York, University of Notre Dame Press, 2009. Voir aussi sur le même thème M. OLIVA, *Das innere Verbum in Gadamer's Hermeneutik*, Tübingen, Mohr Siebeck, 2009.

rapport du langage à la réalité. D'après Arthos, en comparant le rapport des mots aux choses à celui du Père et du Fils, Gadamer souligne que l'expression des choses dans le langage n'est pas un amoindrissement de leur être, mais plutôt la pleine réalisation de leur existence, tout comme l'Incarnation de Dieu dans le Fils n'est pas un amoindrissement du Père, mais l'accomplissement de l'œuvre divine. Mais en insistant sur la proximité de Gadamer avec Heidegger, Arthos ne montre pas suffisamment dans quelle mesure Gadamer se distingue de ce dernier, le retour à la théologie médiévale du *logos* étant quelque chose d'absolument impensable pour un Heidegger préoccupé par le dépassement de la métaphysique.

Dans sa présentation de l'interprétation heideggérienne de Platon, François Renaud, professeur de philosophie à l'Université de Moncton, met en évidence cette distance que Gadamer prend vis-à-vis de Heidegger[1]. Le Platon de Gadamer serait au fond toujours resté un socratique : aucune métaphysique dualiste et aucun dogmatisme. Selon Renaud, le Platon de Gadamer aurait toujours plus insisté sur l'importance d'accorder la théorie avec la pratique que sur l'urgence de soumettre la pratique à la domination de la raison théorique.

Les commentaires de Gadamer portant sur le néoplatonisme se font plutôt rares. Mis à part quelques références éparses, on ne retrouve qu'un seul texte consacré à Plotin dans la *Gesammelte Werke*[2]. Toutefois, peu de temps avant sa mort, Gadamer a parlé de Plotin dans une série documentaire sur l'histoire de la philosophie, présentée en Italie en 2000[3]. Cet exposé tardif est une confirmation de la lecture gadamérienne de Plotin qu'il est possible de dégager des références à Plotin disséminées dans l'œuvre de Gadamer ainsi qu'une preuve supplémentaire de l'influence marquante qu'a exercée le néoplatonisme sur son herméneutique.

Aussi, la discussion amorcée par Carpenter, Arthos et Renaud mérite en effet d'être approfondie par une étude systématique de la présence de motifs néoplatoniciens dans *Vérité et méthode*. Dans le présent essai, je veux montrer pourquoi et comment Gadamer s'est inspiré de la tradition néoplatonicienne pour critiquer la conception moderne de la vérité.

---

[1] F. RENAUD, *Die Resokratisierung Platons. Die platonische Hermeneutik Hans-Georg Gadamers*, Sankt Augustin, 1999. Cette étude est partiellement résumée dans F. RENAUD, « Gadamer, lecteur de Platon », *Études phénoménologiques* 26, 1997, p. 33-57.
[2] H.-G. GADAMER, « Denken als Erlösung. Plotin zwischen Plato und Augustin » [1980], GW 7, p. 407-417.
[3] H.-G. GADAMER, « Plotino », *Il Cammino della Filosofia*, RAI educational, 2000.

Cette influence a reçu relativement peu d'attention, cela est en outre imputable au fait que Gadamer demeure très allusif dans ses références au néoplatonisme à l'intérieur de *Vérité et méthode*, notamment dans les dernières sections. On sent qu'il est pressé d'en finir, mais ce n'est pas parce que les références au néoplatonisme sont peu explicites qu'il n'en fut pas inspiré pour élaborer sa conception de la vérité et son rapport à l'être.

Contre une certaine tradition de pensée qui survit encore dans la volonté de domination de la science et de la technique moderne, Gadamer s'inspire de certains aspects du néoplatonisme chrétien pour revaloriser les arts et le langage et reconquérir ainsi leur prétention à la vérité qui a été remise en question sous l'influence de la fascination qu'exercent les succès des sciences empiriques de la nature. Contre l'idéal scientifique d'objectivité et de neutralité de l'interprétation, Gadamer insiste sur le fait que la dépossession de soi que provoque l'art est nécessaire à sa compréhension.

L'être n'a de sens que dans le langage. C'est le langage qui éclaire l'existence. La pensée émane de la parole. La vérité est la lumière. Par le langage, l'humain fait vivre le monde qui l'entoure, car pour parler des êtres et des choses, il en parle comme il parlerait de lui-même, de son existence. C'est ce que je vais développer dans le présent essai.

Je veux démontrer que le néoplatonisme intervient à trois moments cruciaux de *Vérité et méthode*. Premièrement, contre la thèse selon laquelle une image n'est qu'une imitation n'ayant qu'une valeur esthétique, Gadamer fait valoir que la représentation artistique est une émanation de l'être qui y est représenté et qui déborde de lui-même dans son image, ce qui lui confère un surcroît d'être.

Deuxièmement, contre la thèse selon laquelle le langage n'est qu'un instrument utilisé par la pensée pour manipuler les concepts, Gadamer avance l'idée selon laquelle le langage est une émanation des choses elles-mêmes. Le langage est en vérité le surcroît d'être qui émane des choses.

Troisièmement, contre la thèse selon laquelle la vérité n'est que la correspondance d'une proposition avec les faits, Gadamer affirme que la vérité est une émanation de l'être. De l'être émane une lumière par laquelle il se donne à la compréhension. C'est baigné par la lumière de l'être que l'être fini de l'homme peut connaître la vérité. Cette lumière de l'être est associée à l'éclat du beau dans la pensée de Platon. Gadamer renoue avec l'antique lien que la culture occidentale avait établi entre la beauté et la vérité.

Je montrerai que ces trois emplois de la notion d'émanation ne sont pas métaphoriques. La présence de cette notion néoplatonicienne est justifiée par le fondement ontologique de *Vérité et méthode*. Gadamer affirme dans les dernières pages de son ouvrage que l'être comporte une dimension d'autoreprésentation. Or, on découvre dans une étude de 1983 qu'il attribue la paternité de cette conception de l'être à Plotin[1]. Je ferai la démonstration de ce motif néoplatonicien au moyen d'une archéologie des sources de *Vérité et méthode* et d'une reconstruction de sa conclusion qui me permettra de dégager l'unité structurelle de l'œuvre. En effet, *Vérité et méthode* se termine par une section qui est plus rigoureuse qu'il n'y paraît de prime abord. Le dernier chapitre, « *Der universale Aspekt der Hermeneutik* », renferme les éléments qui, rétrospectivement, peuvent servir de fil conducteur à la compréhension de l'œuvre entière.

Je reconstruis l'argumentation de Gadamer afin de montrer que le dernier chapitre de *Vérité et méthode* constitue malgré les apparences une véritable conclusion. Autrement dit, il s'agit de faire voir que le moment néoplatonicien fait partie de la stratégie de Gadamer pour surmonter les apories de la modernité. Gadamer ne rejette pas la métaphysique traditionnelle comme l'a fait Heidegger. Même s'il reste indéniablement très proche de Heidegger, son interprétation de Platon, de son rôle dans l'histoire de la métaphysique et de sa conception de la métaphysique elle-même, corrige la lecture heideggerienne.

En ce sens, je vais expliquer au chapitre premier en quoi l'herméneutique de la facticité du jeune Heidegger constitue une source de la pensée de Gadamer, tout en montrant dans quelle mesure le projet philosophique de Gadamer se distingue de celui de son maître en ce qui concerne le jugement porté sur la métaphysique. Comme une bonne façon d'éclairer le rapport de Heidegger à la métaphysique consiste à expliquer pourquoi, selon lui, Platon est à l'origine du nihilisme occidental, je montre au chapitre deuxième dans quelle mesure la conception platonicienne de l'être peut conduire au déploiement de la technique planétaire. Aux fins de comparaison, le troisième chapitre exposera en quoi l'interprétation gadamérienne de Platon constitue une critique de celle de Heidegger. Au chapitre quatrième, j'explique pourquoi, selon Gadamer, il y a une réelle continuité entre le platonisme et le néoplatonisme. Ce faisant, on verra Gadamer se démarquer encore davantage de Heidegger en montrant que le prolongement plotinien de la pensée platonicienne, loin d'occulter une

---

[1] H.-G. GADAMER, « Der platonische »Parmenides« und seine Nachwirkung » [1983], GW 7, p. 326-327.

doctrine de la vérité de l'être comme dévoilement, y conduit très précisément.

Je serai alors en mesure d'expliquer le rôle de la métaphysique néoplatonicienne dans *Vérité et méthode*. On verra d'abord comment Gadamer mobilise la tradition platonicienne pour surmonter le subjectivisme de l'esthétique moderne. La première partie du cinquième chapitre montrera en quoi l'objectivité est un obstacle à la compréhension au moyen d'une description phénoménologique du jeu de l'art où la participation du spectateur est constitutive du processus ontologique de la représentation. Gadamer assimile cette participation du spectateur au jeu de l'art à l'expérience de fusion dans l'Un de l'âme du sage néoplatonicien, comme le prouve l'exposé datant de l'année 2000 sur Plotin auquel j'ai fait allusion ci-dessus. La seconde partie de ce chapitre expliquera comment la notion néoplatonicienne d'émanation permet de penser la présence du représenté dans sa représentation afin de redonner une dignité ontologique à l'image. Il faudra voir dans quelle mesure Gadamer se réclame de penseurs chrétiens marqués par le néoplatonisme, comme Jean Damascène et le Pseudo-Denys, pour revaloriser l'image et l'allégorie, considérées par la modernité comme n'étant que fictions d'une subjectivité incapable d'accéder à la vérité. D'une manière plus précise, je montrerai que c'est le recours à des éléments de la métaphysique néoplatonicienne qui a permis à ces auteurs chrétiens, et à Gadamer à leur suite, de penser la possibilité d'une présence de la vérité dans l'image et l'allégorie.

Le chapitre suivant portera sur le langage, pour expliquer comment la pensée chrétienne permet de dépasser la philosophie grecque du *logos* et de mieux rendre compte de l'être de la langue. Je pourrai ensuite m'interroger sur le sens de l'affirmation équivoque de Gadamer « L'être qui peut être compris est langage ». Comment faut-il comprendre cette affirmation ? Le septième chapitre répondra à cette question, où sera abordé l'aspect proprement métaphysique de l'herméneutique philosophique.

L'herméneutique de Gadamer repose-t-elle sur des présupposés métaphysiques qui fondent l'unité du langage et de l'être ? Comment Gadamer peut-il affirmer que le langage est la lumière de l'être ? Un chapitre, qui porte sur la métaphysique de la lumière dans la dernière partie de *Vérité et méthode*, fait valoir que l'exhumation de concepts néoplatoniciens permet de repenser à nouveaux frais le langage dans son rapport à la vérité. Cela fera voir que le concept de lumière, avec toute la charge métaphorique que lui ont donnée des siècles de spéculations néoplatonisantes, est le concept clé de toute l'ossature ontologique de *Vérité et méthode*. Plus précisément, je vais expliquer comment s'effectue dans la troisième partie de *Vérité et méthode* le passage d'une métaphysique du bien à une métaphysique de la lumière du beau. Cette métaphysique de la lumière, une fois dégagée, permet à Gadamer de penser le langage comme une lumière qui dévoile la vérité des choses et qui, partant, rend toute compréhension possible.

Il sera alors possible de voir comment l'ontologie gadamérienne du langage découle d'une interprétation néoplatonisante de la notion platonicienne du beau et de la notion de lumière chez Augustin. Mais l'influence de cette métaphysique de la lumière se retrouve également, comme j'aurai l'occasion de le démontrer dans le détail, chez Thomas d'Aquin, qui est un des penseurs chrétiens ayant le plus influencé Gadamer dans *Vérité et méthode*. La métaphysique de la lumière du beau, d'origine néoplatonicienne et reprise par Thomas d'Aquin, joue un rôle architectonique dans *Vérité et méthode*.

En somme, Gadamer s'approprie la pensée chrétienne pour revaloriser le sensible et la contingence historique et se réclame de la métaphysique traditionnelle pour contrer le subjectivisme de la pensée moderne. Malgré la présence de nombreux penseurs religieux dans *Vérité et méthode*, Gadamer ne va s'intéresser qu'à leur ontologie. Il se positionne ainsi contre Heidegger dans sa relation avec la métaphysique traditionnelle, mais avec lui dans la lutte contre le subjectivisme moderne. Gadamer montre ainsi que l'on peut surmonter les problèmes posés par la modernité sans avoir à procéder à un « dépassement » de la tradition métaphysique, mais plutôt en se la réappropriant de manière positive. Il est de toute façon impossible et inutile de tenter d'échapper à l'histoire, car nous lui appartenons. Gadamer poursuit le travail de destruction de la métaphysique moderne entrepris par son maître Heidegger, mais en ayant recours à la métaphysique traditionnelle, même si la chose peut sembler étonnante de la part d'un des plus proches disciples de Heidegger. La critique de l'aboutissement ultime de l'histoire de la métaphysique, la métaphysique de la subjectivité, horizon de toute la modernité, se fait sous la conduite de la tradition platonicienne elle-même et non contre elle :

> Le modèle platonicien peut, je pense, nous livrer une leçon précieuse. Il nous montre, en effet, comment nous pouvons parvenir à une pensée autonome et articulée qui maintient l'héritage de la métaphysique dans la mesure où il est fécond, c'est-à-dire qui ne

néglige rien de ce qui nous permet de comprendre quelque chose[1].

Serait-il possible que ce que Heidegger avait identifié comme étant la cause de la détresse moderne en contienne en vérité le remède ? Ou, si l'on reformule la question, est-ce à dire qu'une métaphysique de la finitude sous les auspices du platonisme demeure possible ? Telle est la question par laquelle je vous convie à philosopher avec Gadamer.

---

[1] H.-G. GADAMER, « Le retour au commencement » [1986], *Les chemins de Heidegger*, trad. J. Grondin, Paris, Vrin, 2002, p. 266 ; GW 3, p. 414-415.

CHAPITRE 1

HERMÉNEUTIQUE DE LA FACTICITÉ ET MÉTAPHYSIQUE

Le *Natorp-Bericht*, rédigé en 1922, est l'un des premiers textes de Heidegger lu par Gadamer[1]. Ce court écrit est un essai où Heidegger, pressé par Paul Natorp de soumettre un compte-rendu de ses recherches, expose sa révolutionnaire approche d'Aristote et y présente les notions fondamentales d'*Être et temps*. Heidegger y explique notamment que le questionnement radical d'Aristote sur l'être n'est pas purement désintéressé, car l'amoureux du savoir pour lui-même est intimement préoccupé par les questions qui l'habitent, voire le hantent. Le questionnement sur l'être est toujours la mise en question de son propre être.

Gadamer découvrit dans le manuscrit de Heidegger une conception de la philosophie radicalement différente de celle qu'il avait connue jusqu'alors auprès de ses maîtres néokantiens. Heidegger commence par faire une critique fondamentale et révolutionnaire de l'approche des historiens de la philosophie, qui font d'Aristote un pur objet historique. Il dénonce la volonté de neutralité de ceux qui se croient objectifs, qu'il décrit en ces termes : « On considère que, pour mettre hors-jeu toute subjectivité, il suffit de ne pas se soucier de ce que l'on "fait vraiment" et d'ignorer les moyens conceptuels mis en œuvre[2]. »

Pour comprendre Aristote, dit Heidegger, l'interprète ne peut pas faire comme si son interprétation était tout à fait indépendante de son propre questionnement. On ne peut pas avoir un point de vue neutre sur Aristote. « La situation de l'interprétation en tant qu'appropriation compréhensive du passé est toujours celle d'un présent vivant[3]. » Notre capacité à entendre Aristote dépend de notre capacité à lui poser les questions qui sont

---

[1] Le *Natorp-Bericht* fut publié en 1989 sous le titre « Phänomenologische Interpretationen zu Aristoteles », *Dilthey-Jahrbuch für Philosophie und Geschichte der Geisteswissenschaften*, n° 6, 1989. Nous citerons la traduction de Jean-François Courtine (*Interprétations phénoménologiques d'Aristote*, Mauzevin, TER, 1992).
[2] M. HEIDEGGER, *Interprétations phénoménologiques d'Aristote*, Mauzevin, TER, 1992, p. 22, p. 18.
[3] M. HEIDEGGER, *Interprétations phénoménologiques d'Aristote*, Mauzevin, TER, 1992, p. 22, p. 17.

aujourd'hui les nôtres. « Le passé ne s'ouvre qu'à la mesure de la résolution et de la capacité de révélation dont dispose le présent[1]. »

Que peut nous dire aujourd'hui Aristote lorsqu'au tout début de la *Métaphysique* il proclame : « Tous les hommes désirent naturellement savoir[2] » ? Selon Heidegger, la philosophie est pour Aristote la tendance ultime de l'interprétation soucieuse de la facticité[3]. Heidegger découvre chez Aristote que la philosophie n'est rien d'autre que la vie qui cherche à s'expliquer elle-même. Cette autoexplicitation de la vie tient à la facticité du *Dasein*. Jeté dans une existence contingente, le *Dasein*, c'est-à-dire l'être au monde, souffre d'une inextinguible soif de sens. Il est ainsi voué de par la radicale contingence de son être à une infinie quête de sens. Le désir naturel de savoir surgit de la facticité de la vie humaine. On peut parler de la facticité de l'existence humaine dans la mesure où la vie est constituée d'événements contingents dont le sens nous échappe. La vie est une suite d'accidents. La facticité désigne donc l'existence humaine dans ce qu'elle a de plus concret, mais en même temps aussi dans ce qu'elle a de plus opaque.

La philosophie, pour être vraiment rigoureuse, ne doit pas faire abstraction de cette dimension factice de l'existence humaine et afficher un air de neutralité à l'égard de la radicalité du questionnement d'un penseur comme Aristote. Il faut reconnaître que la pensée métaphysique inaugurée par Aristote surgit de la facticité de l'existence humaine et nous concerne directement :

> Avec ce poids qu'elle est en elle-même, la vie, conformément au sens fondamental de son être, n'est pas pesante au sens d'une propriété accidentelle. Si la vie n'est proprement ce qu'elle est qu'en cette gravité pénible, alors la façon appropriée d'y accéder originellement et de maintenir ouvert cet accès ne peut consister qu'à l'aggraver. La recherche philosophique doit s'en tenir à cette mission, si elle ne veut pas manquer de fond en comble son objet[4].

---

[1] M. HEIDEGGER, *Interprétations phénoménologiques d'Aristote*, Mauzevin, TER, 1992, p. 22, p. 17.
[2] ARISTOTE, *Métaphysique* A, 1, 980 a 21, trad. Tricot.
[3] M. HEIDEGGER, *Interprétations phénoménologiques d'Aristote*, trad. J.-F. Courtine, Paris, Mauzevin, TER, 1992, p. 46.
[4] M. HEIDEGGER, *Interprétations phénoménologiques d'Aristote*, Mauzevin, TER, 1992, p. 22, p. 19.

En 1922, la philosophie est pour Heidegger une herméneutique de la facticité, c'est-à-dire le questionnement d'un être contingent qui veut savoir pourquoi il est là. Philosopher, c'est vouloir se comprendre soi-même.

D'après J. Greisch, cette conception de la philosophie qui a tant marqué Gadamer trouve son origine chez Augustin. En effet, c'est dans le cours de Heidegger sur la phénoménologie de la vie religieuse de 1920-1921 — où il se livre à une interprétation phénoménologique du livre X des *Confessions* d'Augustin — qu'est élaborée la notion d'herméneutique de la facticité[1]. On peut lire au livre X des *Confessions* que la vie sans Dieu est vécue comme un lourd poids :

> Lorsque je serai uni à vous dans toutes les puissances et toutes les parties de mon âme, je ne sentirai plus de travaux ni de douleurs, et ma vie sera toute pleine de vous ; car au lieu de rendre l'âme plus pesante en la remplissant, vous la rendez au contraire plus active et plus légère. Et ce qui fait que je suis encore à charge à moi-même, c'est que je ne suis pas entièrement rempli de vous[2].

La facticité de la vie s'éprouve comme une lourdeur, une incompréhensibilité radicale qu'il nous faut endurer :

> Nul n'aime les maux qu'il souffre [*tolerare*], quoiqu'il aime la souffrance de ces maux ; car encore qu'on se réjouisse de souffrir ce qu'il faut souffrir, on aurait néanmoins plus de joie de n'avoir rien à souffrir[3].

Heidegger voit dans le *tolerare* la marque de la facticité de l'existence humaine concrète : « Le *tolerare* circonscrit un ensemble particulier de représentations qui ne se forment pas dans l'abstrait, mais qui se déploient en suivant les caractéristiques et le cours de la vie concrète […][4]. » Cette facticité est le caractère de l'être propre de notre *Dasein* qui est d'être « toujours et à chaque fois ce *Dasein*-là[5] ». Ce *Dasein*, que nous sommes, ne

---

[1] J. GREISCH, *L'arbre de vie et l'arbre du savoir. Le chemin phénoménologique de l'herméneutique heideggérienne (1919-1923)*, Paris, Cerf, 2000, p. 22.
[2] AUGUSTIN, *Confessions*, X, 28, trad. Arnauld d'Andilly.
[3] AUGUSTIN, *Confessions*, X, 28, trad. Arnauld d'Andilly.
[4] GA 60, p. 206.
[5] M. HEIDEGGER, GA 63, p. 7.

se saisit pas d'abord comme objet, il ne fait pas l'objet d'une contemplation, mais plutôt d'un accomplissement. En d'autres termes, le *Dasein* n'est pas un objet existant, il est plutôt une existence, au sens transitif et passager du terme. Cette existence facticielle du *Dasein* est caractérisée par un emportement *sui generis* commandé par le souci. « Le sens fondamental de la mobilité facticielle est le souci (*curare*) », écrit Heidegger en 1922[1]. La vie facticielle ne peut être fondamentalement comprise que dans l'horizon du souci[2]. Cette facticité est toujours vécue sur le mode du « concernement », car il y va toujours de cette facticité elle-même, elle se vit dans le souci qu'elle a pour elle-même[3]. Je me soucie de cette facticité que je suis.

L'existence humaine est en manque permanent de compréhension. La compréhension de sa propre existence n'est toujours qu'une pâle lueur qui vacille dans des ténèbres impossibles à dissiper. L'herméneutique surgit ainsi de la vie facticielle elle-même[4]. Le *Dasein* n'existe qu'en tant qu'être qui s'interprète lui-même. Il n'existe toujours qu'au sein d'une interprétation, le *Dasein* étant un être essentiellement interprétatif.

Heidegger, dans son cours de 1923, définit son herméneutique comme étant « la façon unitaire d'attaquer, d'aborder, d'aller vers, d'interroger et d'expliciter cette facticité[5] ». La tâche de l'herméneutique de la facticité est de rappeler que le *Dasein* est un être voué à l'interprétation de lui-même. Présupposant ainsi que la facticité tend à rejeter son caractère fondamental, l'herméneutique veut tirer la facticité de son oubli de soi, rendre le *Dasein* attentif à lui-même.

Si une herméneutique de la facticité est nécessaire, c'est que la vie facticielle a toujours tendance à s'occulter elle-même en s'interprétant de façon à nier sa facticité. Le *Dasein* cherche constamment à s'oublier lui-même afin d'apaiser son souci de soi, ce qui se manifeste particulièrement dans la manière dont il évite de faire face à sa temporalité radicale en niant sa mortalité. La science elle-même est une forme de négation de la facticité du *Dasein* : la recherche du fondement absolu de la science constitue essentiellement un refus de la temporalité. Ce désir de permanence, que ce soit dans les sciences, dans la religion ou dans la philosophie, s'explique,

---

[1] M. HEIDEGGER, *Interprétations phénoménologiques d'Aristote*, Mauzevin, TER, 1992, p. 21.
[2] J. GREISH, *L'Arbre de vie et l'Arbre du savoir*, Paris, Éditions du Cerf, 2000, p. 22.
[3] J. GRONDIN, « Le passage de l'herméneutique de Heidegger à celle de Gadamer », *Le tournant herméneutique de la phénoménologie*, Paris, Presses Universitaires de France, 2003, p. 63.
[4] J. GREISH, *L'Arbre de vie et l'Arbre du savoir*, Paris, Éditions du Cerf, p. 23.
[5] M. HEIGEGGER, GA 63, p. 9.

selon Heidegger, par le refus de notre temporalité, par notre fuite devant notre propre mort. L'herméneutique de la facticité a donc pour tâche expresse de nous défaire des interprétations reçues qui empêchent le *Dasein* de s'éveiller à lui-même. Il y a des manières de comprendre l'existence libérée de cette obsession de certitude absolue caractéristique de la philosophie moderne. N'en déplaise à Descartes, seuls les dieux ont droit à la certitude absolue. Les mortels doivent apprendre à supporter leur finitude pour se comprendre tels qu'ils sont et s'en tenir à la seule certitude qui leur soit accordée : la nécessité de mourir.

Il importe de remarquer que cette conception de l'herméneutique est radicalement différente de celle de la tradition herméneutique, car elle ne s'intéresse plus directement aux textes, mais plutôt à l'existence elle-même. Elle abandonne également le projet d'une formulation des règles ou des méthodes interprétatives devant assurer l'objectivité de l'interprétation.

Il est clair que Gadamer se réclame de Heidegger et de son projet herméneutique, mais il s'en réclame sans tout à fait reprendre le *pathos* de la *Selbtbekümmerung* appelée à s'éveiller à elle-même[1]. Il ne reprend pas non plus directement le projet d'une herméneutique « existentiale » vouée à la question de l'être. Et même si Gadamer s'inspire considérablement du dernier Heidegger (en ce qui concerne surtout l'historicité, le rapport de l'être au langage et la vérité de l'œuvre d'art), il ne reprend pas non plus le projet d'une destruction de l'histoire de la métaphysique. Gadamer laisse parfois entendre qu'il est plus proche de l'herméneutique de la facticité du jeune Heidegger, son premier séminaire avec son maître ayant justement été celui du semestre d'été de 1923. Mais comme je l'ai déjà mentionné, l'herméneutique de Gadamer n'a pas pour but de combattre l'aliénation de soi qui accable le *Dasein*. Comme l'observe le philosophe québécois et traducteur de Gadamer, Jean Grondin, Gadamer se réapproprie d'une manière bien spécifique certains acquis de l'herméneutique heideggérienne pour développer sa « phénoménologie de l'événement de compréhension[2] ». Ce qui distingue le plus Gadamer de Heidegger, c'est sa reprise du projet de Dilthey — défendre la prétention de vérité des sciences humaines — tout en critiquant le méthodologisme et l'idéal d'objectivité de la science moderne. Gadamer retient de l'herméneutique

---

[1] Pour ce qui suit, je suis redevable de l'étude de J. GRONDIN, « Le passage de l'herméneutique de Heidegger à celle de Gadamer », *Le tournant herméneutique de la phénoménologie*, Paris, Presses Universitaires de France, 2003, p. 73 et sub.

[2] J. GRONDIN, « Le passage de l'herméneutique de Heidegger à celle de Gadamer », *Le tournant herméneutique de la phénoménologie*, Paris, Presses Universitaires de France, 2003, p. 77.

de la facticité de Heidegger l'idée que « le comprendre n'était plus à concevoir à partir de l'idéal d'objectivité imposé par la science moderne, selon lequel la vérité serait absolument indépendante de l'interprète[1] ». L'indépendance du sujet interprétant par rapport à l'objet interprété est une illusion qui découle de la domination de la conception moderne de la vérité par les sciences de la nature[2].

Heidegger fait de l'interprétation un élément constitutif du *Dasein*. L'herméneutique est ainsi pour la première fois dotée d'un ancrage ontologique. On comprend donc l'influence déterminante de l'herméneutique heidégérienne de la facticité pour le développement de la pensée de Gadamer : l'homme est un être-toujours-interprétant.

Il faut aussi souligner que Gadamer retiendra de l'herméneutique de la facticité la considérable influence de la tradition sur toute interprétation. Mais contrairement à Heidegger qui impose au *Dasein* la tâche de tirer au clair les présupposés de ses interprétations, Gadamer juge cette exigence impossible à respecter. On ne peut jamais se rendre maître de ses propres préjugés sans succomber au pire des préjugés, celui de se croire sans préjugés[3]. L'histoire de la métaphysique n'est donc pas à détruire. La tradition philosophique qui nous constitue est plutôt le principe de la connaissance de soi. Au lieu de vouloir détruire et dépasser l'héritage de la métaphysique, Gadamer va donc plutôt entrer en dialogue avec cet héritage pour trouver une façon de combler les déficits de la modernité.

Heidegger aura appris à Gadamer comment il faut lire les Grecs. Sa lecture de Platon est en un sens clairement influencée par Heidegger. Son interprétation phénoménologique du *Philèbe* en est une preuve. Mais comme nous le verrons dans les deux chapitres qui suivent, on ne peut pas dire que le Platon de Gadamer est le même que le Platon de Heidegger. L'approche phénoménologique des dialogues leur est certes commune, mais le rapport de Gadamer à l'histoire de la métaphysique est si différent de celui de Heidegger que jamais Gadamer ne pourra voir en Platon le père de la métaphysique ni le contempteur du Devenir qu'y verra finalement Heidegger.

---

[1] J. GRONDIN, « Le passage de l'herméneutique de Heidegger à celle de Gadamer », *Le tournant herméneutique de la phénoménologie*, Paris, Presses Universitaires de France, 2003, p. 77.
[2] Indépendance elle-même remise en question en physique par l'expérience de pensée du chat de Schrödinger.
[3] J. GRONDIN, « Le passage de l'herméneutique de Heidegger à celle de Gadamer », *Le tournant herméneutique de la phénoménologie*, Paris, Presses Universitaires de France, 2003, p. 81 (note).

La primauté herméneutique accordée à l'existence concrète conduira ainsi Gadamer sur un chemin bien différent de celui de Heidegger. Alors que Gadamer est parti des impulsions heideggériennes pour se réapproprier l'héritage de la pensée grecque afin d'échapper aux pièges de la modernité, Heidegger a voulu retourner aux Grecs pour mieux pouvoir aller par-delà leur pensée qu'il voyait déjà porteuse des germes de la modernité. Si Platon, pour Heidegger, est à l'origine du mal de la modernité, il pourrait bien pour Gadamer en être le médecin.

CHAPITRE 2

LA DOCTRINE DE HEIDEGGER SUR PLATON

Au moment où Martin Heidegger fit son apparition sur la scène philosophique, Platon était généralement considéré par les néokantiens comme un épistémologue posant les conditions de possibilité de toutes les sciences. Avec le néokantisme, la science moderne pouvait se comprendre comme un platonisme jusqu'au point de voir dans les idées platoniciennes une anticipation des lois de la nature[1]. Heidegger n'accepte pas cette appropriation de Platon par l'épistémologie néokantienne[2]. Sous l'impulsion de la phénoménologie de Husserl et de son invitation à revenir aux « choses mêmes », Heidegger cherche à dépasser cette interprétation néokantienne de Platon, dominante dans le Marbourg de l'époque. Heidegger prétendra en revanche, grâce à sa méthode phénoménologique, avoir davantage réussi à comprendre Platon dans la mesure où, par la redécouverte phénoménologique du sens originaire des paroles fondatrices de la philosophie, il montre en quoi les décisions opérées par le platonisme ont scellé le destin de la pensée en Occident.

Gadamer ayant été l'élève de Heidegger durant les années 1920, il est important d'exposer les vues de son maître sur Platon afin de mesurer l'influence de Heidegger sur l'interprétation gadamérienne de Platon. Il faut également tenir compte de l'évolution du rapport de Heidegger à Platon pour bien comprendre les différences entre les interprétations de Platon de Heidegger et de Gadamer. Je vais montrer que le jugement porté par Heidegger sur Platon reflète son propre rapport avec la métaphysique, dans la mesure où l'on sait que Heidegger a fini par la rejeter en même temps qu'il a rejeté Platon de façon définitive au cours du fameux « tournant » de sa pensée. Or, Gadamer n'a pas pour sa part congédié la métaphysique en tant que telle et cette divergence à l'égard de Heidegger a fortement déterminé sa propre interprétation de Platon, qui se veut en quelque sorte une réponse au défi que représentait pour lui celle de Heidegger.

---

[1] H.-G. GADAMER, « Le retour au commencement » [1986], *Les chemins de Heidegger*, trad. J. Grondin, Paris, Vrin, 2002, p. 259 ; GW 3, p. 407-408.
[2] H.-G. GADAMER, « Le retour au commencement » [1986], *Les chemins de Heidegger*, trad. J. Grondin, Paris, Vrin, 2002, p. 259 ; GW 3, p. 408.

Platon en 1924

Au cours des années qui précédèrent la publication d'*Être et temps*, Heidegger s'est intéressé à Platon en tant que penseur qui a posé de façon expresse la question de l'être. Platon, dans le *Sophiste*, pose en effet la question de l'être afin de surmonter les apories de la pensée de Parménide et d'Héraclite. Heidegger verra donc en Platon un prédécesseur et il lui consacrera son cours du semestre d'hiver 1924-1925, cours auquel a assisté Gadamer. Gadamer rapporte que Heidegger a été particulièrement inspiré par ce passage du *Sophiste*[1] :

> L'être n'est donc pas à la fois le mouvement et le repos, mais quelque chose d'autre par rapport à eux. – Il semble. – Or, selon sa propre nature, l'être n'est ni en repos ni en mouvement. – C'est probable. – Vers quelle direction doit se diriger désormais la pensée de celui qui désire établir pour lui-même quelque chose de clair et de distinct sur l'être [2]?

Mais Heidegger n'aime pas voir Platon opposer aussi radicalement la notion de mouvement à celle de repos. De plus, dit Gadamer, « la supposition de l'idée comme de l'être-essentiel entraîne une déformation de l'unité naturelle de l'événement de l'être, entendu comme autodéploiement et autoexplicitation[3] ».

C'est chez Aristote qu'il a pu trouver une réponse à la question que pose Platon dans le *Sophiste* et qui était aussi celle de Heidegger. Aristote fait de l'étant compris à partir de sa mobilité, son passage de la puissance à l'acte, à l'*energeia*, le fil conducteur de la question de l'être. C'est cette idée de l'autodéploiement de l'étant chez Aristote qui a fasciné Heidegger, car il ne semble pas possible de penser l'être de la mobilité avec Platon. D'après Gadamer, Heidegger n'aurait pas vu que la conception platonicienne de l'âme permet de penser la mobilité de l'être :

> Heidegger ne s'est ici jamais réclamé d'un autre aspect de la pensée platonicienne, celui que l'on trouve dans la conception de l'âme comme de ce qui se meut soi-

---

[1] H.-G. GADAMER, « Le retour au commencement » [1986], *Les chemins de Heidegger*, trad. J. Grondin, Paris, Vrin, 2002, p. 255 ; GW 3, p. 405.
[2] PLATON, *Sophiste*, 250c, trad. Cordero.
[3] H.-G. GADAMER, « Le retour au commencement » [1986], *Les chemins de Heidegger*, trad. J. Grondin, Paris, Vrin, 2002, p. 259 ; GW 3, p. 408.

même et qui relève pourtant étroitement de la vision pythagoricienne d'un ordre numérique de l'être. Cette doctrine aurait peut-être pu l'amener à une prise de distance critique, quand il a voulu mettre en valeur l'historicité de la pensée humaine pour le renouvellement de la question de l'être[1].

Mais tentons de dégager ce que Heidegger a pu retenir du *Sophiste*. Afin d'expliquer l'existence de l'apparence trompeuse, Platon va devoir montrer que le non-être existe sous un certain rapport et que l'être, en quelque façon, n'existe pas. Platon accomplira cette tâche en découvrant l'intime relation entre l'être et le langage. Platon compare en effet l'ordre des sons du langage à celui des genres suprêmes de l'être :

> [I]l y a, parfois, consentement à l'union et, d'autres fois, refus, le cas serait le même, à peu près, que celui des lettres. [...] Mais les voyelles, assurément, se distinguent des autres lettres en ce qu'elles circulent comme un lien à travers toutes ; aussi, sans quelqu'une d'elles, est-il même impossible que les autres se combinent une à une[2].

Commentant ce passage du *Sophiste*, Heidegger insiste sur le fait qu'il ne faut pas y voir qu'une simple analogie entre l'être et le langage :

> Ce n'est naturellement pas un hasard si Platon recourt précisément aux *grammata*, ce n'est pas là une simple marotte de Platon, mais se fonde sur le fait que tout *logos*, tout *légein* présente une certaine diversité dans les figures des sons. En tout *logos*, en tout *légein*, il y a aussi un *légoménon*, quelque chose se trouve dit. Au sein du *logos*, ce qui est abordé est pris en garde, l'étant par lui découvert est en quelque sorte investi. Le parlé et

---

[1] H.-G. GADAMER, « Le retour au commencement » [1986], *Les chemins de Heidegger*, trad. J. Grondin, Paris, Vrin, 2002, p. 254 ; GW 3, p. 404.
[2] PLATON, *Sophiste*, 253a-b, trad. Diès. Voir aussi le *Philèbe*, 17b, trad. Diès : « Le son que nous émettons par la bouche est un chez tous et chacun de nous et, d'autre part, est d'une diversité infinie. [...] Et ni l'une ni l'autre chose ne suffit encore à nous rendre savant, soit de le connaître comme infini, soit de le connaître comme un ; mais connaître quelle quantité il a et quelles différences, voilà ce qui fait de chacun de nous un grammairien. »

> l'ébruitement vocal au sens large sont ainsi en quelque
> sorte le représentant de l'étant lui-même[1].

C'est ainsi qu'en 238d-239a, Platon montre que Parménide se contredit lui-même en affirmant qu'il est impossible de parler du non-être. En effet, en disant que *le* non-être *est* impensable, on lui attribue l'unité et l'être. Platon établit ici une correspondance très étroite entre le langage et l'être, car le *logos* est ce qui permet d'attribuer l'être au non-être. Cela n'est possible que parce que le *logos* est un genre de l'être[2]. Par le langage, une chose peut se faire passer pour une autre, et c'est cela qui rend l'existence possible du sophiste en tant que contrefaçon du sage. Le sophiste peut ainsi tromper ses auditeurs en nommant d'un même nom la chose en soi et son simulacre. Qu'un même nom puisse signifier le Même et l'Autre se fonde sur le découvrement de l'étant comme autre que ce qu'il est, c'est-à-dire comme apparence (*Schein*)[3].

La grande leçon qu'il faut tirer du cours de Heidegger sur le *Sophiste* est que l'être de l'étant se dévoile au travers du langage parce que le langage partage la même structure ontologique que l'être lui-même. « Le caractère foncier de l'être est donc tiré de la structure du *logos* lui-même[4]. »

Si l'être est comme le langage et que les lettres du langage doivent être bien ordonnées par la science du grammairien pour avoir un sens, une science du mélange des genres de l'être, du Même et de l'Autre est donc nécessaire[5]. Cette science du mélange des genres est la dialectique et celui qui la possède est le véritable philosophe[6]. La dialectique platonicienne, selon Heidegger, est « la *mise en évidence des possibilités, pour l'étant, d'entrer conjointement en présence, pour autant qu'il vient à l'encontre dans le* logos[7] ». Elle a pour tâche de « *rendre visible l'être de l'étant*[8] ». La dialectique platonicienne en reste cependant au niveau des *logoï*, alors que l'essentiel se trouve au-delà du *logos*, et ne serait accessible que par une vision des choses elles-mêmes en une intuition originaire.

---

[1] M. HEIDEGGER, *Platon : Sophiste*, Paris, Gallimard, 2001, p. 488 ; GA 19, p. 517-518.
[2] PLATON, *Sophiste*, 260a.
[3] Là-dessus, voir T. BASQUE, *Étude sur la phénoménologie de Heidegger. L'être et le phénomène*, Paris, l'Harmattan, 2008, p. 195-217.
[4] M. HEIDEGGER, *Platon : Sophiste*, Paris, Gallimard, 2001, p. 214 ; GA 19, p. 224.
[5] PLATON, *Sophiste*, 253b-c.
[6] PLATON, *Sophiste*, 253d-e.
[7] M. HEIDEGGER, *Platon : Sophiste*, Paris, Gallimard, 2001, p. 500 ; GA 19, p. 530.
[8] M. HEIDEGGER, *Platon : Sophiste*, Paris, Gallimard, 2001, p. 493 ; GA 19, p. 523.

> La dialectique n'est en rien un degré plus élevé de la « pensée » opposée à la « simple intuition » — c'est au contraire l'inverse : son seul sens et sa seule tendance, c'est, en traversant ce dont on se contente de discuter, de préparer et d'élaborer la véritable intuition *originaire*[1].

Abordant le thème des genres de l'être dont parle le *Sophiste*, Heidegger nous dit qu'il s'agit en fait des souches de l'être. Selon Heidegger, il ne faut pas traduire *genos* par genre, mais plutôt par souche, détruisant ainsi le sens logique de ce concept pour en restaurer le sens ontologique originaire[2]. Ce qu'on appelle les genres suprêmes de l'être sont les concepts ontologiques les plus fondamentaux et les plus universels de tout étant en tant qu'étant. Ce qu'il importe dès lors de remarquer, c'est que Heidegger, en 1924, voit Platon comme un penseur de l'être en tant que fondement caché de l'étant, étant où l'être s'est lui-même mis en retrait. C'est donc une pensée de l'être en tant qu'être. Il ne pense pas encore que Platon a plongé l'être dans l'oubli en le réduisant à l'étant suprasensible, l'être en tant qu'idée :

> Il faut se désaccoutumer de plaquer sur la philosophie platonicienne l'horizon scolaire, comme s'il y avait chez Platon dans une case la sensibilité, et dans l'autre le suprasensible. Platon a vu le monde de façon tout aussi élémentaire que notre manière à nous de le voir, à ceci près qu'il a su le découvrir d'un œil beaucoup plus neuf[3].

La méditation du *Sophiste* de Platon est un moment important pour Heidegger, car elle nous enseigne que c'est à travers le *logos* que l'être vient à la rencontre du *Dasein*.

---

[1] M. HEIDEGGER, *Platon : Sophiste*, Paris, Gallimard, 2001, p. 189 ; GA 19, p. 198.
[2] Dans son cours du semestre d'été de 1927, Heidegger enseignera que le sens ontologique du terme grec *genos* est *souche, lignée, généalogie* ou *race* et non pas *genre* au sens d'*espèce* ou de *sorte de choses*, ce dernier sens n'étant que le sens logique que le terme peut prendre en dérivant de son sens premier. Les étants sont liés à une souche de l'être comme un homme appartient à une lignée. (M. HEIDEGGER, *Die Grundprobleme der Phänomenologie*, GA 24, p. 150-151.)
[3] M. HEIDEGGER, *Platon : Sophiste*, Paris, Gallimard, 2001, p. 547 ; GA 19, p. 580.

Platon en 1927

C'est à partir de cette méditation du *Sophiste* que Heidegger élaborera *Être et temps*. Le sixième paragraphe reprend d'ailleurs la thèse du cours de 1924-1925 :

> Comme celle de toute ontologie, la problématique de l'ontologie grecque doit nécessairement tirer son fil conducteur du *Dasein* lui-même. Le *Dasein*, c'est-à-dire l'être de l'homme, est déterminé dans sa « définition » vulgaire autant que philosophique comme *zoon logon echon*, comme le vivant dont l'être est essentiellement déterminé par la possibilité de parler. Le *legein* (cf. § 7, B) est le fil conducteur pour l'obtention des structures d'être de l'étant tel qu'il fait encontre tandis qu'il est advoqué et discuté. C'est pourquoi l'ontologie antique qui se configure chez *Platon* devient « dialectique »[1].

À l'époque d'*Être et temps*, Platon apparaît comme étant celui qui a posé la question de l'être, question dont Heidegger démontre la nécessité de sa répétition. La question de l'être ayant « tenu en haleine la recherche de *Platon* et d'*Aristote*, avant de s'éteindre bien entendu après eux[2] », Heidegger se réclame de Platon par le célèbre exergue tiré du *Sophiste*, 244a, mis en tête de son ouvrage :

> Car manifestement, vous êtes bel et bien depuis longtemps familiers de ce que vous visez à proprement parler lorsque vous employez l'expression « *étant* » ; mais pour nous, si nous croyions certes auparavant le comprendre, voici que nous sommes tombés dans l'embarras. Avons-nous aujourd'hui une réponse à la question de savoir ce que nous entendons à proprement parler par le mot « étant » ? Nullement. Ainsi, il s'impose de poser à neuf *la question du sens de l'être*. Et sommes-nous donc aujourd'hui seulement dans l'embarras de ne point comprendre l'expression « être » ? Nullement. Ainsi, il

---

[1] M. HEIDEGGER, *Être et temps*, trad. Martineau, § 6, p. 41.
[2] M. HEIDEGGER, *Être et temps*, trad. Martineau, § 1, p. 27. C'est Heidegger qui souligne.

> s'impose, au préalable, de réveiller tout d'abord une compréhension pour le sens de cette question[1].

Bien que John Sallis ait montré le caractère platonicien du début d'*Être et temps*, il faut reconnaître que la présence de Platon reste assez discrète dans *Être et temps*[2]. Il y joue surtout le rôle de pionnier de la question de l'être, ce qui n'est pas rien.

« La philosophie, dira Heidegger dans le cours de 1927 sur *Les problèmes fondamentaux de la phénoménologie*, en ce qui concerne la question de l'être, n'a pas progressé d'un pas par rapport à Platon[3]. » Il affirme qu'« en essayant d'aller au-delà de l'être jusqu'à la lumière à partir de laquelle l'être lui-même accède à la clarté du comprendre, nous nous trouvons dans un problème platonicien fondamental[4] ». La transcendance de l'idée du Bien chez Platon est identifiée à cette époque par Heidegger à la transcendance du *Dasein* qui doit pouvoir transcender son propre être afin de le mettre en question. Heidegger s'inscrit donc lui-même dans le platonisme. Il s'inspire surtout du livre VI de la *République*, où il interprète l'idée du Bien, entendu au sens d'un au-delà de l'être, comme ce qui « fait fonction de lumière, d'éclairement pour tout dévoilement de l'étant, comme pour la compréhension de l'être lui-même[5]. » Tout dévoilement requiert en effet une clarté préalable qui rend possible la compréhension de l'être. Heidegger s'inspire ici de l'allégorie de la caverne, qui illustre, selon lui, la structure du *Dasein*, pour préparer la répétition de la question de l'être :

> Le *Dasein* de l'homme, vivant sur le disque de la terre que recouvre le ciel, ressemble à la vie dans une caverne. Toute vision a besoin de lumière, même si celle-ci demeure de prime abord inaperçue. Pour le *Dasein*, accéder à la lumière signifie acquérir la

---

[1] M. HEIDEGGER, *Être et temps*, trad. Martineau, p. 23. Heidegger fusionne deux phrases de Platon en une. Voici la traduction de Diès : « Puis donc que nous y avons échoué, à vous de nous faire voir clairement ce que vous entendez par ce vocable "être". Évidemment ce sont là choses qui vous sont depuis longtemps familières. Nous-mêmes, jusqu'ici, nous nous figurions les comprendre ; à cette heure, nous voici dans l'embarras. »
[2] J. SALLIS, « Au seuil de la métaphysique », *Martin Heidegger*, Éditions de l'Herne, Paris, 1983.
[3] M. HEIDEGGER, *Les problèmes fondamentaux de la phénoménologie*, trad. J.-F. Courtine, Paris, Gallimard, 1985, p. 339 ; GA 24, p. 399-400.
[4] M. HEIDEGGER, *Les problèmes fondamentaux de la phénoménologie*, trad. J.-F. Courtine, Paris, Gallimard, 1985, p. 340 ; GA 24, p. 400.
[5] M. HEIDEGGER, *Les problèmes fondamentaux de la phénoménologie*, trad. J.-F. Courtine, Paris, Gallimard, 1985, p. 341 ; GA 24, p. 402.

> compréhension de la vérité en général. La compréhension de la vérité est la condition de possibilité d'un accès au réel effectif, qui permette d'en prendre la mesure[1].

La réalité à laquelle donne accès l'ouverture de la caverne est celle de l'être du *Dasein*. Le Dasein doit sortir de la caverne, c'est-à-dire se transcender lui-même pour pouvoir accéder à son propre être et devenir une question pour lui-même. L'allégorie de la caverne représente le mouvement de transcendance du *Dasein* qui met son être en question. L'allégorie doit donc être comprise comme un arrachement à l'oubli de l'être, un arrachement à la déchéance du *Dasein*. C'est dans le même sens que Heidegger interprète le mythe de la réminiscence du *Phédon* :

> Le retour, à travers la pensée conceptuelle de l'essence, depuis les bas-fonds de l'étant jusqu'à l'être, se caractérise comme une réminiscence de ce qui jadis a été aperçu. En d'autres termes, et indépendamment du mythe de l'âme, l'être a un caractère de *prius*, que l'homme, qui ne connaît de prime abord et le plus souvent que l'étant, a oublié. La libération des prisonniers enchaînés dans la caverne et leur conversion vers la lumière ne consistent en rien d'autre qu'à s'arracher à l'oubli et à se souvenir du *prius*. C'est de cette démarche que dépend la possibilité de compréhension de l'être même[2].

Lorsqu'il affirme que la connaissance est remémoration, Platon nous enjoint de nous arracher de l'oubli de l'être dans lequel notre déchéance dans le monde nous a enchaînés. Nous voyons donc Heidegger s'inspirer de Platon au moins jusqu'en 1927[3]. Platon ne lui apparaît pas encore comme celui qui a plongé la question de l'être dans l'oubli.

---

[1] M. HEIDEGGER, *Les problèmes fondamentaux de la phénoménologie*, trad. J.-F. Courtine, Paris, Gallimard, 1985, p. 342 ; GA 24, p. 403.
[2] M. HEIDEGGER, *Les problèmes fondamentaux de la phénoménologie*, trad. J.-F. Courtine, Paris, Gallimard, 1985, p. 391 ; GA 24, p. 465.
[3] Il faut aussi savoir que Heidegger fera plusieurs emprunts évidents à Platon dans son *Discours de rectorat* en 1933. On ne peut en effet que penser au fondateur de l'Académie lorsque Heidegger affirme que « [l']université allemande est pour nous l'École supérieure qui, à partir de la science et grâce à la science, entreprend d'éduquer et de discipliner les dirigeants qui veillent sur le destin du peuple allemand. » (M. HEIDEGGER, *Écrits politiques, 1933-1966*, trad. Fédier, Paris, Gallimard, 1995, p. 100.) Ce qu'il appelle le *service du travail*,

Platon depuis 1931

De l'essence de la vérité est le cours professé à Fribourg durant le semestre d'hiver 1931-1932. À partir d'une nouvelle interprétation de l'allégorie de la caverne, Heidegger enseigne alors que la définition logique de la vérité comme accord de la proposition et de la chose apparaît pour la première fois dans la pensée de Platon pour remplacer la conception ontologique de la vérité des présocratiques comme ouverture sans retrait. Heidegger reprendra cette idée d'une transformation de l'essence de la vérité en 1940, à l'époque de « la doctrine de Platon sur la vérité[1] ». On constate que Heidegger ne voit plus en Platon un allié, car il considère maintenant la réponse platonicienne à la question de l'être comme étant oublieuse de l'être lui-même, car elle réduit la détermination métaphysique de l'*ousia* à l'*eidos* suprasensible. La doctrine platonicienne des Idées inaugure l'histoire de l'oubli de l'être, et c'est pourquoi la question de l'être s'éteint avec lui. Dans la pensée de Platon est resté informulé « un mouvement tournant dans la détermination de l'essence de la vérité[2] » qu'interprète Heidegger à partir de sa nouvelle lecture de l'allégorie de la caverne. Selon lui, deux concepts de vérité opèrent dans le texte de l'allégorie de la caverne et une mutation de l'un à l'autre est en cours. La vérité comme dévoilement se métamorphose en vérité comme lumière métaphysique de l'idée du Bien. La lumière du ciel des Idées est ce qui domine désormais l'événement du dévoilement. Avant la mutation de son essence, la vérité était le dévoilement lui-même. Après la mutation, la vérité devient la lumière de l'idée qui rend possible le dévoilement. L'idée en tant qu'*ontos on* prend le dessus sur le dévoilement de l'être en tant que surgissement de la *phusis* dans la présence. La saisie des idées par le regard de l'âme est ce qui désormais remplace la notion de vérité comme *alètheia*. Cette saisie de l'idée exige de savoir regarder correctement la lumière des idées.

En effet, prisonnier de la caverne, c'est-à-dire tout d'abord et presque toujours, « l'homme ne soupçonne absolument pas que c'est seulement dans la lumière d'"idées" qu'il voit tout ce qui pour lui est courant, donc

---

le *service de la défense* et le *service du savoir* est calqué sur la division tripartite de la cité idéale. Le discours s'achève d'ailleurs sur une citation de la *République* (497 d).

[1] « Platons Lehre von der Wahrheit » est un texte écrit sur la base d'une suite de deux conférences publiques qui ont eu lieu au cours des semestres d'hiver 1930-1931 et 1933-1934.

[2] M. Heidegger, « La doctrine de Platon sur la vérité », trad. A. Préau, in *Questions II*, Paris, Gallimard, 1968, p. 121 ; GA 9, p. 203.

"réel"[1] ». Dans la caverne, un feu d'origine humaine représente la lumière des idées. « Hors de la caverne, au contraire, la lumière du soleil n'est pas produite par l'homme. Dans sa clarté les choses formées et présentes sont directement visibles, sans avoir besoin d'ombres pour les représenter[2]. » C'est pourquoi Heidegger décrit l'*eidos* platonicien comme étant « [c]e par quoi l'étant se montre dans son "é-vidence" (*Aussehen*). [...] Debout dans son "é-vidence", c'est l'étant lui-même qui se montre[3]. » L'être véritable est celui qui se présente par lui-même, dans sa propre lumière, il est autoreprésentation :

> L'*idéa* est le pur fait de briller, au sens où l'on dit que « le soleil brille ». Elle n'est pas sous la dépendance d'une autre chose qui se trouverait derrière elle et qui la ferait apparaître, elle est elle-même ce qui paraît, et qui n'a pas d'autre affaire que de paraître, de briller elle-même. L'*idéa* est ce qui a le pouvoir de briller. L'être de l'idée consiste à pouvoir briller, à pouvoir être visible. C'est cette luminosité de l'idée qui accomplit la présence, c'est-à-dire qui chaque fois rend présent ce qu'un étant est[4].

L'allégorie de la caverne raconte les passages de l'homme de l'obscurité de la caverne à la lumière du jour et de la lumière du jour à l'obscurité de la caverne. Ces passages exigent « une accoutumance des yeux, de l'obscurité à la lumière et de la lumière à l'obscurité[5] ». Toute l'allégorie de la caverne

---

[1] M. HEIDEGGER, « La doctrine de Platon sur la vérité », trad. A. Préau, in *Questions II*, Paris, Gallimard, 1968, p. 131 ; GA 9, p. 214.
[2] M. HEIDEGGER, « La doctrine de Platon sur la vérité », p. 132-133 ; GA 9, p. 215.
[3] M. HEIDEGGER, « La doctrine de Platon sur la vérité », p. 131 ; GA 9, p. 214.
[4] M. HEIDEGGER, « La doctrine de Platon sur la vérité », p. 146 ; GA 9, p. 225. Jonathan Barnes conteste la lecture de Heidegger, car selon lui le sens étymologique du mot *eidos* était depuis longtemps oublié à l'époque de Platon : « [...] il faut rappeler que, selon Platon, un gouffre profond sépare les Idées du monde sensible : les Idées sont toujours mises en contraste avec les choses visibles ; même s'il y a des analogies entre les *noèta* et les *aisthèta*, la caractéristique la plus frappante et la plus essentielle des idées platoniciennes est précisément qu'elles ne se soumettent jamais à la perception. Ainsi doit-on s'imaginer que le sens étymologique d'*eidos* et d'*idéa* aurait été forcément rejeté par Platon. Même s'il l'a entendu faiblement, il n'a pas pu être influencé par le sens étymologique. Parler de l'"é-vidence" ou de l'*Aussehen* à propos des Idées est tout à fait trompeur. » (J. BARNES, « Heidegger spéléologue », *Revue de métaphysique et de morale*, vol. 95, n° 2, avril-juin 1990, p. 183.)
[5] M. HEIDEGGER, « La doctrine de Platon sur la vérité », p. 133 ; GA 9, p. 216.

est en effet construite autour de la puissante analogie de la lumière. C'est la puissance de cette analogie qui confère à l'allégorie la force nécessaire pour métamorphoser l'essence de la vérité. Le rôle essentiel de la lumière du feu et des ombres qu'il rend possibles et l'action de la lumière du soleil qui donne l'existence aux choses du monde en même temps qu'il les rend visibles représentent la lumière métaphysique de la vérité de l'être qui éclaire les étants pour qu'ils puissent se manifester. Plus précisément, l'essence de la vérité entre en mutation au moment même du récit où le prisonnier libéré de ses chaînes détourne sa tête des ombres pour regarder en direction de la lumière du feu qui brûle derrière lui. Le prisonnier comprend alors qu'il doit regarder dans la *bonne direction* pour voir la vérité. La vérité dépend alors de la correction du regard. Cette exigence de l'exactitude du regard découle du fait que désormais la perception doit se conformer à ce qui doit être vu. Cette accoutumance du regard de l'âme aux idées conduit à un accord de la connaissance et de la chose connue. C'est ainsi que la prédominance de l'idée sur le dévoilement provoque un changement dans l'essence de la vérité : « [...] la vérité devient l'*orthotès*, l'exactitude de la perception et du langage[1] ». Devenue exactitude du regard, la vérité est maintenant la caractéristique d'un certain comportement humain. Il n'y a de vérité que si l'on regarde vers la lumière et que l'on peut endurer son éclat. Pour surmonter son ignorance et sortir de la caverne, l'homme doit convertir son regard à la lumière. Autrement dit, c'est l'âme tout entière qui doit changer de direction pour avoir bien en vue son nouvel objet, la lumière des idées et non plus les ombres de la caverne. Chez Platon, l'atteinte de la vérité demande une conversion de l'âme tout entière, une discipline ascétique stricte visant à détourner l'attention de l'âme de la séduction du monde sensible pour la rediriger vers les réalités suprasensibles. L'*éros* doit se convertir à l'intelligible et s'y vouer entièrement, ce qui permettra d'ouvrir l'œil de l'âme. Cette liberté du regard de l'âme capable d'envisager les Idées est la seule véritable libération :

> La véritable libération ne résulte pas du simple détachement des chaînes, elle n'est pas une licence sans frein ni règle et commence seulement avec cette accoutumance constante, par laquelle le regard arrive à se fixer sur les limites stables de ces choses dont les aspects sont permanents. La véritable libération est la constance d'une orientation, par laquelle l'homme

---

[1] M. HEIDEGGER, « La doctrine de Platon sur la vérité », p. 153 ; GA 9, p. 230.

> demeure tourné vers ce qui apparaît dans sa figure propre et qui, apparaissant ainsi, se dévoile au maximum. La liberté ne subsiste que si elle est une telle orientation[1].

Dans l'allégorie de la caverne, l'être et l'apparence sont maintenant disjoints. La vérité n'est plus une caractéristique de l'être qui se dévoile, elle est maintenant l'adéquation de l'âme avec l'étant suprasensible, le seul maintenant tenu pour pleinement réel. La modernité n'aura qu'à franchir un pas pour que la vérité se réduise à n'être que la propriété d'une proposition qu'un sujet juge conforme au réel. C'est en effet à partir de cette mutation que la vérité deviendra adéquation du sujet et de l'objet, puis rectitude de l'énoncé. Autrement dit, c'est la doctrine platonicienne de la vérité qui occulte encore aujourd'hui l'expérience grecque originelle de la vérité comme dévoilement. La prédominance accordée par Platon à la lumière vient masquer la nécessité d'un dévoilement préalable de l'être, d'une ouverture qui laisse passer la lumière :

> pas de lumière, pas non plus de clarté hors de la clairière de l'Ouvert. Même l'obscur a besoin d'elle. Comment pourrions-nous autrement entrer dans l'obscur de la nuit, y errer au travers [2]?

Heidegger oppose une allégorie de la forêt à l'allégorie de la caverne. La *Lichtung*, la clairière, n'est pas nécessairement liée à l'adjectif *licht* qui signifie clair et lumineux[3]. Le substantif *Lichtung* est plutôt lié au verbe *lichten*. L'expression *etwas lichten* veut dire rendre quelque chose plus léger. Une clairière, pour un Allemand, n'est pas caractérisée par la prédominance de la lumière en un endroit de la forêt, mais plutôt par le désencombrement de ses arbres d'un lieu de la forêt rendu ainsi plus dégagé, plus découvert. Un lien entre la lumière et la clairière reste possible, mais ce n'est pas la lumière qui fait la clairière. Bien qu'elle soit inondée de lumière durant le jour, on peut errer dans les ténèbres qui envahissent cette même clairière une fois la nuit venue. Ce qui fait qu'une

---

[1] M. HEIDEGGER, « La doctrine de Platon sur la vérité », trad. A. Préau, in *Questions II*, Paris, Gallimard, 1968, p. 141-142; GA 9, p. 222.
[2] M. HEIDEGGER, « La fin de la philosophie et la tâche de la pensée », *Questions IV*, Paris, Gallimard, 1976, p. 127-128; GA 14, p. 80.
[3] Nous nous opposons à Heinrich Rombach, qui confond l'éclaircie (*Lichtung*) et la lumière (*Licht*) lorsqu'il fait de Heidegger un héritier de la métaphysique de la lumière. (H. ROMBACH, *Phänomenologie des gegenwärtigen Bewusstseins*, Alber, 1980, p. 166-167.)

clairière est ce qu'elle est, c'est l'allègement du couvert forestier qui constitue la condition préalable au passage de la lumière. Comme le dit Heidegger,

> [l]a lumière peut en effet visiter la *Lichtung*, la clairière, en ce qu'elle a d'ouvert, et laisser jouer en elle le clair avec l'obscur. Mais ce n'est jamais la lumière qui d'abord crée l'Ouvert de la *Lichtung* ; c'est au contraire celle-là, la lumière qui présuppose celle-ci, la *Lichtung*. L'Ouvert, cependant, n'est pas libre seulement pour la lumière et l'ombre, mais tout aussi bien pour la voix qui retentit et dont l'écho va se perdant, comme pour tout ce qui sonne et qui résonne et dont le son s'en va mourant. La *Lichtung* est la clairière pour la présence et pour l'absence[1].

La vérité comme dévoilement est donc toujours déjà première. La doctrine de Platon sur la vérité vient recouvrir cette vérité originaire en inversant le rapport entre la lumière et l'éclaircie. Pour Platon, en effet, c'est la lumière qui conditionne l'éclaircie alors que pour Heidegger et les penseurs préplatoniciens, c'est l'éclaircie qui rend possible la pénétration de la lumière.

Avec l'allégorie de la caverne et sa doctrine des Idées, Platon parvient à provoquer une mutation dans l'essence de la vérité bien que, selon Heidegger, l'allégorie de la caverne soit au départ inspirée par l'expérience originaire de l'*alètheia* :

> Qu'est-ce en effet que la caverne souterraine, sinon quelque chose qui est bien en soi ouvert, mais en même temps voûté et qui, malgré son entrée, demeure recouverte et emmurée par la terre ? Cette prison, imparfaitement close, sans doute, que constitue la caverne et ce qu'elle renferme et cache aux regards nous renvoient à un extérieur, à un non-voilé qui se déploie tout le jour dans la clarté[2].

---

[1] M. Heidegger, « La fin de la philosophie et la tâche de la pensée », *Questions IV*, Paris, Gallimard, 1976, p. 127-128 ; GA 14, p. 80-81.
[2] M. Heidegger, « La doctrine de Platon sur la vérité », trad. A. Préau, in *Questions II*, Paris, Gallimard, 1968, p. 144; GA 9, p. 223.

Selon Heidegger, la conception platonicienne de l'être est au départ une phénoménologie de la *phusis* comme surgissement des étants dans la présence, conception qui commence à dégénérer par la mutation qui consiste à remplacer la *phusis* comme lieu de dévoilement de l'être par l'*ousia* et enfin par l'*idea*. Heidegger admire Platon en tant que penseur encore sensible au surgissement de l'étant au sens authentiquement phénoménologique, bien qu'il formule de sérieuses réserves à son égard en tant que métaphysicien de la génération des étants par une cause première, l'idée du Bien, qui engendre tout ce qui est dans sa lumière suprasensible.

À l'occasion de son cours sur Nietzsche de 1936-1937, Heidegger souligne la tension qu'il voit chez Platon entre une conception de l'être comme surgissement phénoménal et une conception de l'être comme *idea* seulement accessible par l'intellect. Les mots *eidos* et *idea* ont des rapports étymologiques avec la vision et la connaissance. C'est que ces expressions indiquent le mode d'apparaître des phénomènes, avant de signaler la prédominance de l'intellectualisme platonicien. L'idée du Beau, importante dans le *Phèdre*, est le meilleur exemple de cette tension entre le phénoménal et l'intelligible, car elle

> est ce qui vient à nous de la façon la plus immédiate et nous captive. Tandis qu'il nous frappe en tant qu'étant, il nous ravit dans la vision de l'Être. Le beau est ce qui, par un double mouvement au-dedans et au dehors de soi, se livre à nos sens dès la première apparence, et du même coup nous emporte dans l'Être : ce qui à la fois subjugue et ravit. Ainsi le Beau est ce qui nous arrache à l'oubli de l'Être et nous ouvre le regard sur l'Être[1].

La beauté est ainsi la manifestation insigne de l'être. Mais Heidegger souligne l'écart entre le rayonnement d'une belle forme et le rayonnement non sensible de la vérité :

> Parce que l'Être est le non-sensible pour Platon, l'évidence de l'Être révélé, soit la vérité, ne peut être elle aussi qu'un luire non-sensible. Parce que l'Être ne s'ouvre que dans la vision et que, pour retrouver le regard sur l'Être, il faut que ce regard soit arraché sans cesse à son oubli, ce qui ne se peut que par l'immédiate

---

[1] M. HEIDEGGER, *Nietzsche I*, Paris, Gallimard, 1971, p. 178; GA 6.2, p. 199.

> lueur (de l'Être) dans l'apparence, — il faut aussi que l'ouverture de l'Être se produise là même où, selon la vérité, ne règne que le *mè on* (*eidôlon*), le non-être. Cependant c'est là précisément le lieu de la Beauté[1].

Pour Platon, l'être ne se révèle entièrement que dans une lueur suprasensible. Autrement dit, la beauté véritable n'apparaît qu'au regard de l'esprit qui se détourne du monde des phénomènes. À la conception de la vérité comme étant ce qui se dévoile dans les phénomènes, Platon veut substituer une conception intellectualiste de la vérité. Mais cet écart entre *alêtheia* et beauté n'est pas une coupure radicale. Malgré les limites de ce qui est donné dans le phénomène de la beauté, le beau reste la manifestation de la vérité ultime, le Bien :

> il apparaît clairement que la vérité et la Beauté qui s'appartiennent mutuellement dans l'Un doivent cependant être *deux*, doivent tout de même se désunir. Or, cette désunion, ce désaccord au sens large, bien loin de provoquer l'effroi et l'horreur, en est un, aux yeux de Platon, tout de félicité. Le beau nous exalte par-delà le sensible et nous reconduit dans le vrai. Dans pareille désunion, c'est l'unisson qui prédomine, parce que le beau, en tant que ce qui rayonne dans l'apparence, en tant que le sensible, a celé au préalable sa propre essence dans la vérité de l'Être, soit dans le non-sensible[2].

Par conséquent, bien que la manifestation sensible du beau en soi nous transporte au cœur de l'être, il n'en demeure pas moins que l'être véritable se cache dans l'étant suprasensible et qu'un dépassement de la beauté sensible est requis pour retrouver la beauté véritable, puisqu'elle est un « luire non-sensible ». Ce dépassement nécessite une conversion du regard, un retournement de l'attitude du *Dasein* face à la beauté phénoménale.

Ainsi, dans l'allégorie de la caverne, une autre essence de la vérité, la vérité comme évidence visée par l'exactitude d'un regard purifié du sensible réussit à remplacer la vérité comme non-voilement. Avec Platon, le « non-voilement » renvoie désormais au non-voilé rendu accessible au regard de l'âme grâce à la lumière des idées. L'idée en tant qu'*ontos on* prend le dessus sur le dévoilement de l'être en tant que surgissement de la *phusis*

---

[1] M. HEIDEGGER, *Nietzsche I*, Paris, Gallimard, 1971, p. 180; GA 6.1, p. 201.
[2] M. HEIDEGGER, *Nietzsche I*, Paris, Gallimard, 1971, p. 180-181; GA 6.1, p. 202.

dans la présence. La saisie des idées par le regard de l'âme est ce qui désormais remplace la notion de vérité comme *alètheia*. Cette saisie de l'idée exige de savoir regarder correctement. Il faut regarder de façon exacte. Cette exigence de l'exactitude du regard découle du fait que désormais la perception doit se conformer à ce qui doit être vu. Cette accoutumance du regard de l'âme aux idées conduit à un accord de la connaissance et de la chose connue. La vérité est devenue l'adéquation de l'âme avec ce qui est tenu pour pleinement réel.

Cette définition de la vérité comme *adequatio* sera en effet déterminante pour toute la philosophie occidentale. On la retrouve chez Aristote[1], Thomas d'Aquin[2], Descartes[3] et même Nietzsche[4]. En effet, la vérité doit être essentiellement un phénomène de pensée pour n'être pour Nietzsche qu'une sorte d'erreur. La pensée, selon Nietzsche, fausse nécessairement le réel dans la mesure où toute pensée est négation du devenir essentiel de la réalité. Toute pensée figeant le flux du devenir, toute pensée qui se pense universellement vraie est donc une erreur parce qu'inexacte.

Heidegger affirme ainsi que le platonisme de Nietzsche « est le plus effréné que connaisse l'histoire de la métaphysique occidentale[5] ». Nietzsche ignore en effet l'origine de ce qu'on appelle aujourd'hui « valeurs ». « La notion de "valeur", apparue au XIXᵉ siècle comme conséquence interne de la conception moderne de la "vérité", est le dernier rejeton, et en même temps le plus faible, de l'*agathon*[6]. » Selon Heidegger, l'idée platonicienne du Bien n'a un sens moral que de façon dérivée :

> Pour la pensée grecque, *to agathon* signifie ce qui est apte à quelque chose et qui rend apte à quelque chose. […] les « idées » rendent apte à ceci, qu'une chose puisse apparaître en ce qu'elle est et puisse être ainsi présente en ce qu'elle a de permanent. […] L'Idée des idées est ce qui rend apte purement et simplement : *to agathon*. Elle fait paraître tout le paraissable et est ainsi,

---

[1] ARISTOTE, *Métaphysique* E, 4, 1027 b, 25.
[2] THOMAS D'AQUIN, *Quaestiones de veritate*, qu. I, art. 4. Cf. H. BLUMENBERG, *Paradigmes pour une métaphorologie*, Paris, Vrin, 2006, p. 40.
[3] R. DESCARTES, *Règles pour la direction de l'esprit*, VIII. Cf. H. BLUMENBERG, *Paradigmes pour une métaphorologie*, Paris, Vrin, 2006, p. 40.
[4] F. NIETZSCHE, *La volonté de puissance*, n° 493. Cf. H. BLUMENBERG, *Paradigmes pour une métaphorologie*, Paris, Vrin, 2006, p. 40.
[5] M. HEIDEGGER, « La doctrine de Platon sur la vérité », trad. A. Préau, in *Questions II*, Paris, Gallimard, 1968, p. 148; GA 9, p. 227.
[6] M. HEIDEGGER, « La doctrine de Platon sur la vérité », p. 148 ; GA 9, p. 227.

> elle-même, ce qui vraiment et proprement paraît et qui, dans son paraître, est le paraissable maximum[1].

Selon Heidegger, le sens originaire d'*agathon* est « ce qui rend apte à quelque chose ». L'Idée du bien est ainsi ce qui rend possible l'étant en tant que tel[2]. Elle est la condition de possibilité de l'existence de tout ce qui est. L'idée de toutes les idées, l'idée du bien, en tant que cause de la consistance et de l'apparition de tout ce qui est, constitue la Cause universelle, qui sera appelée Dieu. En identifiant l'être à la présence permanente, Platon n'accorde une existence véritable qu'à l'étant suprasensible, l'*eidos*. L'idée des idées étant ce qui rend les idées aptes à être présentes de façon permanente, Platon l'identifiera à l'idée du bien, principe anhypothétique de tous les principes, constituant ainsi la philosophie comme ontothéologie du bien. « Depuis que l'être a été interprété comme *idéa*, la pensée tournée vers l'être de l'étant est métaphysique, et la métaphysique est théologique[3]. » C'est depuis Platon que la philosophie a en vue les premiers principes et les causes premières de l'étant.

Asservie à l'idée, la vérité n'est plus une structure fondamentale de l'être, mais une caractéristique de la connaissance. La vérité exige désormais de l'homme un effort de correction du regard, il doit détourner son regard des apparences immédiatement présentes et le lever vers les idées. Selon Heidegger, c'est avec Platon que la philosophie dégénère en métaphysique :

> Dans le récit de Platon, le mot même de « métaphysique » se trouve déjà préformé. Là où il nous montre (516) comment le regard peut s'habituer à la vue des idées, Platon dit (516c, 3) : La pensée va *met ekeina*, « au-delà » des choses perçues là-bas et qui ne sont qu'ombres et images, elle va *eis tauta*, « vers » celles-ci, à savoir les « idées ». Les idées forment le suprasensible, qui est saisi par un regard non sensible ; elles constituent cet être de l'étant qui échappe aux organes du corps[4].

---

[1] M. HEIDEGGER, « La doctrine de Platon sur la vérité », p. 149-150 ; GA 9, p. 228.
[2] M. HEIDEGGER, « Le nihilisme européen », *Nietzsche II*, Paris, Gallimard, p. 179 ; GA 6.2, p. 201.
[3] M. HEIDEGGER, « La doctrine de Platon sur la vérité », p. 160 ; GA 9, p. 235-236.
[4] M. HEIDEGGER, « La doctrine de Platon sur la vérité », p. 159 ; GA 9, p. 235.

La mutation de l'essence de la vérité chez Platon est « la réalité fondamentale de l'histoire de notre planète[1] ». Cette mutation nous a conduits au triomphe de la subjectivité : « [...] conformément à la définition de la vérité comme exactitude de la représentation, l'homme pense tout ce qui est suivant des "idées" et apprécie toute réalité d'après des "valeurs"[2] ».

Selon Heidegger, il faut se libérer de cette compréhension platonicienne du non-voilement, c'est-à-dire libérer l'essence de la vérité de sa relation avec la vue, la perception et la pensée. Autrement dit, l'essence de la vérité doit s'échapper de l'empire de la subjectivité par une méditation du contenu positif de l'essence privative de l'*alètheia* comme trait fondamental de l'être lui-même[3].

Se détournant de la vérité de l'être, Platon a limité la philosophie à la seule considération de l'essence de l'étant. Le déclin s'annonce quand l'idée se substitue à la *phusis* comme lieu de déploiement de l'être. Le surgissement de l'être dans la présence est rabaissé par Platon au rang de *mimèsis* jamais capable de rejoindre un original suprasensible. C'est ce qui constitue le germe du nihilisme : l'être qui s'épanouissait dans la présence est maintenant nié par sa réduction à son aspect idéel. La métaphysique renonce ainsi à penser l'être comme tel. L'histoire de l'être est celle de son déclin et elle aboutit chez Nietzsche au nihilisme le plus total. En effet, chez Nietzsche, les valeurs sont les conditions de possibilités de la Volonté de puissance. La Volonté de puissance, en tant que caractère fondamental de l'étant, est rendue possible par les valeurs. Niezsche pense, comme Platon, l'être de l'étant en tant que condition de possibilité, en tant qu'*agathon*. Comme le dit Heidegger, « il pense l'être absolument dans le sens platonicien et métaphysique — même en tant qu'invertisseur du platonisme, même en tant qu'antimétaphysicien[4] ». Chez Nietzsche, le nihilisme en tant que subjectivisation du réel atteint son paroxysme, l'être de l'étant se réduisant aux valeurs qui déterminent la volonté.

La grandeur de Platon est d'avoir posé la question de l'être et d'avoir reconnu que l'on ne peut s'approcher du sens de l'être sans passer par le langage. Malheureusement, en tant que fondateur de la métaphysique, il est aussi le père du nihilisme, c'est-à-dire de l'oubli de l'être. Platon a posé

---

[1] M. HEIDEGGER, « La doctrine de Platon sur la vérité », p. 161 ; GA 9, p. 237.
[2] M. HEIDEGGER, « La doctrine de Platon sur la vérité », p. 162 ; GA 9, p. 237.
[3] Là-dessus, voir F.-E. SCHÜRCH, *Le Savoir en appel, Heidegger et le tournant dans la vérité*, Bucarest, Zeta Books, 2009.
[4] M. HEIDEGGER, « Le nihilisme européen », *Nietzsche II*, Paris, Gallimard, p. 180 ; GA 6.2, p. 201.

la question de l'être, mais en répondant que l'être est l'idée, il l'a condamné à l'oubli. Avant Platon, il n'y avait pas de coupure dans la totalité de l'étant, il n'y avait pas de distinction entre un ordre supérieur de l'étant qui donnerait la mesure à un ordre inférieur dont l'existence dépend de l'ordre supérieur. Avant Platon, l'apparence dans laquelle se déployait la *phusis* ne voyait pas sa réalité niée, ni même se mettre en dépendance avec un au-delà de l'apparence qui serait plus réel qu'elle. Chez les présocratiques, en effet, il n'y a pas d'au-delà des apparences : être et paraître ne font qu'un. La *phusis* est pour eux une réalité autosuffisante et l'apparence est le lieu de son autoreprésentation. Après la séparation platonicienne de l'être et de l'apparence disparaîtra du champ de la pensée l'essence authentique de l'être comme ce qui se donne et se retire à la fois. Oublié sera l'être qui se dévoile dans la présence et se cache dans l'apparence. Platon demeure fidèle à la conception originaire de l'être comme présence, mais son rationalisme parménidien l'oblige à ne tenir pour présence véritable que la présence permanente, réduisant ainsi l'être à celui de l'étant suprasensible, c'est-à-dire à ce qui échappe au devenir. Autrement dit, pour Heidegger, selon les présocratiques l'être se cache dans l'apparence, alors que selon Platon l'être est séparé de l'apparence pour être situé au-delà de celle-ci. Avec Platon, nous dit Heidegger, commence l'oubli définitif de l'être, l'être n'appartenant plus qu'au domaine de l'étant suprasensible. Le monde sensible du devenir, jadis lieu d'éclosion de l'être dans la présence fulgurante de la *phusis*, est rabaissé jusqu'aux frontières du néant et comparé aux ténèbres d'une caverne qui est le sépulcre de notre âme déchue. La vérité, dès lors, n'est plus celle de l'être qui se donne, mais celle de l'âme qui parvient à s'évader de la caverne du sensible et qui accoutume son regard à la lumière de l'intelligible. La connaissance devient un problème moral : la vérité n'est plus celle de l'être, mais n'a d'être que dans la disposition de l'âme d'un « sujet » qui veut, par l'exactitude de son regard, accoutumer son âme à ne s'en tenir qu'à l'intelligible. Il faut fuir le sensible et se libérer de toute attache charnelle pour pouvoir voir la vérité. L'esprit doit dominer le monde des corps. Le chemin qui mène aux idées claires et distinctes de l'ego cartésien est ainsi inauguré. Heidegger voit en Platon l'origine de la subjectivité rationaliste qui atteindra le fond de son absurdité dans la domination planétaire de la technologie moderne.

La critique de Friedländer

En 1954, Friedländer, qui avait aussi été l'un des professeurs de Gadamer, répliqua à Heidegger, dans la deuxième édition de son *Platon*, que la soi-disant conception originelle de la vérité, le dévoilement, n'existe pas vraiment chez les Grecs. Son argument philologique consiste à montrer que chez Homère, *alètheia* ne signifie pas « dévoilement », mais plutôt « authentique », « cohérent » ou « correct ». Il nuança sa critique en 1964 dans la troisième édition de son ouvrage, en précisant que le concept de vérité comme dévoilement apparaît tout de même très tôt chez les Grecs.

Heidegger ne contestera pas la critique de Friedländer. Il va ainsi reconnaître que « la thèse d'une mutation de l'essence de la vérité qui l'aurait conduite du non-retrait au sein de l'Ouvert à la justesse de l'énoncé n'est pas soutenable[1] ». La vérité s'est donc toujours manifestée « dans la perspective d'une conformation entendue comme mise en accord de la représentation et de ce qui lui est présent ». La vérité est depuis toujours conformité de la pensée et de la parole aux choses pensées et proférées. S'il en est bien ainsi, cela veut dire que le retrait appartient en propre au cœur même de la vérité. S'il en est bien ainsi, la clairière de l'être est avant tout la clairière du retrait de la présence, là où la présence elle-même se dérobe. La critique de Friedländer ne permet pas d'effacer l'ambiguïté du concept de vérité dans l'allégorie de la caverne, car les traces de l'expérience grecque du dévoilement de l'être y sont trop manifestes. Comme le remarque John Sallis, « la réponse de Heidegger à la critique a pour effet ultime de rendre justement cette ambiguïté aux champs de la pensée grecque tout entière[2] ».

La critique de Friedländer n'aura donc fait que radicaliser la position de Heidegger sur la philosophie grecque. Il ne s'agit plus maintenant de renouer avec l'expérience de l'être des présocratiques, un dépassement de l'expérience grecque dans son ensemble est nécessaire pour que la pensée puisse avoir un nouveau commencement.

Le défi de Gadamer

Plusieurs diront que Heidegger caricature et déforme malgré tout la doctrine platonicienne. Platon a-t-il vraiment scellé de façon définitive le destin de la métaphysique en tant que nihilisme ? Il n'est sûrement pas faux de dire que la pensée antique découvrait la vérité dans le monde, en tant que *logos* comme principe de son ordre ou de son mouvement. Mais ce

---

[1] M. HEIDEGGER, « La fin de la philosophie et la tâche de la pensée », *Questions IV*, Paris, Gallimard, 1976, p. 135-136 ; GA 14, p. 87.
[2] J. SALLIS, « Au seuil de la métaphysique », *Martin Heidegger*, Éditions de l'Herne, Paris, 1983, p. 198.

n'est peut-être pas tant Platon qui dévalorisa le monde que le christianisme qui persuada l'homme que seule son âme est signe du divin et porteuse de vérité. C'est plus sous l'influence du christianisme que de Platon que les philosophies de Descartes, de Berkeley et de Kant se présentent comme des philosophies du sujet[1]. Heidegger ne s'intéresse pas à la doctrine de Platon dans toute sa richesse, mais seulement à ce qui chez lui constitue les racines de ce qui est devenu *après lui* le platonisme.

En effet, ce que dit Heidegger du platonisme se rapproche peut-être davantage du christianisme que du platonisme en tant que tel. Il est clair en effet que la structure de la théologie chrétienne est de nature ontothéologique, alors que l'on peut douter du statut théologique de l'idée du bien chez Platon. On pourrait également dire que la conception de la vérité comme rectitude du regard est plus d'origine augustinienne que platonicienne. Pour Augustin, la vérité est une lumière venue de Dieu, qui est Dieu et qui peut être vue par la raison, une fois son regard guéri par la foi, l'espérance et la charité : « Le regard de l'âme, c'est la raison ; mais comme il ne suffit pas toujours de regarder pour voir, le regard droit et vrai, c'est-à-dire celui qui fait voir, est appelé une vertu ; car c'est une vertu que la raison droite et vraie[2] ». Augustin, dans ses *Confessions*, parle de la concupiscence des yeux qui nous détourne de la connaissance de Dieu, soulignant ainsi l'importance de la vertu pour celui qui veut atteindre la vérité. Augustin voit l'origine de l'ignorance, comme de tout mal d'ailleurs, dans la perversion de la volonté. Heidegger laisse ainsi entendre que l'histoire du platonisme est plus faite de continuités que de ruptures.

Heidegger, comme Nietzsche, voit en Platon plus qu'une pensée suivie par ceux qui ont écrit des notes au bas de ses pages[3]. Heidegger, comme Nietzsche, considère le platonisme comme une figure de la réalité européenne elle-même qui ne doit pas être seulement critiquée, mais aussi détruite afin de rendre possible un nouveau commencement de la pensée. Si le christianisme est un platonisme à l'usage du peuple, le platonisme est un christianisme pour l'élite. Nietzsche voit en Socrate un décadent, un malade, un faible qui veut se venger de la vie par l'usage de la dialectique, c'est-à-dire l'art de l'argumentation rationnelle[4]. Avec la dialectique, que l'on ne choisit que lorsqu'on n'a pas d'autres moyens, Socrate veut

---

[1] Cf. Bernard BOURGEOIS, *Hegel, les actes de l'esprit*, Paris, Vrin, 2001, p. 225.
[2] AUGUSTIN, *Les Soliloques*, Livre 1, chapitre 6.
[3] Je fais référence à la phrase d'Alfred North Whitehead voulant que toute la pensée occidentale soit une série de notes de bas de pages à l'oeuvre de Platon.
[4] Pour ce qui suit, voir F. NIETZSCHE, « Le problème de Socrate », *Crépuscule des idoles*, Paris, Flammarion, 2008, p. 491-499.

imposer à tous l'idée que la vie ne vaut rien. La dialectique est un instrument de domination qui permet de jouer au tyran, car elle neutralise l'intellect de son adversaire. La dialectique est pour Socrate une forme de vengeance. Avec Socrate, la noblesse est vaincue et la plèbe prend le dessus. Pire encore, ce logicien despotique a réussi à infecter Platon de sa maladie, à lui transmettre le fantasme pervers qui consiste à croire qu'il y a une illusion qui cache l'être et que cette illusion vient de la sensibilité.

Platon invente en effet, selon Nietzsche, la distinction entre l'être véritable et l'apparence trompeuse pour se *venger* de la vie. « [...] la pire, la plus tenace, la plus pernicieuse de toutes les erreurs connues a été l'invention par Platon de l'esprit pur et du bien en soi[1] ». Heidegger, suivant Nietzsche, voit en Platon celui qui a scellé le destin de l'Occident en le condamnant au nihilisme. Si Nietzsche croit que Platon veut se venger de la vie, Heidegger pense qu'il veut fuir la finitude humaine : il voit Platon masquer le caractère fuyant de l'être en recouvrant la révélation originelle de l'être par une nouvelle doctrine qui assigne l'être à sa manifestation visible aux yeux de l'âme, c'est-à-dire à ce qui peut être rendu présent à un intellect calculateur. Oblitérant ainsi le voilement du dévoilement de l'être, Platon décrète que seul ce qui se soumet à la raison est véritablement existant. Comme Nietzsche, Heidegger voit en la logique un instrument de domination. Est ainsi inauguré la métaphysique, volonté de domination de l'étant permettant au *Dasein* de nier la radicale finitude de son propre être, qui culmine aujourd'hui dans la volonté de puissance déployée par l'empire planétaire de la technique.

En somme, Heidegger propose une lecture « chrétienne » de Platon qu'il soumet à une critique d'inspiration nietzschéenne. Cette vision de Platon représentera pour Gadamer un véritable défi. Défi qu'il relèvera par une interprétation phénoménologique de Platon.

---

[1] F. NIETZSCHE, *Par-delà le bien et le mal,* « Préface », Paris, Union générale d'éditions, 1973, p. 24.

Chapitre 3

L'interprétation gadamérienne de Platon

Tous les textes de Platon, hormis la *Lettre VII*, sont des dialogues et des narrations de dialogues où Platon lui-même ne fait pas figure de protagoniste et n'apparaît pas. Accéder à la pensée de Platon à partir de ses œuvres littéraires est une tâche aussi difficile que celle de connaître la pensée de Shakespeare à partir de ses pièces de théâtre. Les dialogues sont-ils un moyen d'exposition de la pensée de Platon où Socrate tient le rôle de porte-parole ? Sont-ils plutôt des invitations à la philosophie où on ne trouve que des allusions provisoires et incomplètes à l'enseignement oral de Platon à l'Académie ? Ou encore, les dialogues ne sont-ils pas en eux-mêmes des exercices de philosophie où le lecteur doit apprendre à penser par lui-même sans que l'un ou l'autre des personnages du dialogue représente la position de Platon, fût-ce Socrate lui-même ? Tous les spécialistes de Platon tentent de démontrer la justesse de l'une ou l'autre de ces hypothèses à l'aide des méthodes dites « objectives » et « neutres » de la philologie moderne. Heidegger, nous l'avons vu, s'engage en tant que penseur dans un débat philosophique avec un Platon qu'il prétend comprendre mieux que personne ne l'a encore jamais compris, décelant chez lui les décisions ontologiques inaugurales qui auraient condamné la pensée à oublier sa question essentielle. Gadamer, à la fois en tant que spécialiste de Platon et en tant que philosophe, tente de répondre à l'interprétation de Heidegger par sa propre interprétation de la pensée du maître de l'Académie :

> Il y avait un défi permanent incarné pour moi par le chemin de pensée de Heidegger et, en particulier, par son interprétation de Platon comme pas décisif accompli en direction de « l'oubli de l'être » propre à la « pensée métaphysique ». L'élaboration, dans *Vérité et méthode*, de mon projet d'une herméneutique philosophique témoigne de la façon dont je cherchais alors à relever théoriquement ce défi[1].

---

[1] H.-G. Gadamer, *L'Idée du Bien comme enjeu platonico-aristotélicien* [1978], Paris, Vrin, 1994, p. 15 ; « Die Idee des Guten zwischen Plato und Aristoteles », GW 7, p. 130.

L'herméneutique philosophique serait-elle une tentative de réhabilitation de Platon après sa condamnation heideggérienne ? Mon analyse de l'influence du platonisme sur *Vérité et méthode* entend le montrer. Mais pour y parvenir, il me faut d'abord présenter l'interprétation gadamérienne de Platon et ensuite faire voir en quoi elle se distingue de celle de Heidegger.

Je présenterai d'abord le point de vue phénoménologique que Gadamer adopte pour aborder l'œuvre platonicienne, où nous verrons que Gadamer interprète les dialogues platoniciens en tant que conversations vivantes plutôt que de tenter, comme la plupart des commentateurs, d'en extraire le contenu doctrinal pour ensuite reconstruire artificiellement un exposé de métaphysique dogmatique. Cette approche permet à Gadamer de laisser de côté plusieurs problèmes jugés importants par les historiens de la philosophie (la question du Socrate historique, de l'évolution de la pensée platonicienne) et les interprètes de la tradition analytique (la faiblesse parfois très évidente de plusieurs argumentations de Platon). La forme littéraire dans laquelle Platon exprime sa pensée ne permet pas que l'on puisse répondre à ces questions, ni même qu'on puisse les formuler avec rigueur.

Abordant par la suite la notion de la *methexis* comme solution au problème du *khôrismos,* nous verrons que d'après Gadamer rien n'indique que Platon ait *ontologiquement* séparé l'intelligible du sensible. Au contraire, lorsque Platon parle de l'éclat du beau il laisse bien plutôt entendre que l'intelligible est immanent au sensible. Cela permet à Gadamer de s'opposer à Heidegger en montrant que Platon n'est pas le père de l'ontothéologie.

Cela permettra ensuite de voir qu'il est erroné de considérer Platon comme un penseur dogmatique. Socrate n'est jamais capable de dire ce qu'est le bien en soi et n'affirme jamais en avoir eu la vision directe. Les mots ne suffisent peut-être pas à dire toute la vérité, mais l'intelligence des mortels ne saurait se passer d'eux, ce qui l'ouvre à l'infinité du dialogue.

Ce bien est ce vers quoi tend, mais sans jamais l'atteindre complètement, tout ce qui devient, le devenir s'expliquant par l'existence, en tout ce qui vit, d'une âme qui désire le bien. C'est l'âme de la nature qui en recherchant le bien acquiert le maximum d'ordre et d'unité dont elle est capable.

Comprendre Platon phénoménologiquement

Comprendre phénoménologiquement c'est, suivant le principe de l'épochè husserlienne, interpréter selon le principe suivant : *comprends le texte de façon telle qu'il possède un sens quels que soient tes jugements sur l'existence du monde extérieur et de ses propriétés.* J'ai montré précédemment que Gadamer a retenu de son maître Heidegger une conception de la philosophie comme herméneutique de la facticité, c'est-à-dire comme tentative de compréhension de la vie concrète, l'incompréhensibilité de notre existence nous obligeant à toujours tenter de la comprendre. La philosophie est en ce sens une interprétation de l'existence concrète. C'est ainsi que Gadamer conçoit la philosophie de Platon. Toute l'œuvre de Platon est destinée à comprendre l'existence de Socrate. La vie de Platon fut bouleversée par la tragédie de Socrate qui représentait pour Platon l'incarnation vivante de la fidélité absolue à ce qu'il considère comme juste. Comment Socrate, au cœur d'une Athènes pervertie, pouvait-il avoir la force de s'attacher à la justice au mépris même de sa vie ? Comment la réalité de la justice pouvait-elle lui apparaître dans une aussi imposante évidence ? C'est pour trouver une réponse à l'énigme de Socrate, immortalisée dans l'*Apologie* et le *Criton*, que Platon a formulé sa théorie des Idées[1]. « Platon a manifestement conçu ses premiers écrits comme une introduction à la réalité ontologique de l'Idée du Bien[2]. » De la même manière, tout le projet de la *République* consiste à décrire un État où la philosophie est au pouvoir, un État où Socrate, au lieu d'être exécuté, serait la norme à laquelle tous devraient se conformer sous peine de mort. « Dans cette cité, l'être des citoyens est caractérisé par cela même qui faisait apparaître Socrate comme une exception absurde dans l'Athènes de son époque[3]. »

La lecture gadamérienne de Platon fut également influencée par Paul Friedländer, l'un des plus grands philologues de l'époque, avec lequel Gadamer collabora étroitement. Sa lecture se fonde sur le principe herméneutique de *l'inséparabilité entre la forme littéraire et son contenu philosophique*. S'opposant avec Friedländer à l'interprétation logiciste des spécialistes anglo-saxons[4], Gadamer interprète les dialogues de Platon en

---

[1] H.-G. GADAMER, « *Logos* et *Ergon* dans le *Lysis* de Platon » [1972], *L'art de comprendre I*, Paris, Aubier, 1982, p. 280-282 ; GW 6, p. 172-174.
[2] H.-G. GADAMER, « *Amicus Plato magis amica veritas* » [1968], *Interroger les Grecs. Études sur les présocratiques, Platon et Aristote*, Paris, Fides, 2006, p. 239-240 ; « Amicus Plato magis amica veritas », GW 6, p. 76
[3] H.-G. GADAMER, « *Amicus Plato magis amica veritas* »[1968], *Interroger les Grecs. Études sur les présocratiques, Platon et Aristote*, Paris, Fides, 2006, p. 240 ; GW 6, p. 77.
[4] Pour un exemple d'interprétation analytique, voir J. BARNES, « Le soleil de Platon vu avec des lunettes analytiques », *Rue Descartes*, avril 1991, p. 81-92. D'après Jonathan Barnes, « Plato's philosophical views are mostly false, and for the most part they are evidently false; his argument are mostly bad, and for the most part they are evidently

tenant compte du fait qu'il s'agit d'œuvres littéraires. Tenir compte du genre littéraire auquel appartient l'œuvre de Platon permet de mieux en comprendre le sens, sans se laisser égarer par ce qui peut sembler être des fautes de logique. C'est qu'il faut savoir de quel type de littérature il s'agit pour savoir s'il faut tout prendre au pied de la lettre. Le choix d'écrire des dialogues est en soi une décision philosophique, car à l'opposé des discours sophistiques parodiés dans le *Phèdre*, le genre littéraire du dialogue socratique est la forme par excellence de l'écriture philosophique. Comme le dit C. Smith, « Plato is paradigmatic for Gadamer not because he rejects writing but because he more than anyone has found the right form of it[1]. » Les dialogues platoniciens doivent être lus comme des imitations de dialogues vivants, comme des conversations concrètes[2]. Par conséquent, « la tâche ne peut être que d'activer les rapports de signification dans lesquels se meut le dialogue, même s'il en résulte que la logique soit choquée[3]. » Il est, dit aussi Gadamer, « indispensable de lire les dialogues platoniciens en tant que *mimèsis* d'entretiens plus réel, se jouant entre des interlocuteurs en chair et en os et les mettant tous en jeu, et non en tant que traités purement théoriques[4] ». Il faut toujours interpréter les thèses exposées dans les dialogues platoniciens à la lumière du lien entre l'argumentation et l'action du dialogue, c'est-à-dire en tenant compte du fait que le Socrate des dialogues adapte toujours son discours à la situation concrète de son interlocuteur[5]. C'est pourquoi l'interprétation du sens philosophique d'un texte ne peut jamais faire abstraction du genre littéraire de l'œuvre. Tenir compte du genre littéraire auquel appartient une œuvre philosophique, c'est aussi être conscient des limites de chaque genre et donc savoir qu'on ne peut tirer de connaissances historiques d'un texte hagiographique ou protreptique. Ce serait comme tenter d'établir l'histoire à partir d'un roman historique.

---

bad. » J. BARNES (dir), « Introduction », *The Cambridge Companion to Aristotle*, Cambridge, Cambridge University Press, 1995, p. xvi.
[1] C. SMITH, « Plato as impulse and obstacle in Gadamer's development of a hermeneutical theory », H. SILVERMAN (ed.), *Gadamer and Hermeneutics*, New York, Routledge, 1991, p. 38.
[2] H.-G. GADAMER, « *Logos* et *Ergon* dans le *Lysis* de Platon », *L'art de comprendre*, Paris, Aubier, 1982, p. 282 ; GW 6, p. 174.
[3] H.-G. GADAMER, « *Logos* et *Ergon* dans le *Lysis* de Platon », *L'art de comprendre*, Paris, Aubier, 1982, p. 283 ; GW 6, p. 174-175.
[4] H.-G. GADAMER, *L'Idée du Bien comme enjeu platonico-aristotélicien* [1978], Paris, Vrin, 1994, p. 87-88 ; GW 7, p. 181-182.
[5] F. RENAUD, « Introduction » à H.-G. GADAMER, *Interroger les Grecs. Études sur les présocratiques, Platon et Aristote*, Paris, Fides, 2006, p. 34.

Gadamer donne l'exemple du *Lysis* afin d'illustrer la nécessité de tenir compte du rapport entre la parole philosophique et sa mise en scène dans un dialogue concret. Le *Lysis* est un dialogue où Socrate demande à de jeunes garçons quelle est la nature de l'amitié. Les jeunes proposent alors plusieurs réponses que Socrate met chaque fois en pièces sans hésiter, pour ce faire, à user de procédés sophistiques. À la fin du dialogue, les jeunes garçons, déconcertés, ne savent plus ce qu'est l'amitié. Pourquoi Socrate mène-t-il ainsi une conversation d'une façon si désordonnée qu'elle ne peut que conduire à plonger ses interlocuteurs dans l'embarras ? Peut-être parce qu'une conversation sur la nature de l'amitié avec de jeunes garçons doit s'achever en aporie pour des raisons pédagogiques. En effet, quoi qu'ils puissent affirmer, de trop jeunes garçons ne peuvent pas vraiment savoir ce qu'est l'amitié. Le trouble dans lequel les plonge Socrate ne pourra alors que contribuer à faire mûrir leur conception des relations entre hommes. Par conséquent, au lieu de dire, comme le ferait un logicien, que Socrate dans ce dialogue n'est qu'un sophiste bafouant la logique de l'argumentation, il faut plutôt comprendre, à la lumière des circonstances concrètes de la conversation, qu'« on ne pourra s'interroger vraiment sur ce qu'est l'amitié qu'avec des gens plus âgés[1] » et que l'on doit éduquer les jeunes hommes en les déconcertant. Socrate n'avait-il pas prévenu Hippothalès « que les beaux garçons deviennent pleins de suffisance et d'orgueil lorsqu'ils sont l'objet de louanges et de propos qui les exaltent[2] » ? Le *Lysis* est ainsi plus un exemple concret de pédagogie socratique qu'une réfutation logique de thèses sur la nature de l'amitié. Socrate, malgré sa guerre ouverte contre la rhétorique des sophistes, usait lui-même de procédés rhétoriques très sophistiqués[3]. Son art de dissimuler et d'acculer imperceptiblement ses interlocuteurs dans une impasse est trop évident pour être ignoré. Le fondement de sa rhétorique consiste à persuader ses interlocuteurs que sa façon de parler n'a rien de rhétorique. Le respect des règles de la logique de l'argumentation n'est pas ce qui préoccupe Socrate. En fait, comme le remarque François Renaud, « l'argumentation de Socrate varie selon les dispositions intellectuelles et morales de ses interlocuteurs. Il en va moins d'un idéal de cohérence logique que de la

---

[1] H.-G. GADAMER, « *Logos* et *Ergon* dans le *Lysis* de Platon », *L'art de comprendre*, Paris, Aubier, 1982, p. 285 ; GW 6, p. 176.
[2] PLATON, *Lysis*, 206 a, trad. Dorion.
[3] Là-dessus, voir aussi L. ROSSETTI, « La rhétorique de Socrate », G. ROMEYER DHERBEY (dir.), *Socrate et les socratiques*, Paris, Vrin, 2001, p. 161-185.

persuasion humaine en situation réelle[1]. » Ce qui le distingue le plus des sophistes n'est pas la moindre part qu'occupe la rhétorique dans les entretiens qu'il mène avec les jeunes hommes, mais le fait qu'il vise toujours seulement leur bien, en imposant dans leur esprit l'exigence de prendre soin d'eux-mêmes et de changer de vie. C'est là le plus juste et le plus vertueux usage de la parole.

Prenons maintenant l'exemple du *Banquet*[2]. Ce n'est pas un hasard si le *Banquet* est un dialogue écrit en style indirect qui nous fait douter de l'authenticité de ses propos[3]. Ce n'est pas un hasard si le *Banquet* est un dialogue rapporté par Apollodore, l'un des plus fanatiques disciples de Socrate. Comme ce n'est pas un hasard si ces discours sur l'amour des jolis garçons ont eu lieu lors d'une soirée qui se serait déroulée, d'après les indications chronologiques de la mise en scène, à l'époque de la profanation des mystères d'Éleusis et de la mutilation des Hermès, crimes qu'on imputa à Alcibiade, le disciple favori de Socrate. Car c'est contre ceux qui ont accusé Socrate d'avoir corrompu Alcibiade que Platon cherche à défendre Socrate dans le *Banquet*[4]. Il s'agit donc plus d'une œuvre apologétique et hagiographique que d'un traité métaphysique nous révélant la véritable doctrine de Platon sur la beauté intelligible.

Ces deux exemples montrent que l'interprétation correcte des dialogues platoniciens exige la prise en compte des éléments de la mise en scène du dialogue. Le sens philosophique d'une œuvre littéraire est ainsi intimement lié à sa forme. Par conséquent, la question de savoir à partir de quel dialogue Platon a été en pleine possession de sa théorie des Idées, la question de savoir s'il a remis en question cette théorie pour ensuite la rejeter à la fin de sa vie, tout comme la question de savoir si Platon transmet les doctrines du Socrate historique dans les dialogues dits « socratiques » sont peut-être de faux problèmes. Pour bien comprendre un dialogue platonicien, il ne faut jamais séparer le contenu philosophique des éléments de la mise en scène du dialogue et ne jamais perdre de vue que Platon se préoccupe plus de pédagogie que de rigueur logique.

---

[1] F. RENAUD, « Introduction », H.-G. GADAMER, *Interroger les Grecs. Études sur les présocratiques, Platon et Aristote*, Fides, 2006, p. 33.
[2] Pour ce qui suit, je suis redevable du mémoire de J. FORTIN, *Le Banquet de Platon : l'apologie d'Alcibiade ou les paradoxes d'Éros*, Université de Montréal, 2009.
[3] Là-dessus, voir A. BLOOM, « L'échelle de l'amour », *L'amour et l'amitié*, trad. P. Manent, Paris, Fallois, 1996, p. 456.
[4] G. E. RADCLIFFE, « Socrates the Beautiful: Role Reversal and Midwifery in Plato's Symposium », *TAPA* 130, 2000, p. 277.

À partir de ce principe herméneutique, la conception commune selon laquelle la théorie platonicienne des Idées est une théorie des deux mondes qui aurait été sévèrement critiquée par Platon lui-même à la fin de sa vie dans le *Parménide* est rejetée par Gadamer. Les divergences doctrinales que l'on retrouve entre les dialogues de jeunesse, de maturité et de vieillesse de Platon ne sont qu'apparentes et s'expliquent en fonction des circonstances concrètes de ces *mimèsis* de conversations vivantes. Ainsi, d'après Gadamer, Platon n'a jamais abandonné la théorie des Idées[1]. Au contraire, ajoute-t-il, les dialogues de Platon présentent plutôt une doctrine unifiée dont on retrouve l'influence même chez les critiques aristotéliciens[2].

Cette conception unitaire de la théorie platonicienne des Idées s'inspire de la lecture néokantienne de Paul Natorp[3]. Selon la très audacieuse interprétation de Natorp, les Idées de Platon peuvent être comparées aux lois de la nature que la science moderne tente de découvrir. Platon serait ainsi un précurseur de Kant et de l'épistémologie néokantienne des sciences de la nature. Mais dans la postface de 1920 de son ouvrage, Natorp cherche à atténuer cette interprétation épistémologisante en reconnaissant que l'on ne peut pas séparer la théorie des Idées des tendances mystiques de Platon. Intitulée «*Logos-Psyché-Éros*», cette postface présente un Platon qui, comme Héraclite, pense l'unité du *logos* vers lequel toute chose tend et que seule l'âme peut saisir. Comme la science, la mystique de Platon est en quête de la raison ultime du réel. Le sensible et l'intelligible sont ainsi sous la gouverne d'un unique *logos*. Le plaisir du sensible ne peut donc pas être radicalement mauvais. Natorp espérait qu'une étude de la notion de plaisir permettrait de montrer que le rejet du plaisir dans certains dialogues de Platon n'est qu'apparent et qu'au contraire règne une unité dans son œuvre sur cette question[4]. Cela explique pourquoi Natorp proposa au jeune Gadamer l'étude de l'essence du plaisir chez Platon. En 1922, sous sa direction, Gadamer tente dans sa thèse de démontrer que malgré les apparences, il existe une unité dans la pensée platonicienne du plaisir. Cette thèse n'étant pas publiée, citons le résumé qu'en fait Jean Grondin dans sa biographie de Gadamer :

---

[1] H.-G. GADAMER, « La pensée utopique de Platon »[1983], *Interroger les Grecs. Études sur les présocratiques, Platon et Aristote*, Paris, Fides, 2006, p. 217 ; GW 7, p. 280.
[2] H.-G. GADAMER, « La pensée utopique de Platon » [1983], dans *Interroger les Grecs. Études sur les présocratiques, Platon et Aristote*, Paris, Fides, 2006, p. 217 ; GW 7, p. 280.
[3] J. GRONDIN, « Gadamer vor Heidegger », *Internationale Zeitschrift der Philosophie*, 5, 1996, p. 211-220.
[4] P. NATORP, *Platos Ideenlehre*, 1903, 2ᵉ éd. 1921, p. 520, cité par J. GRONDIN, *Hans-Georg Gadamer. Une biographie*, Paris, Grasset, 2011, p. 92.

> Tout son propos est de rappeler les principales étapes de l'explication de Platon avec l'hédonisme de son temps tel qu'il était défendu par les sophistes. Il est important de le noter, car Gadamer comprendra toujours Platon à partir de son opposition aux sophistes. L'argument essentiel de Gadamer est assez simple : le relativisme hédoniste des sophistes fait du plaisir un absolu, mais s'il en est ainsi, la sophistique transcende le relativisme qu'elle prétend défendre. Le plaisir revendique en effet une valeur inconditionnée qui renvoie à un bien suprême qu'est l'*agathon* (le Bien). Alors que les premiers dialogues se contentent de souligner l'aporie du relativisme des sophistes, les dialogues plus tardifs élaboreront une conception plus développée de la théorie des idées, dont le grand principe est l'idée du Bien. Le plaisir s'y trouve alors subordonné, tout en bénéficiant d'une fonction positive importante, car il met en évidence l'immanence du Bien, sa présence dans notre monde (qui importait tant à Natorp et sur laquelle Gadamer insistera toujours). Gadamer n'a alors plus aucune peine à montrer que les dialogues plus tardifs reconnaissent une place essentielle au plaisir[1].

En 1928, Gadamer proposera une interprétation phénoménologique du *Philèbe* rédigée sous la supervision de Heidegger. Gadamer accordera toujours un statut privilégié au *Philèbe* dans son interprétation de Platon. R. Dostal va même jusqu'à dire : « Plato and his *Philebus* represent for Gadamer the highest accomplishment of philosophy[2] ». Plusieurs raisons lui permettent de justifier cette affirmation. Dans le *Philèbe*, Socrate joue un rôle de premier plan dans un dialogue tardif dont le thème est la morale, ce qui confirme la thèse de l'unité de la pensée platonicienne. De plus, l'aspect dialogique y est central, ce qui montre que le Platon des dialogues tardifs reste fidèle, comme le pense Gadamer, à l'héritage socratique : Platon n'est pas devenu dogmatique à la fin de sa vie. Le *Philèbe* lie également la question socratique du bien à la dialectique de la limite et de l'infinité, ce qui démontre encore une fois l'unité de la pensée platonicienne. Enfin, le *Philèbe* permet à Gadamer de relativiser la critique

---

[1] J. GRONDIN, *Hans-Georg Gadamer. Une biographie*, Paris, Grasset, 2011, p. 92-93.
[2] R. DOSTAL, « Gadamer's Platonism and the *Philebus*: The Significance of the *Philebus* for Gadamer's Thought », C. GILL et F. RENAUD (dir.), *Hermeneutic Philosophy and Plato, Gadamer's response to the* Philebus, Sankt Augustin, Academia Verlag, 2010, p. 23.

d'Aristote selon laquelle Platon ne tient pas suffisamment compte de la vie pratique et concrète, car Platon y défend la thèse selon laquelle une vie bonne est une vie qui contient sa juste part de plaisir. Gadamer, tant marqué par l'herméneutique de la facticité de Heidegger, ne pouvait que se reconnaître dans le *Philèbe*. Tout ceci pourrait expliquer pourquoi Gadamer s'inspire plus du *Philèbe* que de la *République* ou du *Banquet* dans son analyse de la question du *khôrismos*.

La participation des Idées au sensible

L'hypothèse des Idées est souvent ce par quoi l'on résume la pensée de Platon. Ironiquement, il est très difficile d'en déterminer clairement le contenu doctrinal. Platon pose l'existence de formes intelligibles éternelles et immuables afin d'expliquer la multiplicité du sensible : voilà tout ce qu'il semble possible d'affirmer avec certitude sur l'hypothèse des Idées. Platon n'expose pas de façon univoque la nature de la relation entre l'intelligible et le sensible, qu'il appelle participation (*methexis*). Dans le *Phédon*, il dit que la participation prend la forme d'une présence réelle de l'intelligible dans le sensible (*parousia*) ou d'une communication de l'intelligible au sensible (*koinoia*)[1]. Dans la *République*, Platon parle de cette relation en termes de ressemblance entre un modèle (*paradeigma*) et une copie (*homoiômata*)[2]. Concept central de la théorie platonicienne des Idées, la notion de participation est donc fort difficile à comprendre[3].

Methexis serait un mot inventé par Platon pour penser le rapport entre l'un et le multiple[4]. D'après Gadamer, il faut plus entendre dans ce terme l'idée de mélange (*Mischung, Mixis*) que de séparation : « Peut-on dire que l'on retire une partie quand on prend part à quelque chose[5] ? » La métaphore néoplatonicienne de la lumière permettrait de comprendre de façon plus juste la notion de participation : « La participation au bien, au beau est comme la lumière universelle[6]. » Dans « Plato als Porträtist » se

---

[1] PLATON, *Phédon*, 100c-d.
[2] PLATON, *République VI* et *VII*.
[3] Là-dessus, voir Z. JANKOVIC, *Au-Delà du signe : Gadamer et Derrida : Le dépassement herméneutique et déconstructiviste du Dasein ?*, L'Harmattan, 2003, p. 125-126.
[4] Z. JANKOVIC, *Au-Delà du signe : Gadamer et Derrida : Le dépassement herméneutique et déconstructiviste du* Dasein *?*, L'Harmattan, 2003, p. 126.
[5] H.-G. GADAMER, « Plato als Porträtist » [1988], GW 7, p. 246 : « Kann man von Nehmen eines Teils sprechen, wenn man Anteil nimmt? »
[6] GW 7, p. 249 : « Im Guten wie in Schönen wie im Licht liegt Allgegenwart von Teilhabe vor. »

trouve la confirmation que Gadamer comprend la doctrine platonicienne du beau chez Platon à partir de celle de Plotin :

> [Le beau] ne peut, de toute façon, jamais être séparé de son apparence. Le beau doit apparaître, sinon il n'est rien de beau. Car il est paraître et comme tel il n'est pas indépendant de ce qu'il est comme être, comme homme, comme Dieu ou comme n'importe quoi de beau. Paraître, apparaître, transparaître, voilà ce qu'est cette *splendeur* qui, selon Plotin, est comme déversée sur la chose qui paraît, si elle est belle, car l'être de sa splendeur réside dans sa *diffusio sui*, dans sa diffusion[1].

L'idée n'est jamais séparée de son apparence, l'intelligible est toujours mélangé au sensible. Dans le *Philèbe*, c'est la beauté qui révèle le bien dans le sensible. Selon Platon, la vie mixte, faite de plaisir et de sagesse n'est en effet bonne que lorsque la mesure y réalise le beau. Autrement dit, le beau véritable peut être vu comme l'incarnation du bien dans le monde sensible :

> [...] privé de mesure et de proportion, tout mélange, quel qu'il soit et de quelque manière qu'il soit composé, corrompt ses composants et se corrompt tout le premier. Car ce n'est plus alors un mélange, ce n'est jamais qu'un vrai pêle-mêle, une réelle misère pour les êtres où il se produit. [...] Nous voyons donc que la puissance du bien s'est réfugiée dans la nature du beau, car la mesure et la proportion réalisent partout la beauté et la vertu. [...] Si donc nous ne pouvons saisir le bien sous un seul caractère, saisissons-le sous trois, beauté, proportion, vérité, et disons que, par leur commune action plus que par toute autre, nous avons le droit d'expliquer les qualités du mélange et de déclarer que, étant bonne, par elle le mélange est bon[2].

---

[1] H.-G, « Plato als Porträtist » [1988], GW 7, p. 244-245. Plotin donne l'exemple du feu, qui est « beau en lui-même », en raison de la « présence d'une lumière incorporelle qui est raison et idée ». « Il éclaire et il brille, parce qu'il est une idée. » (PLOTIN, *Ennéade* I, 6, 3, trad Bréhier.)
[2] PLATON, *Philèbe*, 64d-65a, trad. Diès.

En tant que mesure et proportion, l'idée du Beau est véritablement présente et se donne indivisiblement et totalement à voir dans les belles choses. Si l'idée du Beau est entièrement présente dans le sensible, cela implique que l'intelligible est immanent au sensible. Le réel est toujours un juste mélange d'intelligible et de sensible, c'est-à-dire d'unité et de multiplicité. Le juste mélange, qui fait l'être-bien-constitué des belles choses, est un genre en soi. L'Idée du bien est, comme l'idée du Beau, immanente à tout ce qui est beau. Le mélange entre l'illimité (*apeiron*) et la limite (*péras*) constitue le troisième genre de l'être. Comme le dit Gadamer,

> [...] le troisième genre du mixte apparaît comme l'« être advenu ». Le fait que celui-ci soit réellement un « genre » propre, ne pouvant être dérivé de l'opposition « eidétique » entre *péras* (la « limite ») et *apeiron* (l'« illimité »), mais un être d'un genre singulier, trouve son expression dans le quatrième genre, la « cause » du mélange[1].

Dire ainsi que le mélange est l'être advenu, l'être tel qu'il se donne comme être, laisse donc entendre que le bien est toujours en tant que constituant d'un mélange, autrement dit, il ne peut y avoir pour nous qu'un bien concret. Seul le concret existe réellement, l'abstrait n'est que le produit d'une opération de l'esprit. L'être advenu est toujours déjà concret. Selon l'interprétation de Gadamer, le bien « n'est pas pour soi, en soi et au-delà, n'importe où, mais en tout ce que nous reconnaissons comme beau mélange[2] ». En tant qu'existence individuelle concrète, une bonne vie est un juste mélange. Ce mélange, précise Gadamer, ne doit pas être pensé comme une dégradation ou une contamination du pur et du vrai, mais comme un genre propre, c'est-à-dire « le lieu où apparaît la constitution ontologique du bien et du vrai[3] ». Si le « bien » peut être séparé de tout ce qui apparaît en tant que bien, c'est qu'il s'y trouve et que c'est au sein de l'existence concrète qu'il se donne à nous dans toute sa splendeur[4]. Le bien est donc immanent et « l'au-delà de l'être que proclame Platon comme "le

---

[1] H.-G. GADAMER, *L'Idée du Bien comme enjeu platonico-aristotélicien* [1978], Paris, Vrin, 1994, p. 100 ; GW 7, p. 192.
[2] H.-G. GADAMER, *L'Idée du Bien comme enjeu platonico-aristotélicien* [1978], Paris, Vrin, 1994, p. 102 ; GW 7, p. 193.
[3] H.-G. GADAMER, *L'Idée du Bien comme enjeu platonico-aristotélicien* [1978], Paris, Vrin, 1994, p. 100 ; GW 7, p. 191.
[4] H.-G. GADAMER, *L'Idée du Bien comme enjeu platonico-aristotélicien* [1978], Paris, Vrin, 1994, p. 102 ; GW 7, p. 193.

bien", et qui mènera à l'élaboration néoplatonicienne du concept de transcendance, signifie en réalité l'en deçà de l'être, son immanence[1] ». Gadamer atténue donc radicalement le *khôrismos* platonicien. Nous voyons donc pourquoi il soutient que

> [l]a complète séparation entre un monde des idées et un monde des phénomènes serait une grossière absurdité. Si Parménide, dans le dialogue de Platon du même nom, pousse sciemment dans cette direction, c'est, me semble-t-il, précisément pour pousser à l'absurde une pareille entente du *khôrismos*[2].

En effet, la séparation radicale des Idées de leurs manifestations concrètes est déclarée absurde dans la première partie du *Parménide*. Le vieux Platon ressemble donc comme un frère au jeune Aristote critiquant la doctrine des Idées[3]. Le *Parménide* est un dialogue sans mythe et fort peu métaphorique, c'est une stricte analyse logique de concepts. Cela explique peut-être la ressemblance avec le mode d'exposition de la pensée d'Aristote qui nous est familier. Gadamer soutient en effet que Platon et Aristote sont loin de s'opposer aussi radicalement qu'on le croit généralement et qu'en fait leur principale différence est que Platon exprime en images ce qu'Aristote tente de traduire en concepts. « Dans la pensée d'Aristote, l'intention platonicienne est transposée dans le langage prudemment tâtonnant des concepts philosophiques[4]. » Cela dit, il est clair qu'Aristote critique son maître. Mais d'après Gadamer, Aristote caricature Platon en ne tenant pas assez compte du fait qu'il s'exprime à l'aide de métaphores. Aristote, dit Gadamer, prend trop à la lettre les métaphores de Platon, comme le lieu supracéleste du *Phèdre*, l'au-delà de la caverne de la *République* ou l'analogie de la ligne qui n'est justement qu'une analogie[5]. « Platon a anticipé de façon seulement symbolique ce que signifie proprement le "bien" en un tel sens universel, dans sa doctrine des

---

[1] H.-G. GADAMER, « Parménide ou l'immanence de l'être » [1988], *Interroger les Grecs. Études sur les présocratiques, Platon et Aristote*, Paris, Fides, 2006, p. 83-84.
[2] H.-G. GADAMER, *L'Idée du Bien comme enjeu platonico-aristotélicien* [1978], Paris, Vrin, 1994, p. 25 ; GW 7, p. 136.
[3] H.-G. GADAMER, *L'Idée du Bien comme enjeu platonico-aristotélicien* [1978], Paris, Vrin, 1994, p. 19 ; GW 7, p. 132.
[4] H.-G. GADAMER, *L'Idée du Bien comme enjeu platonico-aristotélicien* [1978], Paris, Vrin, 1994, p. 147 ; GW 7, p. 227.
[5] H.-G. GADAMER, « Der platonische »Parmenides« und seine Nachwirkung » [1983], GW 7, p. 313.

nombres. Aristote a trouvé des réponses d'ordre conceptuel[1]. » Surtout décrit à l'aide de métaphores et de mythes qu'il ne faut jamais interpréter littéralement, la séparation des Idées chez Platon est seulement méthodologique, c'est Aristote qui en fait une séparation ontologique avec la séparation radicale du monde supralunaire du monde sublunaire.

Il s'ensuit que Gadamer ne peut pas suivre Heidegger lorsqu'il fait de Platon le père de l'ontothéologie : « il est clair que le schéma ontothéologique ou métaphysique est tout à fait inapproprié dans le cas de Platon[2] ». Il n'y a pas d'ontothéologie chez Platon :

> Nous ne trouvons pas dans les constructions conceptuelles de Platon quoi que ce soit qui s'approche d'une métaphysique comme ontothéologie, où le divin, pareil à un étant suprême, existant en soi, couronne la physique en tant que premier moteur immobile au sein d'une puissance d'attraction magique[3].

Il est très significatif pour Gadamer que Platon n'emploie *jamais* le terme d'*eidos* pour parler du bien[4]. C'est que le bien n'est pas un étant situé au-delà de tout ce qui est. Il est au contraire ce qu'il y a de plus fondamental, ce qui est lui-même sans fondement puisqu'il est lui-même la souche la plus profonde de tout ce qui est. Loin d'être perdu dans un ciel transcendant, le bien est à l'œuvre au cœur même du concret. Le bien est partout. C'est ainsi que dans la *République*, le bien se présente comme ce qui unifie le multiple et n'existe pour nous que dans le don qu'il dispense, c'est-à-dire la connaissance et la vérité[5]. Il « s'articule ainsi

---

[1] H.-G. GADAMER, *L'Idée du Bien comme enjeu platonico-aristotélicien* [1978], Paris, Vrin, 1994, p. 146 ; GW 7, p. 227.
[2] H. — G. GADAMER, « La pensée utopique de Platon » [1983], *Interroger les Grecs. Études sur les présocratiques, Platon et Aristote*, Paris, Fides, 2006, p. 218 ; GW 7, p. 280.
[3] H.-G. GADAMER, « La pensée utopique de Platon » [1983], dans *Interroger les Grecs. Études sur les présocratiques, Platon et Aristote*, Paris, Fides, 2006, p. 218 ; GW 7, p. 280. Voir aussi « Le retour au commencement » [1986], *Les chemins de Heidegger*, trad. J. Grondin, Paris, Vrin, 2002, p. 260 ; GW 3, p. 409.
[4] H.-G. GADAMER, « Le retour au commencement » [1986], *Les chemins de Heidegger*, trad. J. Grondin, Paris, Vrin, 2002, p. 260 ; GW 3, p. 409.
[5] H.-G. GADAMER, *L'Idée du Bien comme enjeu platonico-aristotélicien* [1978], Paris, Vrin, 1994, p. 35 ; GW 7, p. 143.

exactement à la duplicité interne et à la fonction "dialectique" de l'un[1] ». L'idée du bien est la condition nécessaire de l'existence de tout ce qui a ordre et consistance. Autrement dit, c'est le bien qui préserve l'unité du multiple[2]. C'est la même ontologie que l'on retrouve dans le *Philèbe* :

> [...] tout ce qu'on peut dire exister est fait d'un et de multiple et comporte dans sa nature de la limite et de l'illimité. Puisque c'est ainsi que les choses sont ordonnées, il nous faut donc supposer qu'il y a toujours et pour toute chose une nature unique, et la rechercher. On la trouvera, car elle y est[3].

Tout ce qui existe est un mélange, il n'y pas de séparation radicale entre l'un et le multiple. C'est la *dunamis* du bien qui, donnant au tout son ordre et sa cohérence, lui confère son unité[4]. L'Un est donc un tout cohérent, une totalité unifiée par le bien.

Tous les lecteurs de Platon, nous dit Gadamer, devraient exercer sur eux-mêmes la critique du *Parménide*, et Aristote le premier. Il est clair que Gadamer vise aussi Heidegger. Gadamer critique en effet le présupposé herméneutique de Heidegger selon lequel « Aristote a compris Platon[5] », car alors que Heidegger affirme qu'il faut interpréter Platon en suivant Aristote qui aurait compris Platon mieux que lui-même, Gadamer pense plutôt avoir démontré que l'élève a caricaturé le maître. Trompé par la caricature aristotélicienne, Heidegger

> subsuma complètement la pensée platonicienne sous le concept aristotélicien de « métaphysique ». Heidegger comprit la métaphysique aristotélicienne comme ontothéologie, c'est-à-dire comme projet d'une doctrine de l'être faisant de l'étant suprême — le divin — le fondement de l'expérience authentique de la réalité de l'être et du sens de l'être. Tous les

---

[1] H.-G. GADAMER, *L'Idée du Bien comme enjeu platonico-aristotélicien* [1978], Paris, Vrin, 1994, p. 35 ; GW 7, p. 144.
[2] H.-G. GADAMER, *L'Idée du Bien comme enjeu platonico-aristotélicien* [1978], Paris, Vrin, 1994, p. 37 ; GW 7, p. 145.
[3] PLATON, *Philèbe*, 16c-d, trad. Pradeau.
[4] H.-G. GADAMER, *L'Idée du Bien comme enjeu platonico-aristotélicien* [1978], Paris, Vrin, 1994, p. 109 ; GW 7, p. 198.
[5] M. HEIDEGGER, *Platon : Sophiste*, Paris, Gallimard, 2001, p. 21.

efforts de Platon ne représentaient, selon Heidegger, qu'une anticipation de cette métaphysique[1].

Plus précisément, Heidegger reprend à nouveaux frais la critique aristotélicienne de Platon sous la forme d'une critique existentielle de la tradition idéaliste[2]. Telle est la tâche de destruction opérée par l'herméneutique de la facticité. Mais Gadamer ne pense pas qu'il soit nécessaire de rejeter ainsi la métaphysique. Paradoxalement, *c'est pour demeurer dans le chemin ouvert par Heidegger que Gadamer refuse de le suivre* : comme nous l'avons vu précédemment, c'est par une méthode d'interprétation phénoménologique attentive à la facticité qui lui avait été inspirée par le jeune Heidegger que Gadamer en est venu à voir en Platon un penseur qui est loin d'être celui qui aurait méprisé le monde de l'existence concrète. Bien au contraire, l'interprétation phénoménologique de Platon que propose Gadamer montre un Platon qui voit rayonner l'intelligible au cœur même du sensible[3].

Mais il faut dire qu'en soulignant contre Heidegger l'immersion de l'intelligible dans le sensible, Gadamer suit aussi les traces de son maître Natorp[4], ce qui lui permet de montrer que Platon n'est pas responsable de la constitution ontothéologique de la métaphysique tant dénoncée par Heidegger comme oubli de l'être.

Le savoir dialectique

Dans le *Phédon*, Platon souligne la nécessité de passer par le langage pour connaître les Idées[5]. Mais voulant effectuer une critique de la justesse des mots afin de combattre les abus de langage de la sophistique, Platon montre dans le *Cratyle* qu'on ne peut partir des noms pour connaître les

---

[1] H.-G. GADAMER, « La pensée utopique de Platon » [1983], *Interroger les Grecs. Études sur les présocratiques, Platon et Aristote*, Paris, Fides, 2006, p. 209 ; GW 7, p. 273.
[2] H.-G. GADAMER, « Amicus Plato magis amica veritas » [1968], *Interroger les Grecs. Études sur les présocratiques, Platon et Aristote*, Paris, Fides, 2006, p. 237 ; GW 6, p. 74.
[3] Cf. J. GRONDIN, « Avant propos du traducteur », H. — G. GADAMER, *Les chemins de Heidegger*, Paris, Vrin 2002, p. 11.
[4] Jean Grondin souligne « qu'il était loin d'être débile de rappeler que Platon, en parlant d'*eidos*, voulait d'abord attirer l'attention sur une régularité, ou un ordre qui transparaît dans le sensible, mais sans se réduire à lui. Assurément, Platon ne pensait pas aux lois de la nature newtonienne, mais il ne pensait pas non plus à des entités qui flotteraient bêtement dans un monde qui serait totalement coupé du nôtre, celui qu'a caricaturé Aristote [...] ». (J. GRONDIN, *Introduction à la métaphysique*, Montréal, Presses de l'Université de Montréal, 2004, p. 65.)
[5] PLATON, *Phédon*, trad. Chambry, 99e-100 a.

choses, car ils n'en sont que des images. « C'est déjà beau de reconnaître qu'il ne faut pas partir des noms, et qu'il vaut beaucoup mieux apprendre et rechercher les choses elles-mêmes en partant d'elles-mêmes qu'en partant des noms[1]. » Gadamer est ici particulièrement critique à l'égard de Platon qu'il accuse de reculer devant le vrai rapport du mot et de la chose et de ne pas réfléchir au fait que l'opération de la pensée, que Platon considère lui-même comme un dialogue de l'âme avec elle-même, est liée à la langue : « Platon a dissimulé l'essence propre de la langue plus profondément encore que ne l'avaient fait les théoriciens de la sophistique, qui avaient développé leur art en usant et en abusant de la langue[2]. » Il serait peut-être moins lapidaire de dire comme Allan Bloom que « Socrate est persuadé que la parole reflète l'être, et qu'en même temps il y a, par-delà tous les malentendus, une compréhension qui est au-delà du langage et pour laquelle le langage n'est qu'un instrument[3]. » Il n'en reste pas moins qu'il y a une tension entre un Platon métaphysicien et un Platon socratique. La question se pose de savoir si pour Platon la connaissance des Idées nécessite un renvoi aux mots ou si une contemplation silencieuse de celles-ci est possible. Certes, plusieurs passages de l'œuvre de Platon décrivent la vision directe de l'idée. Mais dans le *Banquet*, nous voyons Diotime douter de la capacité de Socrate à parvenir au terme de l'initiation érotique : « Mais la révélation suprême et la contemplation, qui en sont également le terme quand on suit la bonne voie, je ne sais si elles sont à ta portée[4]. » Gadamer y voit une hésitation de Platon devant la possibilité d'une révélation soudaine de la beauté pour un mortel. Platon ne laisse jamais entendre que Socrate a eu une vision directe de l'Idée du Bien[5]. Même dans ses exposés les plus métaphysiques, Socrate ne prétend jamais être certain de ce qu'il avance. Ce n'est pas sans raison que Diotime, dans le *Banquet*, n'est pas certaine que Socrate soit capable de parvenir à la révélation suprême[6].

---

[1] PLATON, *Cratyle*, 439 b, trad. Dalimier.
[2] VM, p. 431 ; GW 1, p. 412.
[3] A. BLOOM, « L'échelle de l'amour », *L'amour et l'amitié*, trad. fr. P. Manent, Paris, Fallois, 1996, p. 553-554
[4] PLATON, *Banquet*, 209e-210 a, trad. Brisson.
[5] En *République*, 506c, Socrate affirme être dans l'incapacité de parler du bien en soi.
[6] PLATON, *Banquet*, 209e-210 a, trad. Brisson : « Mais la révélation suprême et la contemplation, qui en sont le terme [de l'initiation aux mystères d'Éros] quand on suit la bonne voie, je ne sais si elles sont à ta portée. »

> [I]l y a de quoi se demander pour quelles raisons Diotima se met finalement à douter de son aptitude à suivre ses idées jusqu'au bout. Le Socrate platonicien doute-t-il à la fin de lui-même et de l'ascension vers le beau qui apparaît comme une révélation soudaine dans toute intuition, complètement pure et unifiée, ou Socrate est-il pour ainsi dire poussé ici au-delà de lui-même ? Ceci résonne comme un pas fait en direction de l'ontothéologie, un pas que fera le physicien Aristote, par lequel il est devenu le fondateur de la métaphysique, l'ancêtre de la scolastique chrétienne, et enfin le précurseur du monde moderne des sciences[1].

Si Gadamer voit dans la révélation de la beauté absolue dans le *Banquet* une préfiguration de l'ontothéologie, cela explique ses réticences à admettre la séparation des Idées et des apparences, car ce serait rechuter dans la métaphysique qu'a si vivement critiquée son maître Heidegger. Autrement dit, cela serait une négation de la finitude. Gadamer souligne les doutes de Diotime quant à la possibilité pour Socrate de *voir* directement l'Idée du Beau pour suggérer que Platon lui-même aurait hésité devant l'ontothéologie. Cependant, que Socrate, inspiré par la beauté des jolis garçons, engendre des *discours* sur la modération et la justice, cela reste possible malgré la finitude humaine[2].

Pour comprendre en quoi consiste la contemplation des idées, Gadamer interprète Platon à partir de Plotin :

> [Platon] a montré que dans le sensible tel qu'il se montre, on devait toujours retirer quelque chose par le regard et contempler en quelque sorte son être véritable. Il faut entendre ici le terme « contempler » au sens actif qu'a le terme *théorein* chez Plotin, où l'on place quelque chose devant les yeux en y pensant[3].

---

[1] H.-G. GADAMER, « Platon portraitiste » [1988], J. BORREIL et J. POULAIN (dir.), *Lieux et transformation de la philosophie*, Saint-Denis, Presse universitaire de Vincennes, 1991, p. 32 ; GW 7, p. 241.
[2] PLATON, *Banquet*, 209e, trad. Brisson : « Voilà sans doute, Socrate, en ce qui concerne les mystères relatifs à Éros, les choses auxquelles tu peux, toi aussi, être initié. »
[3] H.-G. GADAMER, « Le retour au commencement » [1986], *Les chemins de Heidegger*, trad. J. Grondin, Paris, Vrin, 2002, p. 261 ; GW 3, p. 409-410.

Plotin écrit en effet que « ce qui en moi contemple produit un objet à contempler ; ainsi les géomètres tracent des figures en contemplant. Mais moi, je n'en trace aucune ; je contemple, et les lignes des corps se réalisent, comme si elles sortaient de moi[1]. » Pour illustrer cette vision authentique de l'être, il faut penser au fait que pour bien comprendre ce qu'est, par exemple, un cercle, il faut en quelque sorte voir à travers le cercle toujours imparfait tracé au tableau pour arriver à penser le véritable cercle mathématique. Une fausse vision de l'être serait de confondre la figure sensible avec le cercle mathématique que l'on doit voir à travers le cercle de craie[2]. Le cercle véritable se donne à travers le cercle sensible. Toute la nature est *contemplation* dans la mesure où elle est manifestation de l'être :

> Avec ce mot nous décrivons quelque chose de diamétralement opposé à la science de la nature et aux disciplines scientifiques modernes. Je veux dire que Plotin, dans son analyse de la nature, au sens de *Aufgehen*, pense à l'éclosion en soi et par soi, une formule qui n'a rien à voir avec la science naturelle : il a à l'esprit la nature dans sa source pure, pas celle qui est fait l'objet de la science sous toutes ses formes et dans toutes ses lois. Cet enfouissement dans la *phusis*, dans l'éclosion, pour Plotin, devient le modèle de l'expérience de l'être en général, un archétype métaphysique[3].

Pour Gadamer cette expérience de l'être à travers le sensible constitue la véritable essence du langage : « lorsque nous pensons et que nous parlons l'un avec l'autre, nous regardons aussi à travers tout ce qui est dit pour "contempler" quelque chose qui ne se trouve pas dans les mots[4] »

La contemplation des Idées a toujours lieu dans et par le discours. D'après Gadamer la palinodie de Socrate dans le *Phèdre* est un exemple d'anamnèse qui a réussi. Le discours mythique de Socrate est comme la révélation d'une vérité enfouie. La très longue définition de la contrefaçon du sage qui se trouve à la fin du *Sophiste* est également une anamnèse qui réussit, car elle nous révèle en négatif l'être du philosophe en faisant

---

[1] PLOTIN, *Ennéade* III, 8, trad. Bréhier.
[2] H.-G. GADAMER, « Le retour au commencement » [1986], *Les chemins de Heidegger*, trad. J. Grondin, Paris, Vrin, 2002, p. 261, GW 3, p. 410.
[3] H.-G. GADAMER, « Plotino », *Il cammino della filosofia*, Rai Educationnal, 2000.
[4] H.-G. GADAMER, « Le retour au commencement » [1986], *Les chemins de Heidegger*, trad. J. Grondin, Paris, Vrin, 2002, p. 261-262 ; GW 3, p. 410.

apparaître tout ce qu'il n'est pas[1]. Il est donc faux de dire que le jeune garçon du *Ménon* découvre entièrement par lui-même que le carré de l'hypoténuse est égal à la somme des carrés des cathètes. C'est son dialogue avec Socrate qu'il l'a amené à voir ses erreurs et conduit sur le chemin de la vérité :

> Lorsque Platon introduit la doctrine de l'anamnèse dans son œuvre littéraire, il le fait en mettant en scène un entretien entre Socrate et un garçon où celui-ci apprend que le carré de l'hypoténuse est égal à la somme des carrés des deux autres côtés. Le novice comprend souvent cette mise en scène du *Ménon* comme si elle voulait dire que le garçon pouvait atteindre une telle connaissance sans l'aide de Socrate puisqu'il s'agirait d'une simple « réminiscence ». C'est une erreur. C'est que Socrate agit ici aussi comme un maître. Il fait voir au garçon les erreurs graves qu'il commet en tentant de répondre et il l'amène sur le droit chemin. C'est donc un dialogue qui permet au garçon de reconnaître à la fin : « oui, voilà ce que c'est »[2].

L'expérience de la vérité à travers l'ordre du discours est un dévoilement pour Platon : « L'expérience qui s'y trouve partout dépeinte correspond, il me semble, au plan de son "exercice" même, à la recherche heideggérienne d'une pensée de l'*aletheia* elle-même[3]. » Comme le fait remarquer Jean Grondin, « Gadamer pense donc ici contre Heidegger, mais avec lui : c'est peut-être Platon qui aurait été le grand penseur de l'*alètheia*, c'est-à-dire d'une vérité qui éclaire et qui aménage une éclaircie, tout en se retirant elle-même[4]. »

Il est clair pour Gadamer que la médiation par le langage (*dialegesthaï*) est une condition nécessaire à l'intuition intellectuelle (*noesis*). Il est dit dans le *Phèdre* que seuls les dieux ont le privilège de contempler la totalité de

---

[1] H.-G. GADAMER, « Le retour au commencement » [1986], *Les chemins de Heidegger*, trad. J. Grondin, Paris, Vrin, 2002, p. 265-266 ; GW 3, p. 413-414.
[2] H.-G. GADAMER, « Le retour au commencement » [1986], *Les chemins de Heidegger*, trad. J. Grondin, Paris, Vrin, 2002, p. 266 ; GW 3, p. 414.
[3] H.-G. GADAMER, « Le retour au commencement » [1986], *Les chemins de Heidegger*, trad. J. Grondin, Paris, Vrin, 2002, p. 264 ; GW 3, p. 412.
[4] J. GRONDIN, « Avant-propos » à H. — G. GADAMER, *Les chemins de Heidegger*, Paris, Vrin, 2002, p. 11.

l'intelligible et c'est précisément ce qui fait que les dieux sont des dieux. Mais la meilleure des âmes humaines, qui est celle qui cherche à ressembler au dieu qu'elle poursuit, étant « troublée par le tumulte de ses chevaux, elle a eu beaucoup de peine à porter les yeux sur les réalités [...] elle a aperçu certaines réalités, mais pas d'autres[1] ». L'être humain ne peut contempler toute la vérité. Seuls les dieux sont sages.

L'âme de la nature

On caricature souvent Platon en disant qu'il prêche le mépris du monde sensible, qui serait inférieur en raison de son perpétuel devenir. Comme Parménide, Platon enseignerait que les phénomènes de la nature ne sont que des illusions à la frontière du néant. Pourtant, il semble plus juste de soutenir que les efforts de pensée de Platon visent à rendre intelligible le monde du devenir, afin qu'il soit possible d'y mener une vie morale.

> Nous laisserons-nous si facilement convaincre que le mouvement, la vie, l'âme, la pensée, n'ont réellement point de place au sein de l'être universel, qu'il ne vit ni ne pense, et que, solennel et sacré, vide d'intellect, il reste là, planté sans pouvoir bouger [2]?

Pour ne pas se laisser convaincre d'une telle chose, Platon devra admettre, contre Parménide, que l'opposition entre l'immobilité et le mouvement n'est pas absolue. Être en mouvement, ce n'est pas passer du non-être à l'être, ni du repos à son contraire, c'est plutôt participer en même temps au même et à l'autre[3]. C'est dans le *Parménide* qu'est démontré que l'Un participe à la fois au mouvement et au repos. Platon y a recours au concept de changement (*metabolè*) pour penser le mouvement et dépasser l'aporie de l'école éléatique. Changement au sens de passage soudain, en un instant, du mouvement au repos et du repos au mouvement. Le fait de changer ainsi soudainement d'apparence n'est pas cesser d'être soi-même pour devenir autre que soi, mais devenir un autre soi-même par soi-même instantanément.

---

[1] PLATON, *Phèdre*, 248 a, trad. Brisson.
[2] PLATON, *Sophiste*, 248e-249 a, trad. Diès. Voir aussi *Timée* 30a, trad Brisson : « impossible que l'intellect soit présent en quelque chose dépourvu d'une âme. »
[3] PLATON, *Sophiste*, 256a, trad. Diès : « Le mouvement est donc le même et pas le même : il faut en convenir et ne s'en point fâcher. C'est que, lorsque nous le disons le même et pas le même, ce n'est point sous les mêmes rapports. »

L'idée qu'une seule et même chose puisse devenir son opposé est d'origine héraclitéenne[1]. Héraclite défend en effet la thèse de la coïncidence de l'Un et du multiple, de la dispersion et de la réunion[2]. Selon Héraclite, il y a toujours une unité dans l'opposition et c'est ainsi que dans un même fleuve coulent toujours des eaux différentes. Ensemble simultanément, les opposés constituent une unité. Gadamer écrit que c'est donc bien de la pensée d'Héraclite que Platon a tiré sa théorie de la soudaineté du changement :

> Le mystérieux problème derrière ces opposés réside évidemment dans le fait que le même se présente *sans transition* comme un autre. Tous ces exemples expriment ce que les Grecs appelaient *metabolê* : changement. Le changement se caractérise par une brusque soudaineté. La pensée sous-jacente à ce mouvement semble reproduire celle de l'incertitude essentielle de tout ce qui se présente tantôt d'une façon, tantôt d'une autre. À l'instant suivant, tout peut paraître à nouveau autrement, et non plus tel que c'était[3].

Selon Héraclite, tout changement implique justement une simultanéité. L'autre est toujours en même temps présent, car les opposés jaillissent soudainement et sans médiation. Si l'étant peut changer tout à coup complètement d'apparence et laisser surgir son opposé, cela démontre qu'il était déjà là[4]. Ainsi, selon Gadamer, qui fait ici référence au *Parménide*, « la formule platonicienne, qui veut qu'une même chose soit en même temps une et autre, s'appliquerait très bien ici. L'une et l'autre sont en elle. Ce n'est que l'aspect de l'étant qui change, non pas son être[5]. » Héraclite

---

[1] Platon dit en effet dans le *Phédon*, 71a, trad. Dixsaut : « c'est à partir de leurs contraires que viennent à exister les choses contraires. »
[2] H.-G. GADAMER, « Études héraclitéennes » [1990], *Interroger les Grecs. Études sur les présocratiques, Platon et Aristote*, Fides, 2006, p. 92 ; GW 7, p. 47.
[3] H.-G. GADAMER, « Études héraclitéennes » [1990], *Interroger les Grecs. Études sur les présocratiques, Platon et Aristote*, Fides, 2006, p. 94 ; GW 7, p. 48.
[4] H.-G. GADAMER, « Études héraclitéennes » [1990], *Interroger les Grecs. Études sur les présocratiques, Platon et Aristote*, Fides, 2006, p. 115 ; GW 7, p. 64.
[5] H.-G. GADAMER, « Études héraclitéennes » [1990], *Interroger les Grecs. Études sur les présocratiques, Platon et Aristote*, Fides, 2006, p. 116 ; GW 7, p. 64.

ne décrit pas comment l'Un se transforme en l'Autre, mais soutient que l'Un est aussi l'Autre, sans transition, aussi soudainement qu'un éclair[1].

Pour changer par lui-même, un étant doit être capable d'exercer sa puissance de changement à son propre endroit[2]. L'explication platonicienne du devenir postule l'existence d'un être dont l'essence consiste à se mouvoir lui-même dans la suite des instants. Or, dit Platon, on appelle âme ce qui se meut par soi-même[3]. Le devenir, pour être intelligible, implique donc l'existence de l'âme.

> [...] l'âme est purement et simplement le point de départ de la naissance et du mouvement de toutes les choses qui sont, qui sont nées et qui naîtront, comme elle l'est aussi bien de tous leurs contraires, dès lors que nous avons découvert en elle la cause de tout changement et de tout mouvement en toutes choses[4].

L'âme est la cause du devenir. Les changements de l'âme en vice ou en vertu déterminent le devenir des êtres qu'elles animent[5]. Une âme vertueuse améliore l'être qu'elle anime, tandis qu'une âme qui tend vers le vice lui est nuisible. Suivant ce principe, le mouvement parfait des sphères célestes indique qu'il est déterminé par des âmes parfaites, donc divines. Voilà pourquoi Platon affirme dans les *Lois* que la course des astres dans le ciel est guidée par des dieux :

> [...] puisqu'une âme ou des âmes sont apparues être les causes de tous ces mouvements, et puisque ces âmes ont la bonté d'une excellence totale, nous déclarerons que ce sont des divinités, soit qu'elles ordonnent le ciel en se trouvant dans des corps, ce qui fait d'elle des êtres vivants, soit de quelque autre façon. Se trouvera-t-il quelqu'un qui, accordant tout cela, s'obstinera à ne pas croire que tout est plein de dieux [6]?

---

[1] H.-G. GADAMER, « Études héraclitéennes » [1990], *Interroger les Grecs. Études sur les présocratiques, Platon et Aristote*, Fides, 2006, p. 132 ; GW 7, p. 76.
[2] Cette question se pose pour Platon dès le *Charmide*, 169a.
[3] PLATON, *Phèdre*, 245e-246 a.
[4] PLATON, *Lois*, 896a, trad. Brisson et Pradeau,
[5] PLATON, *Lois*, 904c-e, trad. Brisson et Pradeau.
[6] PLATON, *Lois*, 899b, trad. Brisson et Pradeau.

Tout est plein de dieux : selon Platon, afin de rendre la nature intelligible, c'est-à-dire expliquer le devenir du monde sensible dans son ensemble et lui accorder la réalité ontologique qui lui était niée par Parménide, il faut admettre qu'« il existe dans les astres un intellect qui est le guide des êtres[1] ». L'âme est un être dont l'existence précède celle des corps qu'elle anime[2]. En tant qu'être premier, elle existe par elle-même[3]. Platon peut ainsi identifier la nature de toute chose à l'âme : « [...] l'âme est la cause du bien et du mal, de ce qui est beau et de ce qui est laid, du juste et de l'injuste, bref de tous les contraires, si du moins nous posons que l'âme est la cause de toute chose[4]. » Gadamer peut donc conclure que l'être même des choses est une puissance (*dunamis*) orientée vers le bien[5]. Le désir du bien qui anime le monde du devenir est ce qui confère à ce monde une totalité organique unifiée.

Le Platon de Gadamer

Selon Gadamer, Platon expose dans ses dialogues une pensée unifiée qui ne doit pas être analysée comme on analyserait un exposé systématique de métaphysique dogmatique, mais plutôt interprétée en tant qu'imitation de conversations vivantes, voire en tant qu'imitation de la vie concrète de Socrate et de ses interlocuteurs. Cette pensée se veut le rappel de la présence immanente de l'intelligible dans le sensible, présence rendue visible par la splendeur du beau qui luit au travers de tout ce qui est conforme à la mesure du bien. Le bien est ce vers quoi tend ce qui devient, le devenir s'expliquant par l'existence, en tout ce qui vit, d'une âme qui désire le bien. Toute cette « mythologie » de l'âme ne peut se passer d'images et de mots. Les mots ne suffisent peut-être pas à dire toute la vérité, mais l'intelligence des mortels ne saurait s'en passer. La finitude de l'homme, dit Platon, ne peut que l'ouvrir à l'infinité du dialogue.

À l'instar de l'approche analytique, Gadamer propose une approche philosophique contre l'approche historique. Mais, contre l'approche

---

[1] PLATON, *Lois*, 967d, trad. Brisson et Pradeau.
[2] PLATON, *Lois*, 892 a.
[3] PLATON, *Lois*, 892c, trad. Brisson et Pradeau : « parce qu'elle est née en premier, elle est éminemment par nature. »
[4] PLATON, *Lois*, 896d-e, trad. Brisson et Pradeau.
[5] H.-G. GADAMER, « Platon et les présocratiques » [1964], *Interroger les Grecs. Études sur les présocratiques, Platon et Aristote*, Paris, Fides, 2006, p. 159 ; « Platon und die Vorsokratiker », GW 6, p. 70.

analytique, il propose une interprétation phénoménologique[1]. En effet, avec son interprétation phénoménologique du *Philèbe*, Gadamer redonne vie à un Platon attentif à la facticité de l'existence humaine et qui hésite à faire le pas qui mène à l'ontothéologie. Même si l'interprétation gadamérienne de Platon se veut une critique de l'interprétation de Heidegger, elle demeure dans le prolongement de la pensée du maître de Fribourg. Il a été dit au chapitre précédent que le jeune Heidegger enseignait qu'il fallait cesser de plaquer sur la pensée de Platon l'opposition radicale entre le sensible et le suprasensible que l'on enseigne encore trop souvent dans les cours d'introduction à la philosophie. Voilà une leçon que Gadamer a su appliquer encore mieux que son maître. On vu aussi que Heidegger disait que le beau nous reconduit dans le vrai en nous exaltant par delà le sensible, faisant ainsi prédominer l'unité sur l'écart qu'il peut y avoir entre le sensible et le suprasensible, et que, pour Gadamer, la manifestation du beau pose et à la fois supprime l'écart entre l'intelligible et le sensible. Comme Heidegger, Gadamer affirme que l'être des Idées consiste à pouvoir briller par elles-mêmes et que l'éclat du beau nous subjugue pour nous amener à la vérité de l'être. La vérité, comme le beau, brille par elle-même. Enfin, suivant Heidegger et son herméneutique de la facticité, Gadamer souligne l'importance de considérer les dialogues platoniciens comme étant des conversations concrètes dont le sens ne peut être compris que si nous acceptons nous-mêmes d'y prendre part. Comprendre Platon, ce n'est pas extraire les prémisses de ses dialogues pour ensuite tenter de les assembler logiquement afin de déceler les vices de l'argumentation comme on peut le faire avec une démonstration *more geometrico*. Comprendre Platon, c'est devenir l'un des interlocuteurs à qui Socrate demande de rendre raison de son existence.

Autrement dit, lire Platon, c'est philosopher avec lui. Pour Gadamer, philosopher avec Platon, c'est chercher à se comprendre soi-même plutôt que, comme Heidegger, chercher à voir en lui le commencement de la fin de l'authenticité de notre rapport à l'être. Lors d'un entretien avec Philippe Forget et Jacques Le Rider paru dans *Le monde* du 19 avril 1981, Gadamer prenait très clairement position à ce sujet :

> Il y a un point, toutefois, sur lequel je prends mes distances par rapport à Heidegger. Il me semble que son interprétation de l'héritage grec est trop

---

[1] Là-dessus, cf Y. LAFRANCE, « L'interpétation herméneutique du *Philèbe* par Gadamer », C. GILL, F. RENAUD (dir.), *Hermeneutic Philosophy and Plato, Gadamer's response to the Philébus*, Sankt Augustin, Academia Verlag, 2010, p. 48.

> unilatérale ; il est certain que personne n'a mieux montré que lui à quel point notre culture occidentale s'enracine dans la pensée grecque. Mais sa conception de l'« oubli de l'être » *(Seinsvergessenheit)*, commençant dès Platon pour conduire jusqu'à l'époque de la technique planétaire, me paraît trop exclusive. À mon sens, Heidegger méconnaît que l'oubli de l'être va de pair avec un constant effort de « souvenance de l'être » *(Seinserinnerung)* qui traverse tout le platonisme : toute la pensée mystique en est l'illustration, y compris ce qui, dans la pensée moderne, se rattache à elle[1].

Gadamer ne peut faire de Platon le fondateur de l'ontothéologie, car, contrairement à ce qu'affirme Heidegger, il pense que le Bien est immanent au sensible. Faire, comme Heidegger, du bien l'ultime étant suprasensible, c'est caricaturer la pensée de Platon comme l'a fait Aristote.

Qui est le Platon de Gadamer ? Ce n'est pas le métaphysicien qui a condamné l'être à l'oubli. Ce n'est pas le théoricien d'une obscure doctrine des principes. Ce n'est pas non plus le fondateur d'une mystique de l'indicible. Non, dit Gadamer, Platon n'est pas platonicien. Il est socratique. C'est le maître incontesté du dialogue socratique. Le *logos sokratikos* constitue l'essence de sa pensée en tant que dialogue de la finitude avec elle-même. Le Platon de Gadamer est le dialogue que nous sommes et sa métaphysique est celle de la finitude humaine. Par là, la tournure de son interprétation est indéniablement heideggérienne. Gadamer veut se démarquer de Heidegger tout en s'engageant dans le chemin que Heidegger a lui-même ouvert, celui de l'herméneutique de la facticité. Christopher Smith en dit qu'il présente, ce faisant, une interprétation heideggérienne de Platon plus intéressante que celle de Heidegger[2]. Mais il me semble plus juste d'affirmer, avec Robert J. Dostal, que le chemin de Gadamer n'est pas tout à fait celui de Heidegger[3]. L'herméneutique de la facticité de Heidegger avait ouvert un chemin pour Gadamer, chemin où Heidegger lui-même ne s'est pas engagé. C'est le chemin qui a conduit Gadamer à voir en Platon un socratique conscient

---

[1] P. FORGET et J. LE RIDER. « Hans-Georg Gadamer et le pouvoir de la philosophie ». *Le monde* (cahier spécial du dimanche), 19 avril 1981, p. XII.
[2] C. SMITH, « H.-G. Gadamer's Heideggerian Interprétation of Plato », *Journal of the British Society for Phenomenology*, 12, octobre 1981, p. 211-230.
[3] R. DOSTAL, « H.-G. Gadamer's continuous Challenge: Heidegger's Plato Interpretation », L. HAHN (dir.), *The Philosophy of Hans-Georg Gadamer*, Chicago, Open Court, 1997, p. 297.

de la finitude humaine. Qu'est-ce que le savoir de sa propre ignorance, sinon le savoir de sa propre finitude ? Le savoir de sa finitude en est un qui nous délivre du mode inauthentique d'existence de celui qui croit savoir ce qu'il ne sait pas. Le désir de savoir de celui qui ne sait pas n'a pas d'autre choix, pour tenter de se satisfaire, que d'entrer en dialogue avec les autres mortels, car ce n'est que *par* et *dans* le dialogue que la vérité peut se dévoiler aux mortels que nous sommes. N'est-ce pas la seule façon authentique de satisfaire le désir de savoir qui surgit de la facticité de la vie humaine ?

Il est clair que Heidegger a suivi un autre chemin. Platon oublie, selon lui, sa finitude radicale en voulant saisir l'insaisissable qui lui permettrait de s'assimiler à la divinité. Le *Dasein* qui se sait fini devrait plutôt se mettre dans l'attente du retour des dieux. Si la vérité, pour Heidegger, se donne dans le langage, elle prend plus la forme d'une parole prophétique que d'un dialogue entre humains. La vérité se dévoile aux mortels sous les apparences d'une révélation religieuse. Heidegger semble dans l'attente d'une conversation avec les dieux plutôt qu'avec les hommes.

Gadamer nous a aussi fait remarquer que la pensée de Platon se prolonge plus qu'elle n'est critiquée dans celle de son élève Aristote. N'est-ce pas la métaphore de la boisson de la vie du *Philèbe*, où la juste mesure en fait un bon mélange, qui devient la vertu de modération dans l'*Éthique à Nicomaque* ? L'unité de la pensée platonicienne ne se voit pas uniquement chez Platon lui-même, mais aussi chez Aristote et même, comme nous verrons maintenant, chez Plotin.

Chapitre 4

Plotin : un Platon ressuscité

Dernière figure magistrale de la philosophie grecque, Plotin influence toute l'histoire de la pensée, des pères de l'Église jusqu'à Hegel et même au-delà[1]. Les spécialistes de la philosophie ancienne voient généralement en lui le principal représentant du néoplatonisme. Or, pour Gadamer, la définition de ce que les historiens de la philosophie ancienne ont nommé « néoplatonisme » ne va pas de soi. En effet, l'apparition du concept de néoplatonisme est une conséquence du développement de la conscience historique, qui, en raison de sa volonté de saisir le passé dans sa singularité, tend à davantage souligner les différences que les continuités qu'il peut y avoir entre les époques. Il faut savoir qu'avant le XIXe siècle, la doctrine de Plotin n'était pas clairement distinguée de celle de Platon et lire Platon à partir de Plotin ne posait pas de problème.

> L'émergence de la conscience historique et le développement du sens historique au XIXe siècle ont dissous cette unité entre Platon et Plotin. La création du terme « néoplatonisme » est révélatrice du fait qu'une distinction essentielle entre Platon et Plotin était pour la première fois reconnue[2].

Gadamer remet en question la distinction que font les historiens scientifiques de la philosophie entre le platonisme et le néoplatonisme. En effet, dans un texte de 1983, Gadamer montre que l'interprétation plotinienne de Platon n'est pas sans manquer de justesse :

> Plotin s'est certes emparé de thèmes platoniciens à maintes reprises, les transformant de sa pénétrante dialectique. Qu'au-delà de la multiplicité des Idées se trouve l'Un, qui, comme le Bien et le Beau, telle une origine lointaine, transcende et fonde le monde des

---

[1] H.-G. Gadamer, « Denken als Erlösung. Plotin zwischen Plato und Augustin » [1980], GW 7, p. 409.
[2] H.-G. Gadamer, « Denken als Erlösung. Plotin zwischen Plato und Augustin » [1980], GW 7, p. 409.

> idées, le royaume des êtres véritables — c'était déjà
> l'enseignement de Platon[1].

Soutenant cette thèse, Gadamer semble donc par là remettre en question la distinction opérée par la conscience historique entre la pensée de Platon et le néoplatonisme. Gadamer reconnaîtrait donc en Plotin un platonicien authentique, voire « une sorte de Platon ressuscité[2] » *(Una specie di Platone redivivo)*. S'il est vrai de dire que Plotin est un authentique platonicien, alors Gadamer, le considérant en tant que commentateur avisé, peut très bien s'en inspirer pour élaborer sa propre interprétation de Platon. Si Heidegger croyait qu'il fallait comprendre Platon à partir d'Aristote parce qu'il est celui qui aurait le mieux compris le maître, Gadamer, jugeant l'interprétation aristotélicienne trop caricaturale, interprète pour sa part Platon à partir de Plotin, ainsi que je l'ai fait remarquer au chapitre III. Plotin, à certains égards, prolongerait fidèlement la pensée de Platon. Pour voir dans quelle mesure l'interprétation gadamérienne de Platon suit celle qu'en donne Plotin, il me faudra montrer comment Gadamer peut soutenir que la doctrine de Plotin sur l'être se déploie à partir de points de départ fidèles à la pensée du maître de l'Académie.

La dialectique de l'Un et du Multiple

Le problème fondamental de Plotin est celui qu'affronte Platon dans le *Parménide* : comment penser la nécessité de l'existence de l'Un comme fondement de tout ce qui est ? Comment ce qui est absolument transcendant peut-il être en même temps lié à tout ce qui existe en tant qu'origine ? Dans le *Parménide*, cette question est formulée dans les termes d'une dialectique entre l'Un et le Multiple. Gadamer affirme que chez Plotin, l'ultime transcendance est en même temps l'immanence absolue :

> L'Un, qui est le Beau et le Bien, vient en premier lieu
> à l'existence dans l'union et la fusion de la pensée et
> de l'intellect. Mais cette transcendance de l'Un signifie
> en même temps l'immanence absolue de toutes
> choses dans l'Un. Même si un être n'est pas un être

---

[1] H.-G. GADAMER, « Denken als Erlösung. Plotin zwischen Plato und Augustin » [1980], GW 7, p. 413.
[2] H.-G. GADAMER, « *Plotino* », *Il cammino della filosofia*, 2000, [http://www.emsf.rai.it/gadamer/interviste/07_plotino/plotino.htm].

> pensant, l'unité de l'Un se manifeste elle-même dans tout ce qui existe et qui est un[1].

Autrement dit, l'Un, s'identifiant au beau et au bien, est partout[2].

L'interprétation gadamérienne de Plotin souligne l'importance chez lui d'éléments de la pensée platonicienne qui caractérisent particulièrement l'interprétation gadamérienne de Platon. Comme Plotin, Gadamer interprète Platon à partir des dialogues dits tardifs, se penchant surtout sur le *Philèbe*, le *Sophiste* et le *Parménide*, dialogues où Platon fait entrer le mouvement et le repos dans les fondements mêmes de l'être. En effet, pour Gadamer, la théorie des idées ne constitue pas le cœur de la philosophie de Platon, le cœur en est plutôt, comme le pense aussi Plotin, la dialectique entre l'Un et le Multiple du *Parménide*. La dialectique de l'Un et du Multiple coïncide avec la relation ontologique entre le repos et le mouvement.

La puissance de l'être

Chez Platon, la doctrine de l'âme du monde est une véritable théorie de la vie[3]. D'après Gadamer la doctrine plotinienne de l'être est un développement de la doctrine platonicienne de l'âme. C'est en développant la doctrine platonicienne de l'âme en tant que cause du devenir, présentée au chapitre III, que Plotin élaborera sa doctrine sur l'être. D'après Plotin, une âme cosmique constitue le fondement du monde, pénètre toute chose et unifie tout le vivant qu'elle anime. L'être est autoréflexif, il est une puissance qui s'exerce sur lui-même, qui se pense lui-même. « Avec ce concept, Plotin est celui qui accorde pour la première fois la primauté à la réflexivité dans le domaine des questions ontologiques. Il se tient sur le seuil d'une nouvelle ère[4]. » Plotin donne un nouveau sens à l'être en accordant une primauté à la puissance (*dunamis*) : l'être n'est plus présence du présent, mais une puissance qui se manifeste par elle-même, une force vitale qui se maintient par la puissance de son activité. L'être est puissance de ce qui déborde de soi-même, en donnant

---

[1] H.-G. GADAMER, « Denken als Erlösung. Plotin zwischen Plato und Augustin » [1980], GW 7, p. 414.
[2] H.-G. GADAMER, « Plotino », *Il cammino della filosofia*, 2000, [http://www.emsf.rai.it/gadamer/interviste/07_plotino/plotino.htm].
[3] M. CANTO-SPERBER, « Platon », *Philosophie grecque*, Paris, Presses universitaires de France, 1997, p. 250.
[4] H.-G. GADAMER, « Der platonische »Parmenides« und seine Nachwirkung » [1983], GW 7, p. 326-327.

comme exemple l'exubérance de la vie qui déborde dans la nature, le théâtre et la danse. De l'être qui s'absorbe dans la contemplation de lui-même s'écoule un inépuisable épanchement. De l'être émane sans cesse de nouvelles manifestations de lui-même qui, loin de l'épuiser, accroissent son être. Gadamer voit dans cette doctrine une nouvelle époque de l'histoire de l'être : « l'être est maintenant la puissance secrète qui sommeille au cœur de toute chose, une puissance qui ne se laisse jamais voir, analyser ou épuiser, mais qui se manifeste seulement dans ses expressions[1] ».

L'être se manifeste de lui-même. *La notion d'émanation désigne donc le processus d'autoreprésentation de l'être*[2]. La réflexivité, la capacité d'un être d'exercer sa puissance à son propre endroit — ce que Plotin appelle *contemplation* — est un élément de la pensée de Platon qui joue un rôle fondamental chez Plotin. C'est par la contemplation, ce mouvement autoréflexif, dit Gadamer, qu'un être surgit dans la présence et manifeste ce qu'il est :

> Lorsque la nature s'ouvre, nous voyons effectivement s'accomplir quelque chose qu'on attend depuis longtemps comme celui qui connaît le Sud et subit les premiers temps d'automne quand, soudain, tout redevient vert. Celui qui a fait des expériences similaires de ce que la nature a à offrir comprend bien ce qu'est la nature créatrice, qui, s'ouvrant, se réfléchit sur elle-même. Dans ces cas, nous parlons de « contemplation », mais il faut bien comprendre l'utilisation de ce terme : ce n'est pas une simple contemplation dans le sens de « s'arrêter et regarder » ou de « diriger nos yeux vers quelque chose ». Non ! Ce n'est pas ainsi que se reflète la nature ; c'est un peu

---

[1] H.-G. GADAMER, « Denken als Erlösung. Plotin zwischen Plato und Augustin » [1980], GW 7, p. 415.
[2] H.-G. GADAMER, « Plotino », *Il cammino della filosofia*, Rai Educationnal, 2000 : « On appelle d'ailleurs Plotin "le philosophe de l'émanation" puisque le théâtre entier du monde, qui l'expose, précisément, aux yeux du spectateur, ce jaillissement de toutes les choses provenant d'une unique source, s'explique justement ainsi. / Plotino viene chiamato "il filosofo dell'emanazione", poiché l'intero teatro del mondo, che egli "espone" - appunto - davanti agli occhi dello spettatore, questo scaturire di tutte le cose da un'unica sorgente, si spiega proprio così » Je souligne.

> comme si les fleurs ou les fruits étaient entièrement
> absorbés en eux-mêmes [...]¹.

Plotin fait du retour de l'âme sur elle-même un drame d'une dimension cosmique dont les éléments de mise en scène avaient été mis en place par Platon :

> Comme une source de lumière qui se perd dans l'obscurité dense de la nuit, mais que l'obscurité n'a pas complètement engloutie, il laisse apparaître ce qui peut être éclairé par les rayons qui émanent de lui, plus claires et plus brillantes apparaissent les choses qui sont plus proches de lui, plus sombres et confuses celles qui sont les plus éloignées : c'est ainsi que Plotin décrit le grand drame cosmique où chaque âme perdue désire ardemment trouver un abri pour son *Dasein* errant².

La vérité est atteinte indirectement

Il n'y a donc pas pour Gadamer de réelle distinction entre le platonisme et le néoplatonisme³. Cette vision unifiée du platonisme nous amène à constater que Plotin partage avec Platon le concept de vérité comme dévoilement et dissimulation mis de l'avant par Heidegger contre la mutation dans l'essence de la vérité que celui-ci voyait dans la pensée platonicienne. Gadamer, comme nous l'avons vu au chapitre 3, soutient que l'essence platonicienne de la vérité est dévoilement et dissimulation. Cette conception de la vérité se fonde sur une doctrine de l'être comme puissance, doctrine dont Platon a posé les fondements dans ses derniers dialogues en s'inspirant d'Héraclite et qui a été par la suite développée par Plotin. Pour Platon et Plotin, la vérité serait un jeu constant de dissimulation et de dévoilement. Gadamer souligne que l'idée du bien ne se montre jamais directement, mais toujours de manière indirecte, et que chacune de ses manifestations dans le beau est en même temps dissimulation.

---

[1] H.-G. GADAMER, « Plotino », *Il cammino della filosofia*, 2000, [http://www.emsf.rai.it/gadamer/interviste/07_plotino/plotino.htm].
[2] H.-G. GADAMER, « Denken als Erlösung. Plotin zwischen Plato und Augustin » [1980], GW 7, p. 416-417.
[3] La distinction entre platonisme et néoplatonisme n'apparaît pas avant le XIXᵉ siècle, avec l'historicisme.

Nous verrons dans les prochains chapitres que la notion d'émanation comprise comme autoreprésentation de l'être est l'un des fondements de l'herméneutique de Gadamer.

Chapitre 5

Les théories antiques et médiévales de l'art

Dans les cours de logique, on enseigne que les jugements de goût ne peuvent servir de justification. La faculté de former des jugements de goût étant dépendante de la sensibilité de chacun, disent les logiciens, un jugement de goût ne peut en aucun cas constituer un argument ayant une prétention à la validité universelle, ce à quoi prétendent les arguments dits rationnels. La logique actuelle confond le goût et les préférences. Dans les manuels d'argumentation, « proposition de préférence » est souvent donné comme synonyme de « jugement de goût ». D'après Gadamer, c'est oublier qu'à l'origine on concevait le jugement de goût comme quelque chose de plus moral qu'esthétique. Le goût se fonde sur un idéal d'authenticité et sur le souci de se distinguer de ceux qui sont soumis à leurs penchants vulgaires. Avoir du goût, c'est pouvoir juger en s'élevant au-dessus de ses intérêts et de ses préférences[1]. « Il n'y a donc pas de doute que le concept de goût signifie un *mode de connaissance*. Ce qui se produit sous le signe du goût, c'est l'aptitude à prendre distance par rapport à soi et à ses préférences individuelles[2]. »

Dans la première partie de *Vérité et méthode*, Gadamer entend rappeler à la conscience moderne que le goût est plus un phénomène moral qu'une question de préférences personnelles. « Quelqu'un peut avoir pour quelque chose une prédilection qu'en même temps son goût rejette[3]. » Je peux très bien aimer une chose que je sais être de très mauvais goût. Le jugement de goût s'impose donc à moi malgré mes préférences. Il n'y a en matière de goût aucune possibilité d'argumentation et cela non pas parce que le goût est relatif à chacun, mais parce que le bon goût s'impose de lui-même avec fermeté[4]. Le goût ne peut justifier son jugement par des raisons, mais ce jugement revêt tout de même la plus grande assurance, la même assurance que je peux avoir de sentir quelque chose quand je le sens[5].

En tant que sens moral, le goût est une faculté mise en œuvre socialement. Avoir du bon goût en société, c'est savoir s'adapter à la mode

---

[1] VM, p. 52 ; GW 1, p. 41.
[2] VM, p. 52 ; GW 1, p. 41.
[3] VM, p. 52 ; GW 1, p. 41.
[4] VM, p. 53 ; GW 1, p. 42.
[5] VM, p. 53 ; GW 1, p. 42.

sans lui être soumis[1]. Contre la soumission à la mode s'impose ainsi l'idéalité du goût. « Il s'ensuit que le goût a connaissance de quelque chose, même si le mode de cette connaissance est inséparable de la vision concrète dans laquelle il se réalise et reste irréductible à des règles et à des concepts[2]. » Le bon goût ne peut pas se soumettre à des règles, il s'impose de lui-même. En tant que mode d'appréciation du singulier, le goût est un sens et comme tout ce qui est sensation, il échappe à la démonstration logique. Je ne puis pas démontrer avec des raisons que ce que je juge mauvais est de mauvais goût, mais mon jugement n'en est pas pour autant moins assuré. Gadamer rappelle qu'à l'origine, la faculté de juger était conçue comme un sens moral qui ne relevait pas de la rationalité. La logique ne peut nous apprendre à avoir du jugement. L'activité du jugement ne relève pas de la démonstration logique[3]. Juger, c'est comprendre un cas particulier en percevant en lui l'accord de l'un et du multiple. Comme le dit Baumgarten, c'est la faculté de juger de la perfection ou de l'imperfection d'une chose sensible et singulière[4]. Ainsi, dit Gadamer, « le jugement est donc plutôt une faculté comme les sens[5]. » Celui qui a un jugement sain est comme celui qui a une bonne vue : il voit les choses dans une juste perspective[6].

En ce sens, dit Gadamer, l'éthique grecque était une éthique du bon goût[7]. Pour Aristote, toute décision morale demande du goût. Si cela peut nous sembler étrange, c'est que depuis Kant le jugement de goût n'est plus considéré comme un jugement moral[8]. C'est directement à ce sens moral que Kant oppose son rationalisme moral. Chez Kant, le caractère absolu de l'impératif catégorique ne peut être fondé sur le sentiment. Il exige au contraire que l'on fasse abstraction des particularités subjectives de son jugement propre et que l'on adopte un point de vue universel. La loi morale doit déterminer la volonté avec les jugements législatifs que la raison pratique libre de tout sentiment et de tout intérêt particulier

---

[1] VM, p. 54 ; GW 1, p. 43.
[2] VM, p. 54 ; GW 1, p. 43.
[3] VM, p. 47 ; GW 1, p. 36.
[4] BAUMGARTEN, *Metaphysica*, § 606.
[5] VM, p. 47 ; GW 1, p. 36.
[6] VM, p. 48 ; GW 1, p. 37. « La faculté de juger est comme telle moins une capacité qu'une exigence qui doit s'imposer à tous. » (VM, p. 48 ; GW 1, p. 37.)
[7] VM, p. 57 ; GW 1, p. 45.
[8] « Il faut au contraire compléter le beau de la nature et de l'art par toute l'immensité de la mer du beau, qui se déploie dans la réalité morale de l'être humain. » (VM, p. 55 ; GW 1, p. 44.)

s'impose à elle-même¹. Kant soumettant la morale à une exigence de justification exclusivement rationnelle fondée sur le principe de non-contradiction de la volonté avec elle-même, le jugement moral ne peut plus être l'objet d'une faculté sensible.

Kant réduit conséquemment le domaine du jugement de goût à l'appréciation de la beauté de la nature et de l'art². La fondation de l'esthétique kantienne dans la philosophie transcendantale représente une rupture radicale. Kant refuse la compétence de la faculté de juger dans le domaine du droit et des mœurs, en réduisant son objet au seul jugement esthétique. « [C]e à quoi on renonce de la sorte est précisément ce en quoi et ce dont vivaient les études de philologie et d'histoire³ ». Gadamer veut dire par là qu'en devenant purement esthétique, le jugement de goût n'a plus aucune prétention à la vérité, ce qui revient à concéder aux sciences de la nature le monopole de la vérité. Discréditant toute connaissance théorique autre que la science de la nature, la fondation kantienne de l'esthétique « a poussé la réflexion des sciences de l'esprit sur elles-mêmes à prendre appui sur la méthode développée par celles de la nature⁴. »

De plus, l'esthétique kantienne dévalorise l'art et conduit à sa mécompréhension. Gadamer souligne que la critique kantienne du jugement esthétique n'est même pas une philosophie de l'art. En effet, la doctrine de la beauté libre et de la beauté adhérente est « absolument fatale à la compréhension de l'art⁵ ». Pour Kant, la beauté est la forme de la perfection d'une chose⁶. Une chose est parfaite si elle est comme elle doit être, donc si elle est déterminée en fonction de sa fin. Lorsqu'on juge qu'une chose est belle parce qu'on sait qu'elle est ce qu'elle doit être (une belle maison, par exemple), on juge de sa beauté à partir d'un concept. Kant dit qu'il s'agit alors d'une beauté adhérente à un concept. Mais lorsqu'on juge qu'une chose est belle sans que l'on puisse se représenter sa fin (par exemple la beauté d'une fleur ou d'un tatouage), il s'agit alors

---

¹ Gadamer ne mentionne pas que c'est tout de même le *sentiment* de respect pour la loi morale qui doit ultimement permettre à la volonté d'être déterminée par la loi morale. Mais il s'agit d'un sentiment d'origine intellectuelle, inspiré par la grandeur de la loi morale qui est présente dans la conscience.
² « De la compétence de ce qu'on l'on pourrait appeler une faculté sensible de juger, il ne reste pour Kant que le jugement esthétique de goût. » (VM, p. 50 ; GW 1, p. 39.)
³ VM, p. 57 ; GW 1, p. 46.
⁴ VM, p. 58 ; GW 1, p. 47.
⁵ VM, p. 61 ; GW 1, p. 50.
⁶ Cf. F. DOYON, « La beauté : illusion ou réalité ? », *Dire*, hiver 2004, p. 6-8.

d'une beauté libre : cette chose nous plaît sans que nous ayons à prendre connaissance de sa fin.

Selon Kant, l'art et le beau ne peuvent rien nous apprendre, étant purement subjectifs, abstraits de tout rapport avec la réalité : « Le jugement de goût n'est donc pas un jugement de connaissance ; par conséquent il n'est pas logique, mais esthétique ; esthétique signifie : ce dont le principe déterminant ne peut être que subjectif[1]. » Pour le philosophe de Königsberg, le bel objet n'a pas à signifier quoi que ce soit pour être objet d'une appréciation esthétique : « Des fleurs, des dessins libres, les traits entrelacés sans intention les uns dans les autres, et nommés rinceaux, ne signifient rien, ne dépendent d'aucun concept déterminé et cependant plaisent[2]. »

Pour Kant, le jugement de goût ne peut avoir pour objet que la beauté libre de tout concept déterminé. Par conséquent, il va accorder un privilège à la beauté de la nature par rapport à la beauté de l'art. Toutes les représentations artistiques de la forme humaine sont belles en tant qu'expression de la moralité humaine. Le jugement que l'on porte sur la beauté de l'art n'est pas pur. Il repose ici sur un concept d'humanité dont la finalité ultime est morale. La beauté naturelle, pour sa part, « fait d'autant mieux comprendre que, n'ayant pas de signification qui soit de l'ordre du contenu, elle montre ainsi le jugement de goût dans sa pureté non intellectualisée[3]. » Mais dire que la beauté de la nature est pure parce qu'elle nous plaît sans que nous en connaissions la fin, c'est renoncer à l'ordre cosmologique de l'Antiquité. Les Anciens trouvaient le monde beau parce qu'ils y voyaient un ordre téléologique. Pour Kant, la contemplation des beautés de la nature ne nous fait pas connaître sa fin et ne nous dit pas quelle est notre place dans l'ordre de la nature.

Malgré les limites qu'il impose à la connaissance humaine, Kant ne nie pas que l'ordre du monde soit d'origine divine. Avec la *Critique de la faculté de juger*, il montre qu'il est toujours permis d'espérer ce que la *Critique de la raison pure* interdit de prétendre connaître. Cet espoir apporté par Kant après avoir discrédité les prétentions de la métaphysique ne suffira cependant pas à empêcher l'esthétique du XIXe siècle de déprécier la nature et d'accorder le privilège à l'art. Ce qui est la contrepartie de la position kantienne, comme l'écrit Gadamer : « La supériorité du beau dans la nature sur celui de l'art n'est rien de plus que le revers d'un manque : la

---

[1] E. KANT, *Critique de la faculté de juger*, trad. Philonenko, Paris, Vrin, 2000, p. 49.
[2] E. KANT, *Critique de la faculté de juger*, trad. Philonenko, Paris, Vrin, 2000, p. 52.
[3] VM, p. 67 ; GW 1, p. 57.

beauté de la nature ne livre nulle parole déterminée¹. » En déclarant l'ordre téléologique de l'être inaccessible à la raison humaine, Kant justifie l'abandon du finalisme par les sciences de la nature et la réduction de leur entreprise à la recherche de causes efficientes. C'est encore sous l'influence de Kant et de sa conception nominaliste de la réalité que nous pensons aujourd'hui que la science peut expliquer le *comment*, mais ne peut jamais nous expliquer le *pourquoi* des phénomènes. La nature est devenue pour la science moderne une mécanique aveugle². La question de la beauté et du goût devient alors une affaire purement subjective. C'est à l'humain qu'il revient de décider ce qui est beau et de donner un sens à l'existence³. Dans un monde ainsi « désenchanté », la beauté ne peut relever que de la fabrication humaine, donc du domaine de l'art. L'art, désormais privé de toute prétention à la vérité, n'est plus que l'expression d'un point de vue subjectif, le vécu intérieur de l'artiste qui se trouve projeté dans l'œuvre. L'art fait abstraction de la réalité. C'est ce que Gadamer appelle l'abstraction de la conscience esthétique.

Au XXᵉ siècle, l'artiste devient même plus important que son œuvre. L'ère de la reproduction mécanisée a détruit le lien de l'œuvre d'art avec le monde : quand un film est « à l'affiche dans tous les bons cinémas », le film se réduit à n'être qu'une expérience collective simultanée qui n'a pas de lieu propre dans le monde. De l'œuvre photographique, il n'y a jamais d'original, une photographie n'est toujours qu'un exemplaire. Dans un monde où l'art est marchandisé et reproductible, c'est la vie de l'artiste qui préserve l'œuvre de la frivolité du simple commerce⁴. Par exemple, bien que tout son projet artistique soit d'effacer la distinction entre produits et œuvres d'art, l'œuvre d'Andy Warhol est toujours populaire, parce que c'est sa vie elle-même qui est considérée comme une œuvre d'art. Ce qui est proposé à la vente ou exposé au musée, c'est le personnage de l'artiste lui-même⁵. Que l'œuvre d'art exprime le vécu authentique de l'artiste importe plus que la qualité de l'œuvre elle-même. La tendance commune dans les milieux artistiques bien pensants est de moins respecter l'artiste qui tente délibérément de plaire à son public que celui qui produit des

---

¹ VM, p. 68 ; GW 1, p. 57.
² « [L]»homme se retrouve dans une réalité dépourvue d'intention (*absichtslos*). » (VM, p. 68 ; GW 1, p. 57.)
³ Les soi-disant spécialistes de la pédagogie vont même jusqu'à parler de la « construction » du savoir par les élèves.
⁴ Cf. A. POTTER, *Je suis vrai. Tomber dans le piège de l'authenticité*, Montréal, les Éditions Logiques, 2011, p. 101.
⁵ Cf. A. POTTER, *Je suis vrai. Tomber dans le piège de l'authenticité*, Montréal, Les Éditions Logiques, 2011, p. 101.

œuvres répondant à sa « nécessité intérieure » sans se soucier de son succès commercial, et ce quand bien même l'œuvre du premier serait meilleure que celle du second.

Pour Gadamer, la conception moderne de l'art comme expression plus ou moins géniale du vécu intérieur d'un artiste est la conséquence d'un événement épistémique[1]. La restriction kantienne de la notion de *sensus communis* au jugement de goût esthétique éliminant toute prétention à la vérité, la science de la nature s'est alors promue au rang de détentrice du monopole de la vérité. Hors du discours scientifique, point de vérité. Privé de toute prétention à la vérité, l'art se coupe ainsi de la réalité. Isolées l'une de l'autre par Kant, les sphères de la morale et de l'art s'autonomisent. L'art devient souverain, il n'a plus à se soumettre à aucune fonction religieuse, morale ou politique. L'art ne doit se soumettre qu'à la nécessité intérieure de l'artiste et rejeter la tutelle morale de la société et de l'État. Avec Schiller, ce qui était l'éducation de l'humain *par* l'art deviendra l'éducation de l'humain *à* l'art. D'après Gadamer, l'abstraction de la conscience esthétique mutile l'être véritable de l'art[2]. Si on arrache aujourd'hui des œuvres de leur monde d'origine et qu'on les place dans un musée coupé de la réalité concrète au sein de laquelle elles avaient un sens pour en jouir en tant que pur objet esthétique, c'est en raison du développement de l'abstraction de la conscience esthétique inaugurée par Kant dans la *Critique de la faculté de juger*.

Cependant, comme le remarque Daniel Dumouchel, il faut noter que même chez Kant, l'expérience de la beauté n'est pas absolument sans rapport avec la structure ontologique du monde : « [...] l'expérience de la beauté naturelle sert d'expérience privilégiée pour réfléchir sur le soubassement téléologique de l'accord entre la "subjectivité" et la nature[3]. » Ce qui revient à dire, dans les mots de Gadamer : « En référence à l'idée d'une destinée intelligible de l'humanité, la nature acquiert, en tant que belle nature, un *langage* qu'elle *nous* parle[4]. » Apparaît ainsi pour la première fois, au tout début de *Vérité et méthode*, l'idée que la beauté est le langage de l'être. Mais le dernier lien que Kant maintenait encore entre la beauté et le monde disparaîtra, après lui, avec l'abandon de la conception finaliste de la nature[5].

---

[1] VM, p. 505 ; GW 1, p. 483.
[2] VM, p. 99 ; GW 1, p. 87.
[3] D. DUMOUCHEL, *Kant et la genèse de la subjectivité esthétique*, Paris, Vrin, 1999, p. 286-287.
[4] VM, p. 68 ; GW 1, p. 57.
[5] G. VATTIMO, *Art's Claim to Truth*, New York, Columbia University Press, 2008, p. 141.

La thèse que Gadamer défend dans la première partie de *Vérité et méthode* est que la conception que les sciences humaines ont d'elles-mêmes est déterminée par la conscience esthétique, qui a pu se développer dans le sillage de la critique kantienne du jugement de goût. Gadamer procède ensuite à une critique de l'abstraction de la conscience esthétique afin de rétablir la possibilité pour l'art de transmettre la vérité. Les sphères de la science, de la moralité et de l'art sont devenues beaucoup trop étanches en raison de cette « maladie » qu'est l'abstraction. Pour nous guérir de cette maladie, Gadamer n'entend évidemment pas rétablir la conception de l'art qui avait cours durant l'Antiquité, mais reprenant l'idée hégélienne de la transmission de la vérité par l'art, il veut faire perdre aux sciences de la nature, obsédées par l'idée de méthode en raison d'une conception erronée de la certitude, le privilège d'être la seule source légitime du savoir. À partir d'une analyse phénoménologique de l'être de l'œuvre d'art, Gadamer reconnaît à d'autres expériences constitutives de la trame de l'existence humaine un accès à des vérités plus fondamentales que celles des sciences expérimentales. L'œuvre d'art, en ce sens, est peut-être privilégiée en ce qui concerne l'approche de la vérité, car, on le sait, les traités scientifiques ne sont toujours que dans l'attente de leur entrée dans la longue histoire des erreurs alors que l'on ne cessera sans doute jamais de reconnaître les vérités rendues visibles par certains chefs-d'œuvre de l'art. Gadamer dégagera ainsi un concept de vérité extrascientifique qui dépasse l'idéal de mise à distance objectivante propre à la pensée moderne, où le sujet prend un recul par rapport à son objet pour mieux le soumettre à un contrôle neutre et objectif, contrôle qui semble être pour la science actuelle le seul garant de la vérité.

La théorie gadamérienne de la représentation artistique s'inspire de la notion néoplatonicienne d'émanation — plus précisément de l'influence du *Discours contre ceux qui rejettent les images saintes* de Jean Damascène et de la *Hiérarchie céleste* du Pseudo-Denys l'Aréopagite. À cette influence chrétienne s'ajoute l'influence de la conception du délire divin du *Phèdre* de Platon et de la théorie de la tragédie de la *Poétique* d'Aristote. Les analyses qui suivent ont donc pour but de montrer l'influence des théories grecques et chrétiennes de l'art sur la description phénoménologique de l'être de l'œuvre d'art que Gadamer présente dans *Vérité et méthode* en tant que cure contre l'abstraction de la conscience esthétique.

La phénoménologie du jeu esthétique

La phénoménologie gadamérienne de l'art prend comme modèle le phénomène du jeu *(Spiel)*[1]. Contrairement au phénomène de l'art, le phénomène du jeu n'a pas été déformé par le subjectivisme caractéristique des théories modernes de l'art. Contrairement à ce que l'on peut penser de prime abord, l'art, comme le jeu, ne se fonde pas sur la liberté du joueur ou de l'artiste de faire ce qu'il veut. L'art, comme le jeu, ne suspend des règles que pour en imposer d'autres à l'artiste ou au joueur. Nous devons voir, nous dit Gadamer, à quel point le jeu *(Spiel)* est quelque chose de très sérieux.

En quoi le jeu est-il sérieux pour Gadamer ? Sa description phénoménologique nous donne à voir que le jeu propose un but qui doit être atteint tout en respectant des règles. Le joueur renonce à sa propre autonomie pour se soumettre à celle du jeu. Le jeu est à lui-même sa propre loi. Ce n'est qu'en étant « pris au jeu » que le joueur peut jouer. Le jeu ne peut être que si le joueur respecte ses règles, sinon, il n'y a pas de jeu. Le tricheur ne joue pas, car il se positionne en dehors des règles du jeu.

> [L]'être du jeu ne réside pas dans la conscience ou dans la conduite de celui qui joue, mais qu'il attire, au contraire, celui-ci dans son domaine et le remplit de son esprit. Celui qui joue éprouve le jeu comme une réalité qui le dépasse[2].

Le jeu ne peut être que s'il est joué. Ce n'est pas pour rien que Gadamer part du mot *Spiel*. En allemand, *spielen* désigne la performance théâtrale ou musicale en tant que telle. Comme le note Vattimo, « [t]he work fully realizes itself in its nature by virtue of its being performed *(gespielt)* and its being a Spiel, an act[3]. » Gadamer appelle cela l'« autoreprésentation » du jeu.

Ce n'est pas pour rien que Gadamer part du mot *Spiel*. En allemand, *spielen* désigne la performance théâtrale ou musicale en tant que telle.

---

[1] Je développe ici une esquisse de la phénoménologie gadamérienne de l'art que j'avais présentée dans F. DOYON, « Gadamer et le concept de "classique" : l'actualité herméneutique de Herder », *Horizons philosophiques*, printemps 2003, vol. 13, n° 2, p. 23—31.
[2] VM, p. 127 ; GW 1, p. 115.
[3] G. VATTIMO, *Art's Claim to Truth*, New-York, Columbia University Press, 2008, p. 143.

Comme le note Vattimo, « [t]he work fully realizes itself in its nature by virtue of its being performed (*gespielt*) and its being a Spiel, an act[1]. » Le jeu n'est rien d'autre que les actions des joueurs soumis à ses règles. Le jeu est en ce sens « autoreprésentation ». Il doit être joué pour être, de la même manière que l'art doit être interprété pour exister. L'œuvre d'art n'est rien d'autre que le sens s'imposant à l'interprète qui se laisse prendre par elle.

Le jeu, comme l'art, est une mise en suspens de notre affairement mondain. Libéré de toutes les préoccupations de l'existence, l'être du jeu se borne à n'être que sa propre présentation. Mais cette présentation n'advient que lorsque le jeu est joué : par exemple, le tennis n'existe que si des joueurs en jouent une partie. L'être du jeu réside dans l'accomplissement de son propre mouvement de va-et-vient (l'alternance des coups) qui se vise comme tel et qui ne peut s'accomplir que par la participation du joueur à ce mouvement. La représentation du jeu est toujours pour quelqu'un, car elle a besoin de la participation de cet autre pour être. Cet autre doit être en quelque sorte aussi spectateur, car le simple joueur qui perd de vue l'ensemble du jeu ne peut être saisi par l'intégralité du mouvement du jeu. C'est donc par le spectateur que s'accomplit en une totalité fermée l'être du jeu. De la même manière, nous pouvons dire que l'œuvre d'art n'existe qu'en tant qu'elle se donne en spectacle à celui qu'elle entraîne dans son jeu. Une musique n'existe vraiment que si elle est entendue, que si un auditeur retient dans le flux de sa conscience les notes qui viennent juste d'être jouées, entend celles qui sont jouées dans l'instant présent et anticipe celles qui seront jouées tout de suite après. Sans auditeur ainsi emporté par le mouvement mélodique, ce qui est joué n'est qu'une suite de sons discontinus et insignifiants[2]. Autre exemple, une représentation picturale n'existe que si elle est parcourue par un spectateur. Le peintre, en effet, construit toujours, plus ou moins intentionnellement, son tableau de façon à entraîner le regard dans un mouvement dont l'accomplissement constitue la mise en œuvre du tableau lui-même. Un poème, enfin, ne parvient à la plénitude de son être que s'il est lu par quelqu'un qui se laisse emporter par le rythme des mots et le mouvement du texte. L'œuvre d'art interpelle donc notre propre être pour exister puisque c'est par l'accomplissement de son mouvement qu'elle parvient à la représentation et ce mouvement ne peut s'accomplir

---

[1] G. VATTIMO, *Art's Claim to Truth*, New-York, Columbia University Press, 2008, p. 143.
[2] Cf. E. HUSSERL, *Leçons pour une phénoménologie de la conscience intime du temps*, trad. Dussort, Paris, P.U.F., 1964, p. 87-89. Le lien évoqué ci-dessus entre la durée et la musique se trouve aussi chez H. BERGSON, *Essai sur les données immédiates de la conscience*, Paris, Presses Universitaires de France, 1984, p. 67.

que si nous nous laissons emporter par lui. L'art se constitue donc à partir des mouvements qu'il induit dans l'âme du spectateur, ce que l'on appelle, au sens étymologique du terme *é-motions*, mise en mouvement. Le spectateur, affirme Gadamer, est ainsi constitutif de l'être esthétique dans la mesure où sa conduite esthétique « est une partie du processus ontologique de la représentation[1] ». Comprendre l'art, c'est se laisser prendre par lui. Lorsqu'un spectateur assiste à quelque chose, il ne fait pas que voir un événement se produire *devant* lui. Pour Gadamer, assister à quelque chose, c'est faire partie intégrante de cette chose :

> Assister à quelque chose (*Dabeisein*), c'est plus que la simple coprésence à quelque chose qui est également là. Celui qui a assisté à quelque chose est parfaitement au courant de ce qui s'est passé réellement. Ce n'est qu'en un sens dérivé qu'être présent à quelque chose désigne un comportement du sujet, celui qui consiste à être au fait. Être spectateur est donc un mode authentique de participation[2].

Gadamer rappelle que le sens religieux de la *theôria* grecque se fonde sur la notion de communion sacrale. Il affirme aussi que c'est en ce sens que la métaphysique grecque conçoit l'essence de la *theôria*. Gadamer ne le mentionne pas dans *Vérité et méthode*, mais pour justifier sa proposition de traduire le terme *theôria* contenu dans le titre du huitième traité de la troisième *Ennéade* de Plotin par *Aufgehen* (ouverture à l'éclosion), il explique que contempler, pour Plotin, c'est comme assister à la représentation sur scène d'une tragédie : on regarde en s'absorbant dans ce qui se donne à voir. Il est en effet très intéressant de constater que dans son exposé de 2000 sur Plotin, Gadamer explique que contempler et assister à un spectacle relève du même phénomène ontologique :

> Cet enfouissement dans la *phusis*, dans l'éclosion, pour Plotin, devient le modèle de l'expérience de l'être en général, un archétype métaphysique. Le terme «*Aufgehen*» est également utilisé dans d'autres expressions, comme pour signifier l'ouverture des yeux : « J'ai ouvert les yeux » veut aussi dire « Maintenant, je commence à voir ce que j'aurais pu toujours voir ! » Par conséquent, l'utilisation de cette

---

[1] VM, p. 134 ; GW 1, p. 122.
[2] VM, p. 142 ; GW 1, p. 129.

> expression est accompagnée d'un renforcement substantiel de la faculté d'observer : l'éclosion de la nature retourne dans la « natura naturata » [...]. Son effet est renforcé alors que le rôle de l'observateur (pas celui qui se contente de regarder un spectacle, [...], mais le spectateur du théâtre grec, qui est un membre d'une communauté de culte. Assister à un spectacle, c'est justement s'ouvrir à la contemplation[1].

La nature est contemplée en tant qu'elle participe à l'autoreprésentation de l'être à partir de l'Un. On peut supposer que c'est à cela que pense Gadamer lorsqu'il affirme juste en passant que « se donner en représentation est un aspect universel de l'être de la nature[2] ». La référence semble clairement néoplatonicienne et montre l'existence d'un lien entre le néoplatonisme et la conception gadamérienne de l'être de l'art.

Avec sa phénoménologie de l'art, Gadamer veut ainsi montrer que la vérité ne se découvre pas seulement grâce au contrôle de la science, mais que c'est parfois elle qui vient nous saisir. Le mode d'être-hors-de-soi de celui qui est possédé par le jeu de l'art n'est pas quelque chose dont il faudrait se prémunir au moyen d'une mise à distance méthodologique garante de l'objectivité :

> Assister à, comme réalisation subjective du comportement humain, c'est être hors de soi. Platon déjà dans le *Phèdre* caractérise l'incompréhension qui au nom d'une sagesse raisonnable, méconnaît d'ordinaire le caractère extatique de l'être-hors-de-soi, réduit à une simple négation de la présence à soi, donc à une espèce de folie. En vérité, l'être-hors-de-soi est la possibilité positive d'être totalement à quelque chose d'autre. « Présence à » qui est oubli de soi : ce qui constitue l'essence du spectateur c'est qu'en s'oubliant il se voue au spectacle. L'oubli de soi est ici autre chose qu'un état négatif, car il procède de l'abandon total à la « chose », qui constitue la contribution positive propre au spectateur[3].

---

[1] H.-G. GADAMER, « Plotino », *Il cammino della filosofia*, RAI international, 2000.
[2] VM, p. 126; GW 1, p. 113.
[3] VM, p. 143-144 ; GW 1, p. 131.

Selon Gadamer, l'essence du spectateur a le caractère extatique de l'être-hors-de-soi, au sens où le spectateur, pour être vraiment spectateur, doit s'oublier totalement pour se vouer complètement à ce qui se donne en spectacle.

Gadamer s'appuie sur ce que dit Platon sur le délire dans le *Phèdre* pour souligner que le caractère extatique du spectateur n'est pas nécessairement, contre les tenants de l'idéal rationaliste de pleine possession de soi, quelque chose de mauvais dont il faut s'abstenir. Platon dit en effet dans le *Phèdre* :

> [...] il ne faut pas, lorsqu'on a un amant, lui préférer un homme sans amour, par cela seul que l'un est en délire et que l'autre est dans son bon sens ; ce serait juste s'il était hors de doute que le délire fut un mal, mais au contraire le délire est pour nous la source des plus grands biens, quand il est l'effet d'une faveur divine[1].

Dans le *Phèdre*, Platon fait prononcer à Socrate un éloge du délire qui conduira à la description de la philosophie comme une forme de délire érotique[2]. Après avoir dénoncé la débauche où peut conduire le désir érotique, excessif au point de pouvoir emporter l'âme hors d'elle-même, Socrate déclare devoir se rétracter et prononce une palinodie en hommage à Éros, où contrairement à ce qu'il avait auparavant soutenu, il expliquera pourquoi les délires ne sont pas tous répréhensibles. C'est que le délire n'est pas nécessairement disparition de toute raison si la disparition de la raison humaine permet à une raison divine de s'exprimer à travers le fou possédé. Bien sûr, tous les fous ne sont pas possédés par un dieu et c'est pourquoi il faut distinguer les folies humaines, qui ne sont que des maladies, des folies divines.

La phénoménologie gadamérienne de l'art peut donc se rattacher à la théorie platonicienne du délire divin. L'art n'est pas l'expression d'une subjectivité, mais de quelque chose qui la dépasse. C'est en cela que l'art n'est pas que sentiments, mais aussi vérité d'origine divine pour Platon. Remarquons enfin que l'on retrouve également cette valorisation de l'extase chez Plotin, qui lui accorde une fonction cognitive. La connaissance de l'être est pour Plotin un « rappel qui a lieu dans l'ascension

---

[1] PLATON, *Phèdre*, 244 b, trad. Chambry.
[2] Sur l'éloge platonicien de la folie, voir J.-F. PRADEAU, *Platon, l'imitation de la philosophie*, Paris, Aubier, 2009, p. 33-54.

de la pensée[1] », élévation qui culmine dans l'union extatique avec l'Un. Gadamer décrit l'extase plotinienne comme une absorption de soi-même dans ce qui nous remplit[2]. Gadamer ne fait pas référence à cela dans *Vérité et méthode*, mais il est pertinent de rapprocher sa conception de l'art de la notion de contemplation chez Plotin, car Gadamer compare l'expérience artistique à la contemplation plotinienne dans son exposé de 2000 sur Plotin. En effet, c'est l'expérience de l'art qu'il donne en exemple pour illustrer le caractère extatique de la fusion dans l'Un :

> Nous-mêmes savons ce qu'il en est, par exemple, lorsque nous contemplons le beau, c'est-à-dire quand l'Un s'offre sous une forme dont la vision nous absorbe intérieurement : c'est ce qui m'est arrivé récemment au Musée national de Naples où j'ai vu les fresques de Pompéi récemment exposées. Notre intimité est absorbée dans la contemplation : on n'est plus soi-même, et c'est pourtant là que cela arrive. C'est un exemple de ce dont chacun de nous a hérité du néoplatonisme, de Plotin[3].

Nous avons vu que l'être de l'art advient par la fusion, en une unité dialogique, de son appel provocateur et de la réponse du spectateur. Le spectateur est absorbé dans quelque chose qui le dépasse. Si cette absorption est constitutive du processus ontologique de la représentation et que l'art n'a d'être que représenté, alors la représentation du représenté, la reconnaissance par le sujet de ce représenté et l'expérience artistique constituent un seul et même événement, celui de la venue de l'être à la présence. Tel est le sens originel de la *mimèsis* : un jeu auquel nous participons en nous perdant en lui et qui porte un être à la présence. L'art est toujours représentation de quelque chose. En effet, nous avons vu que l'art a son être dans sa (re) présentation et que cette représentation est due à l'entraînement du spectateur dans son jeu. Ce qui est mis en présence se constitue à partir de la participation du spectateur à la « métamorphose en figure » de l'œuvre d'art, à partir de la réponse, surgie de l'être du spectateur, à l'invitation d'entrer dans le jeu de l'œuvre. C'est pourquoi

---

[1] H.-G. GADAMER, « Plotino », *Il cammino della filosofia*, 2000 [http://www.emsf.rai.it/gadamer/interviste/07_plotino/plotino.htm].
[2] H.-G. GADAMER, « Plotino », *Il cammino della filosofia*, 2000 [http://www.emsf.rai.it/gadamer/interviste/07_plotino/plotino.htm].
[3] H.-G. GADAMER, « Plotino », *Il cammino della filosofia*, 2000 [http://www.emsf.rai.it/gadamer/interviste/07_plotino/plotino.htm].

Gadamer affirme que la reconnaissance de ce qui est représenté par l'art « implique également qu'on s'y reconnaisse aussi en quelque sorte soi-même[1] ».

La représentation artistique porte un aspect de la réalité de l'interprète à la présence. L'œuvre d'art arrache de la multiplicité des expériences de la vie quotidienne une réalité qui acquiert par sa représentation une présence plus intense. La reconnaissance de ce qui est représenté par une œuvre est la confrontation d'une vérité sur nous-mêmes qui nous transforme et s'intègre dans la continuité de notre existence. Par exemple, l'*Extase de saint François* du Caravage rend toute l'intensité de notre soif d'absolu et l'aria « Liebestod » de l'opéra *Tristan und Isolde* de Wagner dévoile toute la tragédie de nos amours. Emporté dans ces œuvres, je fais une expérience de vérité herméneutique, car la présence de ce qui est représenté apparaît comme dans une illumination[2].

Le sens d'une œuvre ne vient pas de l'artiste ou du spectateur, car le jeu de l'art possède une autonomie absolue[3]. C'est l'œuvre elle-même qui impose ce sens à celui qui se laisse prendre à son jeu. Aux esthétiques modernes de la création et de la réception, Gadamer oppose une esthétique de l'œuvre : lorsque le jeu devient œuvre d'art, l'artiste et le spectateur ont affaire à quelque chose qui les dépasse. En effet, lorsque le jeu se transmute en œuvre, les joueurs cessent d'exister. « Les joueurs ou l'écrivain n'existent plus, seul existe désormais ce qu'ils jouent[4]. » L'autonomie absolue de l'œuvre d'art a pour conséquence qu'il lui est impossible de tolérer d'être comparée avec la réalité en tant que mesure de la ressemblance de l'imitation : la question de savoir si tout cela est réel ne se pose pas, « car elle prête sa voix à une vérité supérieure[5]. » La métamorphose du jeu de l'art en œuvre fait entrer dans le vrai et le plaisir que l'on y prend est le plaisir de la connaissance[6]. Gadamer rappelle que les théories antiques de l'art, qui se fondent sur le concept de *mimèsis*, avaient pour modèle original le jeu de la danse comme représentation du divin. La notion de *mimèsis* peut en effet toujours décrire le jeu de l'art dans la mesure où l'on n'oublie pas le sens cognitif originel de ce concept : « le représenté est là, telle est la relation mimétique originelle[7]. » Lorsqu'un

---

[1] H.-G. GADAMER, *L'Actualité du beau*, trad. Poulain, Paris, Alinea, 1992, p. 121-122.
[2] VM, p. 132 ; GW 1, p. 119.
[3] VM, p. 129 ; GW 1, p. 116.
[4] VM, p. 130 ; GW 1, p. 117.
[5] VM, p. 130 ; GW 1, p. 117.
[6] VM, p. 130 ; GW 1, p. 118.
[7] VM, p. 131 ; GW 1, p. 118.

enfant se déguise, son plaisir est que l'on reconnaisse ce en quoi il est déguisé. L'enfant qui se déguise veut disparaître complètement dans ce qu'il représente. Le plaisir de la reconnaissance est le véritable plaisir de l'art[1].

Gadamer ne le mentionne pas, mais on retrouve une conception semblable dans l'*Ion* de Platon. Après avoir questionné Ion sur sa compétence comme rhapsode qu'il dit ne porter que sur l'œuvre d'Homère, Socrate va lui faire admettre que c'est le dieu qui parle par l'intermédiaire des poètes ou, à l'inverse, que les poètes sont des interprètes des dieux. Lorsqu'ils écrivent, les bons poètes sont emportés hors d'eux et n'ont pas leur raison. Dans l'*Ion*, Platon compare le processus de création et d'interprétation au phénomène du magnétisme. Une pierre magnétique peut attirer un anneau de fer et le rendre lui-même magnétique. La muse est comme la pierre magnétique, le poète est comme le premier anneau de fer et le rhapsode est comme le second. Tout comme chaque anneau de fer reçoit de cette pierre une force semblable à la sienne, la Muse transmet au poète une force qui lui permet de créer et d'attirer à lui d'autres personnes qui se « suspendent à la chaîne ». En effet, le poète, pour créer une grande œuvre, doit se laisser posséder par la divinité et se laisser aller au délire : la puissance divine doit s'exprimer à travers lui. Il ne doit pas exercer de contrôle sur le processus de création, il doit, au contraire, se laisser emporter par lui.

> Car le poète est chose légère, ailée, sacrée, et il ne peut créer avant de sentir l'inspiration, d'être hors de lui et de perdre l'usage de sa raison. Tant qu'il n'a pas reçu ce don divin, tout homme est incapable de faire des vers et de rendre des oracles. Aussi, ce n'est point par art, mais par un don céleste qu'ils trouvent et disent tant de belles choses[2].

Le poète se fait l'interprète de l'être qui le possède, le prend et qui cherche à s'exprimer à travers lui. L'œuvre des bons poètes n'est donc pas l'effet de la raison ou de la technique. Cette thèse est reprise dans le *Phèdre* :

> Il est une troisième espèce de possession et de délire, celui qui vient des Muses. Quand il s'empare d'une âme tendre et pure, il l'éveille, la transporte, lui inspire

---

[1] Comme le dit Aristote : « On se plaît à la vue des images parce qu'on apprend en les regardant […]. » (ARISTOTE, *Poétique*, 1448 b, trad. Hardy.)
[2] PLATON, *Ion*, 534 b, trad. Chambry.

> des odes et des poèmes de toute sorte et, célébrant d'innombrables hauts faits des anciens, fait l'éducation de leurs descendants. Mais quiconque approche des portes de la poésie sans que les Muses lui aient soufflé le délire, persuadé que l'art suffit pour faire de lui un bon poète, celui-là reste loin de la perfection, et la poésie du bon sens est éclipsée par la poésie de l'inspiration[1].

Sans le dire explicitement, Gadamer décrit en termes platoniciens la reconnaissance de ce qui est représenté dans l'œuvre d'art : « Dans la reconnaissance, ce que nous connaissons se dégage, comme en vertu d'une illumination, de toute contingence et variabilité des circonstances qui le conditionnent et il est saisi dans son essence[2]. » S'inspirant du *Phédon* (73 a sq.), il rapproche en effet la reconnaissance de l'*anamnésis* : la découverte de la vérité de l'être dans l'idéalité du langage est un phénomène de reconnaissance. Ce que l'on saisit en son essence est soustrait de la contingence de ses apparitions. De la même manière, la métamorphose du jeu de l'art en œuvre « se déleste vraiment de tout ce qui est contingent et accessoire, par exemple, de l'être particulier propre à l'acteur, qui disparaît totalement dans la reconnaissance de ce qu'il représente[3]. » De la même manière que l'idée platonicienne est supérieure à ses manifestations contingentes, « [p]our la connaissance du vrai, l'être de la représentation est plus que la matière représentée, l'Achille d'Homère est plus que son modèle[4]. »

Selon Gadamer, même si Platon a insisté sur l'inadéquation entre la copie et son modèle, il demeure chez lui l'idée qu'une reconnaissance de l'essence est à l'œuvre dans la représentation artistique. En effet, pour Platon, toute connaissance d'essence est, en tant que remémoration, reconnaissance. Le concept d'imitation a donc pu suffire à fonder la théorie de l'art dans la mesure où l'on entend par connaissance du vrai la connaissance de l'essence. Conception de la vérité qui fut oubliée par la montée du nominalisme : « pour le nominalisme de la science moderne et sa conception de la réalité, dont Kant a tiré toutes les conséquences qui

---

[1] PLATON, *Phèdre*, 245 b, trad. Chambry.
[2] VM, p. 132 ; GW 1, p. 119.
[3] VM, p. 132 ; GW 1, p. 120.
[4] VM, p. 132, GW 1, p. 120.

mènent à l'agnosticisme dans le domaine de l'art, le concept de *mimèsis* a cessé de s'imposer en esthétique[1]. »

La théorie aristotélicienne de la tragédie

Dans l'architecture argumentative de *Vérité et méthode*, l'étude de la poétique d'Aristote vise à illustrer « la structure de l'être esthétique en général[2] ». En insistant sur le fait que l'effet produit par la représentation tragique sur le spectateur se trouve inclus dans la définition aristotélicienne de la tragédie[3], Gadamer tente d'expliciter sa thèse selon laquelle « [l]e spectateur est un facteur essentiel du jeu lui-même que nous appelons esthétique[4] ». La théorie d'Aristote sur la tragédie permet aussi de montrer que la vérité de l'être de ce qui est représenté par une œuvre n'advient que dans la mesure où notre participation au processus ontologique de la représentation provoque simultanément la métamorphose de notre être. La participation au jeu de l'art impliquerait donc une modification de notre état. L'exemple du tragique se révèle tout à fait approprié, car de toutes les expériences esthétiques, la tragédie constitue l'une des plus marquantes. De plus, la tragédie est une modalité de l'être esthétique où la continuité de celui-ci avec notre existence se manifeste avec le plus d'évidence puisqu'il est possible de parler indistinctement de la tragédie de la scène et de la tragédie de la vie[5].

Commençons par rappeler la célèbre définition de la tragédie que l'on retrouve dans la *Poétique* afin de voir en quel sens « Aristote a orienté de manière décisive le problème de l'esthétique en incluant dans la définition de l'essence de la tragédie l'*effet produit sur le spectateur*[6] » :

> Donc la tragédie est l'imitation d'une certaine action de caractère élevé et complète [sic], d'une certaine étendue, dans un langage relevé d'assaisonnements d'une espèce particulière suivant les diverses parties, imitation qui est faite par des personnages en action et non au moyen d'un récit, et qui, suscitant pitié et

---

[1] VM, p. 133 ; GW 1, p. 121.
[2] VM, p. 146 ; GW 1, p. 133.
[3] VM, p. 146 : « L'état d'âme du spectateur y est expressément inclus dans la définition de l'essence de la tragédie. » ; GW 1, p. 133.
[4] VM, p. 146 ; GW 1, p. 133.
[5] PLATON, *Philèbe*, 50 b.
[6] VM, p. 147 ; GW 1, p. 134.

crainte, opère la purgation propre à pareilles émotions[1].

Par « langage relevé d'assaisonnements », Aristote entend que la tragédie doit être représentée dans un langage qui a rythme, harmonie et mélodie (1449 b21), ce qui vient confirmer la présence dans l'œuvre d'un mouvement qui emporte le spectateur, le rythme du discours, et la représentation d'un ordre harmonieux.

« [L] »'imitation de l'action, c'est le mythe, car j'appelle *mythe* la composition des actions[2] ». En 1450 b22, Aristote emploie le terme « articulation » (*sustasin*) pour désigner la composition (*sunthésis*) des actions. L'utilisation de *sustasin*, terme biologique, renvoie à l'agencement des organes dans le corps. Cela rappelle la conception platonicienne, exposée dans le *Phèdre*, où le beau discours est comme un corps vivant qui forme un tout cohérent et harmonieux par l'agencement de ses diverses parties[3]. Aristote précise en disant qu'il faut que le mythe, principe de la tragédie, soit

> [...] l'imitation (*mimèsis*) d'une action, [et que] cette action soit une et entière, et que les parties en soient assemblées de telle sorte que si on transpose ou retranche l'une d'elles, le tout soit ébranlé et bouleversé ; car ce qui peut s'ajouter sans conséquence appréciable ne fait pas partie du tout[4].

Comme le dit Gadamer, la tragédie se comprend donc en tant qu'unité d'un déroulement tragique, ce déroulement étant la représentation de l'action tragique constituant une totalité de sens achevée, fermée et indépendante de tout ce qui lui est extérieur[5].

La *mimèsis* de l'action tragique opère la *catharsis* de l'*éléos* et du *phobos*. Le spectateur assistant à une tragédie, éprouve en effet de la compassion (*Mitleid*) et de la crainte (*Furcht*), selon la traditionnelle traduction que Gadamer juge beaucoup trop subjectiviste et qu'il préfère remplacer par détresse (*Jammer*) et angoisse (*Bangigkeit*)[6]. La détresse et l'angoisse adviennent comme des « événements qui assaillent l'homme et

---

[1] ARISTOTE, *Poétique*, trad. Hardy, 1449 b21.
[2] ARISTOTE, *Poétique*, 1450 a 5.
[3] PLATON, *Phèdre*, 264c, trad. Brisson.
[4] ARISTOTE, *Poétique*, 1451 a 33-35.
[5] VM, p. 147-148 ; GW 1, p. 135.
[6] VM, p. 148; GW 1, p. 135.

l'emportent[1] », ce qui confirme la thèse de l'esthétique gadamérienne selon laquelle l'expérience de l'art est un événement qui emporte le spectateur dans son jeu. Selon Gadamer, l'*éléos* est ce qui nous saisit à la vue de ce qui est déchirant et le *phobos* est le frisson d'effroi qui nous prend à la vue de celui que nous voyons courir vers la mort[2]. Comme le dit Gadamer, « [d]étresse et angoisse sont des modes de l'*ekstasis*, de l'être-hors-de-soi, qui témoignent de la fascination exercée par ce qui se déroule devant nous[3] ». On éprouve l'*éléos*, nous dit Aristote dans la *Rhétorique*, « quand on est dans la disposition à se rappeler que tel mal est déjà arrivé, à soi ou à l'un des siens, ou s'attendre à ce qu'il arrive à soi ou à l'un des siens[4] ». Le jeu tragique nous emporte dans le spectacle d'une tragédie en raison de la proximité de notre existence avec ce qui est représenté. En d'autres termes, la tragédie opère son œuvre seulement lorsque le spectateur reconnaît que ce qui arrive sur scène est ce qui va peut-être lui arriver, lorsqu'il reconnaît que la tragédie de la scène est aussi celle de sa propre vie. L'analyse de Gadamer se trouve ainsi confirmée par l'étude de ses passages de la *Poétique* d'Aristote : l'œuvre d'art nous interpelle directement et nous force à reconnaître la tragique vérité de notre existence. Le parachèvement de l'effet tragique n'a lieu que si le spectateur est en mesure d'appliquer ce qui se passe sur scène à sa propre vie, c'est-à-dire s'il est amené à voir que ce malheur représenté sur scène peut l'emporter. Comprendre le sens d'une tragédie, c'est pouvoir appliquer son sens à sa situation. La compréhension et l'application à soi du sens à comprendre constituent un seul et même processus : tout effort de compréhension implique l'être de celui qui comprend[5]. La pensée de Gadamer suit ici celle de Heidegger, pour qui comprendre c'est toujours se comprendre soi-même, *s'y comprendre en quelque chose (Sichverstehen)*. Avoir le sens du tragique, c'est admettre que son existence, aussi heureuse soit-elle en apparence, est tragique en son essence.

La tragédie est une représentation (*mimèsis*) qui opère la *catharsis* de la détresse et de l'angoisse. Dans la théorie aristotélicienne de la tragédie, la notion de *catharsis* est le lieu où le spectateur se voit métamorphosé par la représentation. Que faut-il entendre par *catharsis* ? On traduit généralement ce terme en allemand par *Reinigung*, purification. Gadamer propose de comprendre le phénomène de la *catharsis* comme l'affirmation lucide et

---

[1] VM, p. 148 ; GW 1, p. 135.
[2] VM, p. 148 ; GW 1, p. 135.
[3] VM, p. 148 ; GW 1, p. 135.
[4] ARISTOTE, *Rhétorique*, trad. Lauxerois, 1386a.
[5] VM, p. 330 ; GW 1, p. 313.

résolue du destin implacable de l'homme, d'« un ordre métaphysique de l'être qui s'impose à tous[1] ».

La tragédie, en effet, met en scène des personnages moralement neutres jouissant d'un grand bonheur qui sont précipités dans le plus profond malheur, sans l'avoir mérité, simplement par l'effet d'une malchance, d'un coup du sort[2]. Celui qui assiste à la mise en scène de ce passage arbitraire du bonheur au malheur reconnaît que cela peut très bien lui arriver à tout moment et cela le renvoie directement à la tragédie de sa propre existence. Le cœur du rapport que le spectateur entretient avec sa propre vie s'en trouve ainsi affecté. La tragédie qui représente sur scène le déchaînement des événements qui emporte le cours de la vie comme dans un tourbillon impossible à contrôler révèle le désaccord essentiel entre l'homme et le monde. S'ensuit inévitablement un refus, une révolte qui traverse tout l'être du spectateur et le voilà alors pris d'un frisson d'effroi qui lui glace le sang et le saisit de tremblements, comme le dirait Aristote[3]. Le spectateur se trouve saisi par la détresse et l'angoisse à la vue de ce qui peut très bien lui arriver, de ce qui finit toujours par arriver. La tragédie, comme toute représentation artistique, arrache de la réalité un de ses aspects en portant celle-ci à la présence, à une présence plus intense et plus vive. Dans une tragédie, ce qui reçoit ainsi cette *surdose d'être* est la force écrasante du destin, la course vers la mort dans laquelle nous sommes jetés. Par la représentation tragique, la reconnaissance de cette réalité est si vive qu'elle en devient insoutenable. La seule façon de supporter cette tension est d'accepter et même de vouloir cet ordre métaphysique de l'être et de ne pas reculer devant l'exigence de reconnaître, d'affirmer qu'il en est bien ainsi[4]. La reconnaissance se manifeste par la tristesse, une tristesse qui allège le cœur, le libère de la détresse et de l'angoisse. C'est aussi une forme de connaissance de soi, de rapport plus authentique à son être, car le spectateur, confronté à son destin implacable et à la tragédie de sa vie, prend conscience de la radicale finitude de sa condition qui le contraint à vouloir vivre même si tout se révèle ultimement sans espoir.

> La tristesse tragique reflète donc une espèce d'affirmation, un retour à soi et quand la propre conscience du héros est empreinte de cette tristesse, ce qui n'est pas rare dans la tragédie moderne, celui-ci

---

[1] VM, p. 150 ; GW 1, p. 137.
[2] ARISTOTE, *Poétique*, 1453 a7.
[3] ARISTOTE, *Rhétorique*, B, 13, 1389 b32.
[4] VM, p. 150 ; GW 1, p. 137.

participe un peu lui-même à cette affirmation en acceptant son destin[1].

Albert Camus imagine heureux Sisyphe qui regarde lucidement dévaler la pierre à laquelle est fixé son destin. Telle est l'interprétation de la notion de *catharsis* chez Gadamer, interprétation qui rejoint sa pensée de la *mimèsis* pythagoricienne comme reconnaissance d'un ordre métaphysique de l'être. Remarquons aussi que cette interprétation de la *catharsis* s'accorde avec les portraits d'hommes assumant avec courage leur destin tragique que proposent les tragédies d'Eschyle et de Sophocle.

Il est donc clair que la vérité d'une tragédie n'est portée à la présence que si le spectateur se laisse transformer par l'œuvre tragique. « Le spectateur ne se tient pas dans la distance de la conscience esthétique qui savoure l'art de la représentation, mais dans la communion de la présence[2]. » Il doit éprouver la détresse et l'angoisse que provoque en lui la représentation jusqu'à la limite de l'insupportable pour pouvoir reconnaître la vérité de la tragédie : le dévoilement de la condition de l'être humain. L'effet que produit la catastrophe tragique sur le spectateur lui ouvre les yeux : après l'avoir vécue, il ne peut plus voir les choses comme auparavant, il les apprécie à leur juste valeur, ayant acquis le sens de la fragilité des choses et de son existence. L'expérience tragique fait admettre douloureusement que l'assurance familière que nous éprouvons face à notre monde n'est qu'illusion : nous savons maintenant que notre vie peut basculer à tout moment. Le caractère pénible des émotions que nous fait vivre la tragédie correspond, nous l'avons vu, au mouvement de révolte que provoque chez le spectateur l'événement tragique. Cette révolte résulte de la déception de découvrir que le monde n'est pas tel que nous l'imaginions. L'intensité de l'expérience tragique force le spectateur à admettre l'ordre métaphysique de l'être que dévoile la tragédie. Son rapport au monde et à soi-même se modifie alors en conséquence. En cela, le spectateur se trouve métamorphosé par l'œuvre d'art tragique : son rapport à l'être est plus *authentique*. Comme le dit Heidegger, « [l] »'effet de l'œuvre n'a rien de l'efficient. Il réside, prenant origine de l'œuvre, en une mutation dans l'ouvert de l'étant, ce qui veut dire de l'être[3] ».

---

[1] VM, p. 149 ; GW 1, p. 136.
[2] VM, p. 150 ; GW 1, p. 137.
[3] M. HEIDEGGER, « L'origine de l'œuvre d'art », *Chemins qui ne mènent nulle part*, trad. Brokmeier, Paris, Gallimard, Collection TEL, 1997, p. 81.

La réhabilitation de l'image et de l'allégorie

La condamnation de la poésie au livre X de la *République* montre que Platon est conscient de la puissance psychagogique, de la force d'entraînement de la poésie. Comme pris dans un délire, le spectateur saisi dans le jeu de l'art n'est plus maître de ce qu'il vit. Mais pour Platon le délire artistique n'est pas divin, car il contribue à maintenir les hommes enchaînés au fond de leur caverne en les portant à croire que les ombres fugitives produites par la *mimèsis* constituent l'unique réalité.

Dans *Vérité et méthode*, Gadamer veut en quelque sorte « corriger » la conception platonicienne de l'image. Platon n'aurait pas compris qu'une image n'est pas qu'une copie amoindrie de la réalité. La critique de l'image et du réel repose sur la distinction ontologique entre le sensible et l'intelligible, distinction que l'intepértation gadamérienne de Platon a tendance, nous l'avons vu, à nuancer. On ne peut donc nier l'existence, dans la pensée de Gadamer, d'une tension entre un Platon très socratique et un Platon plus métaphysicien.

Pour montrer que « la conception platonicienne du rapport entre copie et modèle n'épuise pas la valence ontologique de ce que nous appelons une image[1] », Gadamer tentera d'établir l'existence d'un rapport de l'image au réel en distinguant le phénomène de l'image de celui de la copie. D'un point de vue phénoménologique, la copie n'est que le moyen d'identifier l'original : « [...] sa vocation est de supprimer son "être-pour-soi" et d'être totalement au service de la médiation de ce qui est copié[2]. » Or, une image n'est pas simplement la substitution d'un modèle. Ce qui distingue l'image de la copie, c'est l'importance accordée à la manière dont ce qui est représenté par l'image y est rendu présent. L'image est par là liée ontologiquement à ce qu'elle représente. Gadamer illustre ce phénomène à l'aide d'une métaphore :

> [...] le miroir réfléchit une image et non une copie : c'est l'image de ce qui se représente dans le miroir et elle est inséparable de sa présence. Certes, le miroir peut donner une image déformée, mais cela témoigne seulement de sa médiocrité ; il ne remplit pas correctement sa fonction. Dans cette mesure, le miroir confirme ici la thèse fondamentale que dans le

---

[1] VM, p. 159 ; GW 1, p. 145.
[2] VM, p. 156 ; GW 1, p. 143.

cas de l'image est visée l'unité originelle et la non-distinction entre représentation et représenté[1].

La métaphore du miroir, qui traverse toute la pensée occidentale, se trouve dans ce passage de l'*Alcibiade* :

> [...] quand nous regardons l'œil de quelqu'un qui est en face de nous, notre visage se réfléchit dans ce qu'on appelle la pupille (*korèn*), comme dans un miroir ; celui qui regarde y voit son image. [...] Ainsi, quand l'œil considère un autre œil, quand il fixe son regard sur la partie de cet œil qui est la plus excellente, celle qui voit, il s'y voit lui-même[2].

La métaphore de la pupille et du miroir permet ainsi à Platon d'introduire le divin dans le phénomène de la réflexion, ce qui donne beaucoup de poids à la métaphore de Gadamer. Le *Phèdre* reprendra l'exemple de la réflexion en affirmant que la relation amoureuse rend possible la connaissance de soi, lorsque l'amant se voit dans son aimé « comme dans un miroir » (255d). Ce qui est vu est aussi le reflet de ce qui voit : nous ne pouvons nous aimer qu'en nous voyant et ne nous pouvons nous voir qu'en nous connaissant nous-mêmes par la partie la plus excellente de notre âme. Ainsi, se voir dans notre aimé est un effet d'émanation à partir de ce qu'il y a de divin dans l'âme. Dans le *Théétète*, le langage est considéré comme le miroir de la pensée, car la parole sert à « faire connaître clairement sa propre pensée par expression vocale articulée en verbes et en noms ; ainsi qu'en un miroir ou dans l'eau, amener son opinion à se réfléchir dans le courant de l'émission vocale[3] ». La formulation de Platon est très près de l'herméneutique, car nous verrons plus loin que pour Gadamer le langage est le miroir dans lequel la pensée devient pleinement présente à elle-même.

Le respect porté à l'image religieuse suppose la présence réelle du représenté dans sa représentation. Une icône du Christ nous apparaît liée ontologiquement à ce qu'elle représente et c'est ce qui en fonde le caractère sacré. L'image religieuse est la manifestation sensible de cette réalité sacrée qui sans l'image demeurerait invisible. Une image n'est donc pas nécessairement qu'une copie sans valeur ontologique. Bien au contraire,

---

[1] VM, p. 156-157; GW 1, p. 144.
[2] PLATON, *Alcibiade*, 133 a, trad. Croiset.
[3] PLATON, *Théétète*, 206 d, trad. Diès.

dit Gadamer, l'image, comme ce qui émane de l'Un, n'épuise pas l'original, mais augmente plutôt son être :

> Toute représentation de ce genre est un processus ontologique et apporte sa contribution à la dignité ontologique de ce qui est représenté. Par la représentation, il acquiert, pour ainsi dire, un *surcroît d'être (Zuwachs an Sein)*. La teneur propre de l'image est ontologiquement définie comme émanation du modèle[1].

Gadamer utilise la notion néoplatonicienne d'émanation pour penser le phénomène de l'image.

Il y a une présence réelle du représenté dans sa représentation, ce qui signifie donc un accroissement de l'être du représenté dans sa représentation. « Car, du moment que l'Un originel ne s'appauvrit pas en laissant s'épancher hors de lui-même le multiple, cela signifie bien croissance d'être[2]. »

Gadamer n'est pas le premier à avoir eu l'idée de penser l'être de l'image à partir de la notion néoplatonicienne d'émanation. En effet, les Pères grecs de l'Église, comme Jean Damascène, ont eu recours à la notion d'émanation pour mener leur combat contre les iconoclastes.

> Il semble que les Pères grecs aient eu déjà recours à des réflexions néoplatoniciennes de ce genre lorsqu'ils ont rejeté, en référence à la christologie, l'hostilité aux images héritée de l'Ancien Testament ; ils ont vu dans l'incarnation de Dieu la reconnaissance fondamentale de la valeur du visible et en ont tiré ainsi une légitimation des œuvres d'art. Il est permis de voir dans cette victoire sur la condamnation des images l'événement décisif qui a rendu possible le développement des arts plastiques dans l'Occident chrétien[3].

Si la notion d'émanation, élaborée par le platonisme, sera reprise par les penseurs chrétiens, il demeure tout de même une tension entre le Platon de Gadamer et le platonisme iconoclastique que veut surmonter le

---

[1] VM, p. 158 ; GW 1, p. 145.
[2] VM, p. 158 ; GW 1, p. 145.
[3] VM, p. 158 ; GW 1, p. 145.

christianisme du Pseudo-Denys et de Jean Damascène. Car bien qu'il puisse sembler aujourd'hui banal de voir dans les églises des représentations du Christ, il n'en fut pas toujours ainsi. Peut-être sous l'influence de la condamnation platonicienne des images, dans les premiers siècles de l'ère chrétienne, on prenait très au sérieux le commandement que l'on retrouve dans l'Ancien Testament : « Tu ne feras aucune image sculptée, rien qui ressemble à ce qui est dans les cieux[1]. » On sait qu'en l'an 730, l'empereur Léon III l'Isaurien ordonna la destruction des icônes dans les lieux de culte chrétiens. Le *Discours pour la défense des images* du théologien byzantin Jean Damascène, premier penseur à proposer une théologie élaborée à la défense des images saintes, est contemporain de cette première crise iconoclastique.

Aux iconoclastes, Jean Damascène oppose l'argument suivant : le ciel étant venu habiter sur la terre, le verbe divin ayant pris le visage d'un homme de chair par lequel il est possible de découvrir le dieu invisible, il est désormais permis de représenter de façon sensible la divinité, l'incarnation de Dieu sur la terre en la personne de Jésus-Christ ayant en quelque sorte sanctifié la matière :

> Autrefois, Dieu incorporel et sans contours n'était absolument pas représenté. Mais aujourd'hui, puisque Dieu a été vu dans la chair et qu'il a vécu parmi les hommes, je représente ce qui est visible de Dieu. Ce n'est pas devant la matière que je me prosterne, mais devant le créateur de la matière, qui est devenu matière pour moi, qui a accepté de vivre dans la matière et qui a fait son salut par la matière. Je ne cesserai pas de respecter la matière par laquelle mon salut a été fait[2].

Pour justifier le culte des icônes, Jean Damascène doit d'abord commencer par redéfinir le concept même d'image. Il dira que l'image est « une ressemblance qui figure le prototype (c'est-à-dire le modèle, la personne représentée) tout en étant différente de lui en quelque chose[3] ». Plus loin dans son *Discours*, il complète sa définition en ajoutant que l'image « montre en elle-même ce qui est représenté[4] ». Jusqu'à présent, rien de bien original dans cette définition de l'image de Jean. C'est qu'il

---

[1] *Exode*, 20, 4.
[2] J. DAMASCENE, *Discours contre ceux qui rejettent les images saintes*, I, 16, trad. Darras Worms.
[3] J. DAMASCENE, *Discours contre ceux qui rejettent les images saintes*, I, 9, trad. Darras Worms.
[4] J. DAMASCENE, *Discours contre ceux qui rejettent les images saintes*, III, 16, trad. Darras Worms.

nous faut encore définir ce « quelque chose » qui distingue l'image de son modèle. Afin d'expliciter ce quelque chose, il faut savoir que le Byzantin distingue plusieurs types d'images depuis l'image « consubstantielle », la plus parfaite, en laquelle le représenté est ontologiquement présent dans sa propre représentation, jusqu'à la simple esquisse destinée à garder le souvenir d'un objet appartenant au passé. Le rapport entre l'image et son modèle est ainsi un rapport d'analogie plus ou moins parfait. Par exemple, alors que le Christ ressemble à Dieu le Père à un point tel que Dieu le Père lui-même est dans le Christ, une icône du Christ ne fait que ressembler au Christ sans que le Christ y soit entièrement présent. Ce qu'il y a d'innovateur dans la conception de l'image de Jean, c'est qu'il y a toujours plus qu'une simple ressemblance entre l'image et son modèle : il y a toujours une certaine présence ontologique du modèle dans sa représentation. Innovation qui inspirera Gadamer au moment de rappeler la « puissance ontologique de l'image ». Devenue le vecteur de l'Incarnation de Dieu lui-même, la matière du monde sensible est rendue par le christianisme éminemment digne de respect.

> [...] la nature de la chair n'est pas devenue divinité, mais, de même que le verbe s'est fait chair sans être transformé, en demeurant ce qu'il était, ainsi la chair s'est faite Verbe sans perdre ce qu'elle était, mais plutôt en étant identifiée au verbe selon l'hypostase. Voilà pourquoi je n'ai pas honte de représenter par une image le Dieu invisible non pas en tant qu'invisible, mais en tant qu'il est devenu visible à travers nous par la participation à la chair et au sang. Je ne me représente pas par une image la divinité sensible, mais je représente par une image la chair visible de Dieu[1].

La revalorisation du monde matériel chez Jean Damascène trouve paradoxalement son origine et son fondement ontologique, bien que la filiation soit indirecte, chez un auteur habituellement associé à l'appel vers la spiritualisation la plus absolue, Plotin lui-même. C'est en effet grâce aux spéculations néoplatoniciennes sur les hypostases que les penseurs du christianisme ont pu tenter de penser le mystère de l'Incarnation autant que faire se peut. Comme nous pouvons le voir dans cet extrait où Plotin nous rapporte ce que le monde matériel pourrait dire de lui-même, la

---

[1] J. DAMASCENE, *Discours contre ceux qui rejettent les images saintes*, I, 4, trad. Darras Worms.

métaphysique plotinienne permet d'accorder une dignité ontologique au monde sensible de la matière :

> C'est Dieu qui m'a fait ; venu de lui, je suis parfait ; je renferme tous les vivants, et je n'ai besoin de personne parce que je contiens tous les êtres, plantes, animaux et tout ce qui peut naître ; j'ai en moi beaucoup de dieux, des peuples de démons, des âmes bonnes, des hommes dont la vertu fait le bonheur. La terre ne s'est point embellie de toutes les plantes et d'animaux de toute sorte, la mer n'a pas reçu en elle la puissance vitale, pour que l'air, l'éther et le ciel soient tout entiers sans vie. Là-haut sont les âmes bonnes ; elles donnent la vie aux astres et à la sphère éternelle du ciel qui, à l'image de l'intelligence, tourne d'un mouvement circulaire, sagement réglé, toujours autour d'un même centre, sans rien chercher au-dehors. Tous les êtres qui sont en moi désirent le Bien ; et chacun l'atteint selon son pouvoir ; tout le ciel est suspendu à lui, ainsi que mon âme tout entière, les dieux qui sont en mes parties, tous les animaux et les êtres en apparence inanimés que je soutiens[1].

Cette vision plotinienne du monde trouve elle-même son origine dans le *Timée* de Platon, où nous pouvons lire à la toute fin que le monde sensible est un « Dieu accessible aux sens ; le plus grand, le plus excellent, le plus beau et le plus parfait[2]. » Il est intéressant de noter pour notre propos que Platon dit ici que le monde matériel est un dieu visible, « accessible aux sens ». La tendance à accorder la dignité ontologique d'un dieu au monde matériel se retrouve donc aussi chez Platon lui-même.

La théorie de l'image sainte de Jean Damascène propose une justification du respect que nous inspirent les images religieuses fondées sur la notion néoplatonicienne d'émanation. C'est à cette théorie que Gadamer fait subtilement appel dans *Vérité et méthode* lorsqu'il affirme que la signification de l'image religieuse est exemplaire dans la mesure où elle révèle la « puissance ontologique de l'image » :

> Elle atteste avec une clarté incontestable que l'image n'est pas la copie d'un être qui a été copié, mais qu'elle

---

[1] PLOTIN, *Ennéade* III, 2, 3. trad. Bréhier.
[2] PLATON, *Timée*, 92c, trad. Robin.

> lui est ontologiquement liée. L'exemple prouve que l'art, comme tel et dans un sens universel, confère à l'être un surcroît d'incarnation en image. La parole et l'image ne sont pas des illustrations surajoutées : elles permettent au contraire à ce qu'elles représentent d'être enfin pleinement ce qu'il est[1].

C'est donc le recours à la notion néoplatonicienne d'émanation qui permet de distinguer le phénomène de l'image du phénomène de la copie. La notion d'émanation, qui suppose l'existence d'un lien ontologique entre l'émanation et sa source, permet ainsi de réfuter la radicale critique des images de Platon : Platon confond le phénomène de l'image avec le phénomène de la copie. Il ne voit pas que l'image, contrairement à la copie, porte à la présence certains aspects que le modèle ne représente pas nécessairement de lui-même. Contempler la copie du David de Michel-Ange installée devant le Palazzo Vecchio ne nous apprend rien de plus que l'œuvre née des mains du maître florentin elle-même, mais une représentation artistique de la sculpture peut nous révéler un aspect de sa splendeur qui nous aurait échappé.

La beauté est l'éclat de l'intelllligible dans le sensible. L'être se donne dans la splendeur du beau. En faisant du phénomène de l'éclat du beau, tel que décrit par Platon dans le *Phèdre*, le paradigme phénoménologique de l'apparition de l'être, Gadamer retourne Platon contre lui-même en restaurant la dignité ontologique de l'œuvre d'art.

Voyons maintenant ce qu'il en est de la dignité ontologique de l'allégorie. L'allégorie n'est-elle qu'une figure de style soumise à l'arbitraire du signe ? Le mot *allégorie* vient du grec *allêgoria*, lui-même dérivé du verbe *allêgorein*, qui signifie « parler par figures ». Si l'on décompose ce mot, on retrouve la racine *allos*, « autre » et *agoreuein*, « parler ». Le mot *allégorie* signifie donc étymologiquement « parole différente » ou, autrement dit, « manière différente de parler d'une chose », ce qui suggère le passage d'un ordre à un autre, une sorte de saut herméneutique. Comme le dit Gadamer, « [c]e qui est allégorique ne réalise au contraire cette unité riche de sens qu'en orientant au-delà de lui-même vers quelque chose d'autre[2] ».

Cette analyse étymologique confirme l'usage traditionnel du mot. Selon Lalande, l'allégorie est un « symbolisme concret se poursuivant dans tout l'ensemble d'un récit[3] ». Et il ajoute en note que le terme *allégorie* a presque

---

[1] VM, p. 161 ; GW 1, p. 148.
[2] VM, p. 91 ; GW 1, p. 79.
[3] A. LALANDE, *Vocabulaire technique et critique de la philosophie*, p. 37.

toujours un sens péjoratif : « C'est que les éléments qui forment une allégorie n'ont pas d'intérêt propre, ni même souvent de signification quelconque, en dehors du rôle qui leur est intentionnellement attribué. Elles sont nécessairement artificielles et presque toujours compliquées[1]. » Autrement dit, selon la conception courante, l'allégorie est un symbolisme tout à fait arbitraire et artificiel, et les symboles qui composent une allégorie seraient sans rapport réel avec ce qu'ils devraient représenter.

Pour Gadamer, par contre, il n'en a pas été toujours ainsi. Selon lui, l'allégorie était autrefois conçue comme étant ontologiquement liée à ce qui est représenté par elle, et cette dépréciation de l'allégorie est encore une des conséquences de la subjectivisation de l'esthétique. Et c'est en faisant appel à la métaphysique néoplatonisante du Pseudo-Denys que Gadamer rendra toute sa dignité ontologique au concept d'allégorie et de symbole dans *Vérité et méthode*. Encore faut-il noter que le mot *allègoria* est assez tardif et qu'il ne se retrouve pas chez Platon. Platon parle plutôt de *muthos* et emploie le terme *hyponoïa* pour désigner le sens profond de ceux-ci. En ce qui concerne l'usage platonicien des mythes, on sait qu'en *République* III, Platon condamne les mythes, même s'il s'agit de mythes vrais, car les jeunes gens de la cité n'ont pas la capacité herméneutique nécessaire pour bien les interpréter. Platon critique par là un large pan de sa culture, au sens où le recours aux oracles, dont le sens profond de leurs propos n'est jamais évident, faisait partie de la vie quotidienne, et cela même si Platon fait un grand usage des mythes dans ses dialogues, à un point tel qu'on a pu dire qu'il voulait remplacer Homère.

Le Pseudo-Denys est un néoplatonicien, possiblement disciple de Proclus, qui chercha à christianiser la philosophie. Reprenant le thème plotinien de la procession émanatiste, il ne voit pas la succession des hypostases comme une dégradation ontologique nécessaire à partir de l'Un, mais comme une hiérarchisation des êtres, qui proviennent tous de Dieu et qui y retourneront tous dans la mesure où ils consentiront à se fondre dans l'Un par l'amour et la contemplation. La matière n'est donc pas pour le Pseudo-Denys une manifestation du mal, mais plutôt une réalité qui vient de Dieu et qui retourne en lui. Le mal n'est pas une réalité en soi, il n'est que l'absence de collaboration au projet de Dieu. C'est par le Pseudo-Denys que le néoplatonisme influencera, avec Aristote, tout le Moyen Âge[2].

---

[1] A. LALANDE, *Vocabulaire technique et critique de la philosophie*, p. 37.
[2] É. JEAUNEAU, « Denys l'Aréopagite, promoteur du néoplatonisme en Occident », L. G. BENAKIS (dir.), *Néoplatonisme et philosophie médiévale. Actes du Colloque international de Corfou, 6-8 octobre 1995*, Turnhout, Brepols, 1997, p. 1-23.

Ainsi, comme le remarque avec justesse Gadamer, d'après la métaphysique du Pseudo-Denys, « [i]l est possible d'être élevé du sensible à l'intelligible. Car, loin de se réduire à l'insignifiance et aux ténèbres, le sensible est épanchement et reflet du vrai[1]. » Gadamer pourra donc se réclamer du disciple de Proclus pour justifier la valence ontologique du symbolisme allégorique : « [...] le symbole ne se réduit pas à l'arbitraire d'un choix ou d'une institution de signe, mais présuppose au contraire un lien entre le visible et l'invisible[2]. »

La pensée de Gadamer sur l'allégorie est inspirée par celle de l'Aréopagite, car dans *La hiérarchie céleste*, on peut lire :

> On voit donc qu'on peut attribuer sans fausse note des figures aux êtres célestes, fussent-elles tirées des parties les plus viles de la matière, puisque cette matière elle-même, ayant reçu sa subsistance de la Beauté absolue, conserve à travers toute son ordonnance matérielle quelques vestiges de la beauté intellectuelle, et puisqu'il est possible, par l'entremise de cette matière, de s'élever jusqu'aux archétypes immatériels, en ayant soin toutefois de prendre, comme on l'a dit, les métaphores dans leurs dissemblances mêmes, c'est-à-dire, au lieu de les considérer toujours de façon identique, de tenir compte de la distance qui sépare l'intelligible du sensible et de les définir de la façon qui convient en propre à chacun de leurs modes[3].

Gadamer déclare aussi que « [l]e symbole est coïncidence du sensible et de ce qui ne l'est pas, l'allégorie est référence, riche de sens, du sensible à ce qui ne l'est pas[4] », ce qui est une trace de l'influence de l'Aréopagite sur Gadamer.

La vérité de l'art

J'ai commencé ce chapitre par une analyse de l'art en tant que jeu. Par sa structure ontologique de jeu, l'être de l'art a la possibilité de nous mettre hors de nous-mêmes comme le fait le délire divin dont Platon fait l'éloge

---

[1] VM, p. 90 ; GW 1, p. 79.
[2] VM, p. 91 ; GW 1, p. 79.
[3] Pseudo-Denys l'Aréopagite, *La hiérarchie céleste*, 144 b-c 193.
[4] VM, p. 92 ; GW 1, p. 80.

dans le *Phèdre*. Cette mise hors circuit de nos préoccupations pratiques nous arrache à l'affairement mondain qui obscurcit la conscience intime de notre être. Pour le dire à la manière de Heidegger, la structure ontologique de l'art empêche le *Dasein* de se fuir lui-même en sombrant dans le monde.

La participation du spectateur au mouvement du jeu de l'art, qui empêche sa fuite mondaine, fait partie du processus ontologique constitutif de l'être de l'art. L'ouverture par la suspension du souci pratique et la saisie du spectateur dans le jeu artistique font en sorte que le spectateur n'est plus maître de ce qu'il vit. Pour Platon, le délire n'est pas nécessairement à fuir, car il est une condition de la philosophie. Pour Gadamer, il est une condition de la venue à la présence de l'être de l'œuvre d'art : c'est l'être du spectateur qui devient le jeu artistique lui-même, lorsque, sans gouvernail ni amarre, le courant de l'œuvre l'emporte. Le mode d'être du spectateur se caractérise donc par l'*ektasis*, et nous avons vu Gadamer faire référence à l'éloge platonicien de la folie pour penser que cette possession du spectateur par le jeu de l'œuvre est en soi une contribution positive à l'être de l'art. La présence du spectateur en l'œuvre porte à la présence ce qui y est représenté : toute œuvre est représentation du réel en son ordre, comme le veut le pythagorisme réactualisé par Gadamer.

L'expérience de l'art apparaît comme un pâtir. Sous son influence, l'art métamorphose celui qui se fait prendre à son jeu. Cela est devenu clair par l'analyse de la théorie aristotélicienne de la tragédie. Nous avons vu au cours de cette analyse que la tragédie, en tant que *mimèsis* d'un ordre métaphysique de l'être qui s'impose à tous, transforme le rapport qu'entretient l'homme envers son être même. La détresse et l'angoisse tragiques préparent l'affirmation lucide de la position de l'homme dans l'être, qui est celle d'un mortel radicalement fini soumis à la fatalité d'un destin qui le dépassera toujours. L'art conduit ainsi à une connaissance authentique de soi. L'art est donc expérience d'une vérité, d'une vérité herméneutique, parce que subie comme un événement qui échappe au contrôle méthodique.

Nous avons aussi pu voir Gadamer opérer une critique radicale de la modernité esthétique en ayant recours à des concepts fondamentaux de la métaphysique néoplatonicienne. Afin de redonner une dignité ontologique à l'être de l'image, le néoplatonisme christianisé de Jean Damascène fournira à Gadamer l'ossature conceptuelle lui permettant de repenser le rapport de l'image à la réalité, renversant ainsi la dévastatrice critique platonicienne de la *mimèsis*. Et c'est l'abstraction kantienne de la conscience esthétique, trop subjectiviste, que Gadamer contestera dans sa critique de la notion moderne de symbole et d'allégorie. Dans ce cas, c'est avec l'aide d'un autre néoplatonicien chrétien, le Pseudo-Denys l'Aréopagite, que Gadamer dévoilera l'essence originelle du symbolisme allégorique. C'est la notion néoplatonicienne d'émanation qui permet la réhabilitation de l'image et de l'allégorie. Gadamer a recours à cette notion pour penser la présence réelle du représenté dans sa représentation, la représentation émanant du représenté sans l'amoindrir, mais lui apportant au contraire un surcroît d'être, de la même manière que toute la réalité émane de la surabondance de l'Un, source inextinguible de tout ce qui est.

Il me semble clair qu'il existe une réelle ambiguïté concernant le rapport chrétien au corps, ambiguïté qui s'explique évidemment par les tendances gnostiques des écrits johanniques et pauliniens. Nietzsche critique surtout le christianisme *paulinien* et il est en ce sens faux de dire que sa vision du christianisme n'est qu'une caricature ou un lieu commun erroné sur la dévalorisation du corps et du monde par le christianisme. Malgré la vision très nietzschéenne d'un christianisme contempteur du monde terrestre qui n'est pas sans justesse[1], il faut reconnaître que nous retrouvons dans la pensée chrétienne des éléments qui revalorisent la corporéité bien plus que n'a jamais pu le faire la tradition platonicienne. Plotin avait, dit-on, honte d'avoir un corps, mais les chrétiens croient que Dieu est devenu visible en se faisant chair. Le corporel est devenu digne du divin. Dieu devint homme sans rien perdre de sa divinité, un dieu devenu homme au point de pouvoir rire, pleurer, souffrir et mourir. La mort d'un dieu fait de chair humaine, le triomphe de la chair martyrisée par le supplice de la croix, érige en symbole divin une terrifiante image de torture. On est ici très loin de l'éternelle impassibilité des dieux grecs.

La pensée chrétienne permet aussi de revaloriser ontologiquement la contingence de l'événement, ce qui n'est pas sans importance pour Gadamer, car l'« événementialité » est ce qui caractérise la temporalité de la compréhension, toujours historiquement située. Pour le christianisme, les problèmes métaphysiques s'incarnent dans le temps. L'histoire a le sens que Dieu a voulu lui donner. L'Incarnation est un événement singulier qui modifie à jamais le cours de l'histoire, car l'Incarnation est l'intervention divine qui constitue la solution métaphysique au problème du mal. La distance entre l'homme et Dieu est si grande que l'homme seul ne peut espérer la franchir : l'homme ne pouvant rejoindre Dieu, c'est Dieu alors qui descendra jusqu'à lui. Alors que la solution de Platon pour unir les

---

[1] F. DOYON, « L'origine gnostique de la vision négative de la sexualité chez saint Augustin », *Ithaque*, 1, 2007, p. 25-47.

humains au bien a été de construire toute une échelle d'idées que nous devons gravir, emportés que nous sommes par le désir érotique, le christianisme, pour sa part, invoque un fait : Jésus est venu. Le salut dépend donc de la grâce divine.

Tel est l'arrière-plan métaphysique qui travaille souterrainement la première partie de *Vérité et méthode* en fournissant à Gadamer les catégories nécessaires à sa description phénoménologique de l'être de l'art. Avec le christianisme, le corps n'est pas un tombeau, mais un temple. Gadamer fait de cette structure métaphysique un modèle phénoménologique qui lui permet de repenser la relation entre l'image et l'original d'une manière qui confère à la représentation une valeur ontologique. Gadamer puisera encore dans l'héritage de la théologie chrétienne de l'Incarnation pour penser le phénomène de l'avènement du sens dans le langage.

Chapitre 6

La pensée chrétienne

Le langage est l'un des objets privilégiés de la philosophie, au moins depuis l'époque des sophistes. Qu'en est-il du rapport entre le langage et la pensée ? La pensée humaine peut-elle exister indépendamment du langage qui l'exprime ? Dans le *Cratyle*, Platon affirme que le langage n'est qu'un instrument de la pensée dont il faudrait pouvoir se passer : « Ce n'est pas des mots qu'il faut partir, mais, et pour apprendre, et pour chercher le réel, c'est du réel lui-même qu'il faut partir, bien plutôt que des noms[1]. » Il semble y avoir une distinction entre le langage et la pensée chez Platon, le langage n'étant que le signe d'une réalité que la pensée doit pouvoir saisir directement si elle veut connaître véritablement.

Pour la pensée chrétienne, cependant, la distinction entre la parole et le réel est loin d'être aussi radicale, à un point tel que le divin est capable de se fusionner ontologiquement avec une parole, c'est-à-dire s'incarner dans la matérialité du sensible sans en être amoindri : « Et le verbe s'est fait chair/Et il a habité parmi nous[2]. » Pour l'auteur du quatrième évangile, le *logos* « doit être compris comme désignant la parole inséparablement liée à son sens ou à son contenu rationnel[3] ».

Selon la théologie johannique, le *logos* du Christ est *logos* de Dieu, révélation de la réalité ultime. Le *logos* christique n'est pas que l'expression de l'enseignement de Jésus, il est la Vérité même, tout en étant de fait indissociable — mais non en principe, la plénitude du *logos* divin ne dépendant pas de son incarnation — des mots qui l'expriment.

C. H. Dodd suggère qu'« [i]l est sans doute permit de retrouver [dans cette conception de l'unité du langage et de la pensée dévoilant la vérité ultime] quelque chose de la conception hébraïque de la parole, douée, en quelque sorte, d'une existence autonome et d'une puissance qui lui est propre[4] ». C'est cette conception métaphysique du langage que Gadamer tente de réactualiser au cœur de son herméneutique, en se réappropriant la pensée des Pères de l'Église qui ont tenté d'unifier la pensée grecque et

---

[1] Platon, *Cratyle*, 439 b trad. Robin.
[2] Jean, 1-14.
[3] C. H. Dodd, *L'interprétation du quatrième évangile*, Paris, Cerf, 1975, p. 343.
[4] C. H. Dodd, *L'interprétation du quatrième évangile*, Paris, Cerf, 1975, p. 343.

la théologie johannique de l'Incarnation. S'inscrivant dans cette tradition, Gadamer affirme que le langage est le lieu même où la vérité se donne.

Gadamer veut montrer que le langage est le médiateur de l'expérience herméneutique en tant qu'événement qui échappe au contrôle de celui qui comprend. Car comme dans un jeu, nous ne sommes jamais vraiment les maîtres d'une conversation. Nous y sommes plutôt entraînés, parfois même empêtrés. La conversation a son génie propre et la langue qui la constitue a sa vérité dans la mesure où elle dégage ce qui est acquis par la conversation. Comprendre ce que l'autre dit dans une conversation est une expérience de sens, un événement de compréhension. Selon Gadamer, le processus de compréhension est de nature langagière :

> Ce n'est pas sans raison que la problématique proprement dite de la compréhension, ainsi que la tentative de la maîtriser par une technique — c'est là l'objet de l'herméneutique — relèvent traditionnellement de la grammaire et de la rhétorique. Le langage est le milieu dans lequel se réalisent l'entente entre les partenaires et l'accord sur la chose même[1].

Gadamer donne l'exemple d'un cas où l'entente entre les partenaires et l'accord sur la chose est particulièrement difficile, celui de la traduction. Le phénomène de la traduction fait ressortir clairement que l'élément langagier est le médiateur grâce auquel il est possible de se comprendre. Ce qui est caractéristique de la traduction, c'est qu'il faut s'accommoder d'une distance que l'on ne réussit jamais à combler entre l'esprit de la lettre et son interprétation. En effet, toute traduction est interprétation, et non pas simple reconstitution de l'état psychologique de l'auteur du texte d'origine. Mais il faut quand même s'efforcer de se mettre à la place de son auteur, de la même manière que l'on se met à la place de son interlocuteur pour le comprendre dans une conversation. Ainsi, comprendre et interpréter sont une seule et même chose :

> Toute compréhension est interprétation, et toute interprétation s'épanouit dans le milieu d'une langue qui veut faire venir l'objet à la parole tout en restant la langue de l'interprète[2].

---

[1] VM, p. 406 ; GW 1, p. 387.
[2] VM, p. 411 ; GW 1, p. 392.

Le caractère langagier de la compréhension est la concrétisation de la *Wirkungsgeschichte*, la tradition existant par essence dans et par le langage. La tradition, en tant qu'objet herméneutique, est constituée par le langage. De même, l'interprétation de la tradition, en tant que processus herméneutique, est aussi déterminée par la *Sprachlichkeit*. On ne peut parler de tradition et d'histoire au sens plein que lorsque nous sommes en présence de textes. La transmission du sens ne peut se faire que lorsqu'il y a un texte à interpréter, et non pas seulement des vestiges archéologiques muets. Voilà pourquoi Gadamer peut dire que c'est l'écriture qui permet au passé d'être présent :

> Tout ce qui est transmis sous forme écrite est contemporain de tout présent. Il y a donc dans l'écriture une coexistence unique du passé et du présent, dans la mesure où la conscience présente accède librement à toute tradition écrite[1].

La présence du passé dans la parole écrite fait en sorte qu'un texte ancien s'élève au-dessus des vestiges de son monde disparu. Une connaissance du passé qui ne se fonde pas sur une tradition écrite ne peut pas à juste titre porter le nom d'*histoire*. La signification des traces d'une société sans écriture nous échappera donc toujours dans la mesure où ses vestiges ne peuvent s'élever à l'idéalité du sens de la tradition écrite. L'écrit donne au langage la possibilité d'être contemporain de tout présent :

> Dans l'écrit, le sens de ce qui est dit est présent absolument pour lui-même, entièrement dissocié des aspects émotionnels de l'expression et de la communication. [...] Comprendre par la lecture, ce n'est pas répéter quelque chose du passé, mais participer à un sens présent[2].

Écrire afin d'élever le sens à l'idéalité de la parole a peu à voir avec la rhétorique ou l'esthétique, l'écrit ayant pour fonction d'amener le lecteur à penser ce qui a été pensé, autrement dit de faire apparaître la pensée du passé dans la présence du présent. C'est ainsi que se communique la vérité d'un texte de la tradition.

L'interprétation dans le langage est la forme générale de toute interprétation. Comprendre est toujours application à soi-même du sens

---

[1] VM, p. 412 ; GW 1, p. 393.
[2] VM, p. 414 ; GW 1, p. 396.

qui se donne à comprendre. Comprendre un texte, c'est être capable de dire dans ses propres mots la vérité que dit le texte. Voilà pourquoi il est très difficile de lire à haute voix un texte que l'on ne comprend pas : c'est tenter de faire siens des mots qui ne nous appartiennent pas encore[1].

Dire que toute compréhension est interprétation ne conduit pas nécessairement au relativisme. Il y a toujours des interprétations plus justes que d'autres, et des interprétations différentes ne se contredisent pas nécessairement. Les possibilités de sens d'un texte classique sont telles que les multiples interprétations qu'il est possible d'en donner au cours des siècles sont le déploiement historique de la potentialité de sens du texte classique, qui est classique justement parce qu'il nous offre toujours de nouvelles possibilités d'interprétation. Voilà pourquoi chaque génération doit toujours retraduire les classiques, afin de trouver ses mots pour dire ce que veut dire depuis toujours le texte classique. Cette dépendance fondamentale du sens d'un texte au langage qui l'interprète ne diminue en rien sa prétention à la vérité :

> Le langage échappe à toutes les objections adressées à sa compétence. Son universalité va de pair avec celle de la raison. La conscience herméneutique ne fait ici que participer à ce qui constitue le rapport général entre langage et raison. Si toute compréhension se trouve nécessairement dans un rapport d'équivalence avec son interprétation possible et si la compréhension ne se heurte fondamentalement à aucune limite, le vêtement langagier que la compréhension revêt dans l'interprétation doit, lui aussi, comporter une infinité qui dépasse toute limite. Le langage est le langage de la raison même[2].

Comme l'assistant d'Épictète, qui, doutant de l'utilité de la logique, doit reconnaître qu'elle est nécessaire, car sans elle il est impossible de démontrer si elle est nécessaire ou non, celui qui veut tracer des limites au langage ou marquer ses insuffisances doit toujours le faire en utilisant les ressources du langage, sans jamais pouvoir s'en échapper[3]. Le langage est aussi universel que la raison. Cette universalité de la rhétorique avait été reconnue par Aristote avant d'être oubliée par la pensée moderne.

---

[1] VM, p. 421 ; GW 1, p. 402-403.
[2] VM, p. 424 ; GW 1, p. 405.
[3] ÉPICTETE, « Entretiens », II, xxv, *Les Stoïciens*, trad. Bréhier et Schuhl, Paris, Gallimard, Bibliothèque de la Pléiade, 1962, p. 957.

L'origine métaphorique des concepts

La linguistique moderne, dominée par la logique, distingue le sens *propre* du mot de son sens *figuré*[1]. En réduisant les mots à leur simple fonction de signe, le rapport originel entre la parole et la pensée est perverti en rapport instrumental. L'instrumentalisation du langage, fondement de la conceptualisation scientifique, semble aller tellement de soi « qu'il faut faire un effort de mémoire tout particulier pour nous souvenir qu'à côté de l'idéal scientifique de désignation univoque, la vie de la langue même se poursuit inchangée[2] ». Gadamer s'appuie ici sur l'autorité d'Aristote, qui n'aurait pas cédé au préjugé logiciste comme le feront plus tard les stoïciens :

> Aristote avait alors été bien avisé de laisser sans réponse la question de savoir comment on arrive à former des concepts généraux. Nous comprenons maintenant qu'il tenait compte, de cette façon, du fait que la formation naturelle des concepts par la langue est toujours en chemin[3].

La prééminence de la logique et de la raison dans la tradition philosophique occidentale explique pourquoi l'homme y est souvent caractérisé comme « l'animal rationnel » (*rationem autem solus habet homo animalium*[4]), au lieu d'être désigné comme « l'animal doué de parole[5] ». Cette orientation épistémologique ne résulte pas seulement d'un choix descriptif, mais aussi d'une décision normative qui situe la rationalité comme le critère ultime distinguant l'humain des autres animaux.

> Il existe une définition classique de l'essence de l'homme, donnée par Aristote, selon laquelle l'homme est l'être vivant qui possède le « logos ». La tradition occidentale a consacré cette définition en caractérisant l'homme comme *animal rationale*, comme « être vivant doué de raison », c'est-à-dire en le distinguant des autres animaux par sa capacité de pensée. Mais, à vrai

---

[1] VM, p. 456 ; GW 1, p. 436.
[2] VM, p. 457 ; GW 1, p. 437.
[3] VM, p. 456 ; GW 1, p. 436.
[4] ARISTOTE, *Aristoteles Latinus, Politica*, edidit Petrus Michaud-Quantin, Paris, Desclée de Brouwer, 1961, p. 5.
[5] ARISTOTE, *Les politiques*, trad. Pellegrin, I, 2 1253a 9-10.

> dire, ce terme veut aussi et surtout dire : langage. [...] Aristote ajoute, dans le même élan, que, parce que l'homme est le seul à posséder le « logos », il possède par là même le sens du juste et de l'injuste. L'homme est capable de penser et il est capable de parler. Pouvoir parler veut dire pouvoir, par son parler, rendre apparent ce qui n'est pas présent, de telle sorte que quelqu'un d'autre le voie aussi devant lui[1]. »

Et en effet, c'est en comparant les signaux qu'émettent les animaux pour communiquer entre eux qu'Aristote souligne ce qui fait la spécificité de l'être humain[2]. Le mot *logos* signifie donc à l'origine le langage qui rassemble plutôt que la raison qui domine et fonde. Il est à noter qu'Aristote n'utilise pas explicitement le terme « animal rationnel » de la manière dont cette expression lui est attribuée par Gadamer. Néanmoins, Aristote discute de l'unicité des êtres humains par rapport aux autres animaux, notamment en relation avec leur possession du *logos*, un terme pouvant être compris comme « raison » ou « parole », selon le contexte. Par exemple, dans l'*Éthique à Nicomaque*, 1095b, Aristote affirme que les humains sont uniques en possédant un principe rationnel *(logos)* qui les distingue des autres animaux. De même, dans la *Politique*, 1253a, il soutient que les êtres humains sont des animaux sociaux dotés du pouvoir de la parole et de la raison, capables de discerner le bien du mal, le juste de l'injuste.

Enfin, si, pour Gadamer, le langage est fondamentalement métaphorique et que le langage est la condition de toute compréhension, alors la compréhension est fondamentalement métaphorique. Ce qui n'est pas sans importance, car selon Joël Weinsheimer, ce raisonnement permettrait de résoudre une des contradictions de *Vérité et méthode*, celle concernant le concept de fusion des horizons. En effet, « [h]ow can the interpreter understand something other than himself and his world, and yet understand this other in a way that contributes to and enlarges his understanding of himself and his world as well? How is it possible to think difference and identity together[3]? » Selon Weinsheimer, concevoir la compréhension comme établissement de rapports métaphoriques, c'est-à-dire de rapports de ressemblance, supprime la contradiction : « If we think

---

[1] H.-G. GADAMER, « L'homme et le langage », *L'art de comprendre II*, p. 57.
[2] ARISTOTE, *Les politiques*, trad. Pellegrin, I, 2, 1253a.
[3] J. WEINSHEIMER, « Gadamer's metaphorical hermeneutics », H. SILVERMAN, ed., *Gadamer and hermeneutics*, New York, 1991, p. 201.

of understanding as the establishment of a metaphorical relation, it fuses two horizons in such a way that they are both the same and different[1]. »

Le mépris platonicien du langage

D'après Gadamer, le sens originaire de la notion de mot est celui du nom[2]. À l'origine, l'unité du mot et de la chose allait de soi, le nom d'une chose était une partie de la chose, comme le nom propre d'une personne appartient à la personne. La preuve en est qu'en grec un mot est désigné par l'expression *onoma*, expression qui désigne en premier lieu le nom propre. Un mot est donc d'abord compris à partir du nom, ce qui implique l'appartenance du nom à la chose, le nom faisant partie de son être[3].

La philosophie grecque va remettre en question l'idée que le mot représente l'être véritable. Le mot va être réduit à n'être qu'un nom sans lien véritable avec la chose qui le porte. C'est ce qui se trouve à l'arrière-plan du questionnement sur la justesse des noms qui se trouve dans le *Cratyle* de Platon. Le pouvoir de la langue que les sophistes avaient exploité était devenu si grand que Platon devait libérer la philosophie de son empire afin de combattre le danger de corruption et de perversion de la pensée que représentaient les sophistes[4]. Cela ne pouvait que conduire Platon, qui considérait l'orientation vers l'*eidos* comme l'orientation déterminante du *logos*, à voir dans le langage une source d'erreur et de confusion dont la pensée devait se libérer[5].

C'est pourquoi, en ridiculisant toutes les tentatives de voir un rapport de ressemblance entre un mot et ce qu'il représente, Platon veut montrer dans le *Cratyle* que malgré la prétention à la justesse du langage, on ne peut atteindre la vérité des choses à partir des mots[6]. Le langage étant aussi trompeur que l'apparence sensible des choses, la matérialisation de la pensée dans le son des mots ne peut prétendre à aucune vérité : « [La

---

[1] J. WEINSHEIMER, « Gadamer's metaphorical hermeneutics », H. SILVERMAN, ed., *Gadamer and hermeneutics*, New York, 1991, p. 201.
[2] VM, p. 428 ; GW 1, p. 409.
[3] L. DE GERIN-RICARD, *Histoire de l'occultisme*, Paris, Payot, 1947, p. 19 : « Pour les Égyptiens, rien n'existait avant d'avoir été parlé. Le dieu Thot personnifiait la langue, et pour que les êtres et les choses prissent une existence réelle, ils devaient être parlés, "jetés du dedans au-dehors" par ceux qui les avaient pensés. "La langue, lit-on sur des inscriptions hiéroglyphiques, crée tout ce qui est aimé et tout ce qui est détesté, la langue crée la totalité des choses. Rien n'existe avant d'avoir reçu son nom à haute voix." »
[4] PLATON, *Cratyle*, 440 c.
[5] VM, p. 441 ; GW 1, p. 421-422.
[6] PLATON, *Cratyle*, 439 b.

connaissance] a son existence non dans les sons, pas davantage dans les figures matérielles, mais dans les âmes [1] ».

Gadamer va donc dire que « Platon recule devant le vrai rapport du mot aux choses[2] ». « Il ne fait aucun doute que Platon *ne* réfléchit *pas* au fait que l'opération de la pensée, considérée comme dialogue de l'âme, comporte elle-même un lien à la langue[3] ». En situant la vérité au-delà des mots, « Platon a dissimulé l'essence propre de la langue plus profondément que ne l'avaient fait les théoriciens de la sophistique, qui avaient développé leur art propre en usant et en abusant de la langue[4]. » Gadamer est ici inhabituellement dur envers Platon. Autant partout ailleurs Gadamer tente de résister à la radicalité du jugement de Heidegger sur Platon, autant va-t-il ici condamner l'idéalisme de la conception platonicienne du langage.

En quoi Platon a-t-il nié l'être de la langue ? C'est que pour Gadamer, tout mot en tant que mot est juste dans la mesure où il nomme une chose :

> Le mot est alors juste quand il amène la chose à la présentation *(Darstellung)*, donc quand il en est une présentation *(mimèsis)*. Mais il ne s'agit certainement pas d'une représentation imitative, au sens d'une copie immédiate qui reproduirait le phénomène audible ou visible ; c'est au contraire l'être *(ousia)*, dont on peut dire qu'il est *(einai)*, que le mot doit rendre manifeste[5].

En ce sens, ce n'est jamais le mot en lui-même qui manque de justesse, mais seulement son emploi. En négligeant de faire cette distinction, Platon ne voit pas que les mots sont porteurs de vérité au sens où « leur être se confond avec leur signification, tandis que les copies ne sont que plus ou moins ressemblantes et, en ce sens — par rapport à l'allure de la chose — plus ou moins justes[6] ». C'est ainsi que Platon plonge dans l'oubli l'être du langage, qui a son être dans la manifestation de la vérité des choses, le réduisant à l'instrumentalité du pur signe.

Pour Gadamer, « [l]e mot n'est pas seulement signe. [...] D'une manière énigmatique, le mot comporte un lien à la chose "reproduite" *(abgebildetes)*,

---

[1] PLATON, *Lettre VII*, 342c, trad. Brisson.
[2] VM, p. 430 ; GW 1, p. 411.
[3] VM, p. 430 ; GW 1, p. 411.
[4] VM, p. 431 ; GW 1, p. 413.
[5] VM, p. 433 ; GW 1, p. 414.
[6] VM, p. 434 ; GW 1, p. 415.

une appartenance à l'être de ce qui est reproduit[1]. » Les mots ne sont pas que des signes arbitraires. Ce sont les choses elles-mêmes qui viennent à l'être lorsqu'à notre esprit viennent les mots. À l'inverse de ce que disait Boileau, ce qui est bien énoncé se conçoit clairement. L'objet de la pensée n'est pleinement présent à notre esprit que lorsqu'il s'articule dans un langage. La pensée doit s'incarner dans la parole pour se manifester à un esprit fini. Gadamer va donc naturellement se tourner vers l'idée chrétienne d'incarnation du verbe pour décrire le phénomène de la parole. La thèse herméneutique de l'incarnation de la pensée dans le langage peut sembler étrangère à la pensée chrétienne du Moyen Âge. Mais n'oublions pas que l'interprétation de Gadamer est phénoménologique. Il voit dans la pensée de l'incarnation du verbe une conception du langage qui dépasse les limites de la pensée grecque.

En effet, la pensée chrétienne de l'Incarnation rend mieux justice à l'être de la langue que la philosophie grecque du *logos* et empêche l'oubli de la langue d'être total.

> *Au centre même où la théologie chrétienne se laisse imprégner de part en part par la conception grecque de la logique germe quelque chose de nouveau : le centre qu'est la langue, et dans lequel seule la médiation de l'événement de l'Incarnation atteint sa pleine vérité.* La christologie fraye la voie à une nouvelle anthropologie, qui réconcilie d'une manière nouvelle l'esprit de l'homme, en sa finitude, avec l'infinité divine. Ce que nous avons nommé expérience herméneutique trouvera ici son véritable fondement[2].

En effet, dit Gadamer, l'interprétation du mystère de la Trinité par les penseurs chrétiens du Moyen Âge est en étroite relation avec le problème du langage. La quête d'une solution au problème de l'Incarnation va conduire à la valorisation de l'être historique, ce qui constitue une innovation radicale dans l'histoire de la pensée. Comme le dit Gadamer, « à la différence du logos grec, le verbe est pur événement (*Verbum proprie dicitur personaliter tantum*)[3] ». Gadamer affirme que la formule latine vient de la *Somme théologique* (I, q. 34) alors qu'elle provient en fait du *De natura verbi*

---

[1] VM, p. 440 ; GW 1, p. 420.
[2] VM, p. 452 ; GW 1, p. 432. C'est Gadamer qui souligne.
[3] VM, p. 442 ; GW 1, p. 423.

intellectus, section 277 : « [...] c'est seulement sur le mode personnel que l'on parle proprement du verbe. »

> Quand la Parole se fait chair et que la réalité de l'esprit ne s'accomplit que dans cette Incarnation, le logos est libéré de sa spiritualité, qui signifie en même temps sa potentialité cosmique. L'unicité (*Einmaligkeit*) de l'événement de la Rédemption marque l'émergence et l'irruption de l'être historique dans la pensée occidentale ; elle dégage le phénomène de la langue de l'idéalité du sens où elle s'était abîmée, et fait qu'il se présente à la réflexion philosophique. Car, à la différence du logos grec, le verbe est pur événement (*Gesgenbild*)[1].

Affirmer que le *logos* est libéré de sa spiritualité (*Spiritualität*) par l'Incarnation est tout à fait contraire à la conception platonicienne selon laquelle la pensée est indépendante du langage et que ce dernier ne peut être au mieux qu'un instrument bien imparfait pour exprimer la pensée. Mais comment Gadamer peut-il dire que le *logos* est libéré de sa spiritualité ? Habituellement, c'est par le développement de sa spiritualité que l'on peut espérer parvenir à se libérer de la pesanteur de son existence charnelle. Que l'on puisse être libéré de la spiritualité semble à tout le moins étrange.

Dans l'événement de la Rédemption, l'incarnation du *logos* assure le salut de la création en la libérant de l'empire du péché et de la mort. L'abaissement du *logos* divin dans la chair humaine assure la sanctification de celle-ci. C'est la chair qui est libérée, alors que Gadamer, dans un étrange renversement qu'Arthos n'arrive pas à expliquer, affirme que c'est le *logos* qui est *libéré de la spiritualité*. Et que doit-on comprendre lorsque Gadamer affirme que l'unicité de l'événement de la Rédemption marque l'émergence et l'irruption de l'être historique dans la pensée occidentale et qu'elle dégage le phénomène de la langue de l'idéalité du sens ? Le fil de la pensée de Gadamer est ici très difficile à dégager.

Gadamer associait la séparation du langage et des choses à une pure abstraction, or une pure abstraction, comme le dit Aristote, est une absurdité. C'est donc de cette absurdité qu'est libéré le langage par la pensée chrétienne. Les choses sont unies au langage qui les rend présentes à l'esprit comme Dieu est uni à un corps en la personne de Jésus-Christ. Il

---

[1] VM, p. 442 ; GW 1, p. 423.

ne faut pas confondre l'Incarnation avec l'incorporation platonicienne, pythagoricienne ou orphique. Dans ces théories, il y a une altérité complète entre l'âme et le corps, un dualisme radical entre l'esprit et la matière[1]. Pour les platoniciens, l'âme est d'une nature complètement étrangère au corps qui lui sert de tombeau ou de prison[2]. Pour un platonicien, avoir un corps, c'est la déchéance de l'âme, alors que pour un chrétien c'est prendre part au corps du Christ. Loin d'être une déchéance de l'esprit dans la matière, l'Incarnation est un événement salvateur qui sanctifie le corps des humains.

Pour les Pères de l'Église, le Verbe est devenu chair. Le problème théologique de l'Incarnation se distingue du problème de la trinité dans la mesure où l'Incarnation est un événement temporel alors que l'engendrement du Fils par le Père est une procession éternelle. Mais le mystère de l'Incarnation demeure tout de même lié au mystère de la Trinité en ce qui concerne la question du subordinatianisme. Car comme l'écrit J. Grondin,

> L'élaboration de cette relation [entre le signe et le *verbum*] dans le cadre d'un écrit comme le *De Trinitate* est bien sûr axée sur un problème théologique bien précis : comment penser l'incarnation divine sans faire du verbe, ou du *logos*, une simple extériorisation sensible de Dieu, ce qui aurait pour conséquence un subordinatianisme trinitaire ? L'enjeu théologique est simple : si la manifestation du divin en Jésus-Christ n'est qu'une extériorisation sensible et temporelle, elle n'est pas pleinement divine. Or, si on a bel et bien affaire à une présence divine totale et entière, comment expliquer que le divin ait pu revêtir une forme historique et sensible [3] ?

Pour Gadamer, le problème de la Trinité est lié au problème de l'Incarnation, car il fait référence entre autres au *Commentaire au Prologue de*

---

[1] C'est ce que j'explique dans F. DOYON, « L'origine gnostique de la vision négative de la sexualité chez saint Augustin », *Ithaque*, 1, 2007, p. 25-47.

[2] Avant d'avoir un corps, « nous étions purs ; nous ne portions pas la marque de ce tombeau que sous le nom de "corps" nous promenons à présent avec nous, attachés à lui comme l'huître à sa coquille. » (PLATON, *Phèdre*, 250c, trad. Brisson). L'âme doit « se délier du corps comme on se délie de ses chaînes. » (PLATON, *Phédon*, 67 d, trad. Dixsaut).

[3] J. GRONDIN, *L'universalité de l'herméneutique*, Paris, Presses Universitaires de France, 1993, p. 33-34.

l'Évangile de Jean, où Thomas articule la théologie trinitaire à la théologie de l'Incarnation. Les penseurs chrétiens ont tenté de comprendre le mystère de la sainte Trinité et le mystère de l'Incarnation en les comparant au phénomène de la langue. Dieu le Fils est comme le verbe intérieur et le Verbe incarné est comme le verbe proféré dans une langue particulière. Dans *Vérité et méthode*, Gadamer reprendra cette comparaison afin de montrer que la conception du langage d'Augustin, mais surtout de Thomas d'Aquin, est plus juste que la conception exposée dans le *Cratyle* de Platon. Plus précisément, nous verrons que la notion de *verbum interius* de Thomas d'Aquin se rapproche davantage de la conception gadamérienne du langage que la notion de *verbum cordis* exposée par Augustin dans le *De Magistro*[1]. Mais voyons d'abord comment Augustin développe une conception du langage qui lui permet de tenter de surmonter l'aporie subordinatianiste.

La dévalorisation du verbe extérieur chez Augustin

Pour comprendre le mystère de l'Incarnation, les premiers penseurs chrétiens vont recourir à la distinction stoïcienne entre le *logos endiathetos* (verbe intérieur) et le *logos prophorikos* (verbe proféré)[2]. Mais alors que les stoïciens voulaient souligner la supériorité du *logos* cosmique qui agit à l'intérieur de toute chose par rapport à la simple profération verbale, les chrétiens valorisent au contraire cette articulation sonore du verbe. Les Pères de l'Église se sont en effet servis du mystère de la langue pour expliquer le mystère de la création[3]. Pour Tertullien, par exemple, la création de la lumière au moment où Dieu dit *Fiat lux* est la première manifestation visible du *logos*. C'est *en parlant* que Dieu crée la lumière qui distingue le réel des ténèbres du néant, c'est *en parlant* que Dieu ordonne le réel en distinguant le jour de la nuit, la terre du firmament et la mer du continent. Le *Verbum dei* est un principe de génération et d'ordre. Mais c'est aussi l'événement même du salut, l'Incarnation du Christ qui est

---

[1] C'est également l'avis de D. VESSEY, « Gadamer, Augustine, Aquinas, and Hermeneutic Universality », *Philosophy Today*, vol. 555, n° 2, 2011, p. 158-165. Voir aussi sur l'importance de Thomas d'Aquin chez Gadamer J. ARTHOS, « "The World is not reflexive" : Mind and World in Aquinas and Gadamer », *American Catholic Philosophical Quarterly*, 78, 2004, p. 581-608.

[2] Cf. J. GRONDIN, *L'universalité de l'herméneutique*, Paris, Presses Universitaires de France, 1993, p. 7-8.

[3] Cf. J. GRONDIN, *L'universalité de l'herméneutique*, Paris, Presses Universitaires de France, 1993, p. 35.

décrite dans le Prologue de Jean à partir de la parole. Le Verbe ne devient Fils que par une sortie du sein de Dieu. Le *logos* devient *prophorikos*[1].

L'irruption de l'éternel dans le temporel, l'union de la transcendance et de l'immanence, tel est le mystère du Verbe fait chair. Les penseurs chrétiens emploieront toute leur industrie à tenter de penser comment la vérité éternelle de la parole de Dieu a pu assumer toute la contingence d'une existence humaine. C'est d'ailleurs cette énigme qui fera que les Pères de l'Église finiront par rejeter la distinction entre le verbe intérieur et le verbe extérieur. Le verbe proféré étant essentiellement subordonné au verbe intérieur en tant qu'il est sa manifestation visible et extérieure, cela fait du Fils un médiateur inférieur au Père, ce qui est contraire à la doctrine du prologue de l'Évangile de Jean. Le subordinatianisme et sa référence à l'articulation sonore du verbe comme analogue du Fils seront condamnés par le Concile de Nicée en 325[2]. L'essentiel du mystère de l'Incarnation n'est pas que Dieu donne naissance à un Fils, mais que ce Fils soit de toute éternité consubstantiel à son Père. De même, dit Gadamer, « [l]e plus grand miracle de la langue n'est pas que le verbe devienne chair, qu'il sorte de lui-même et passe dans l'être extérieur, mais que ce qui sort ainsi de soi-même et s'extériorise dans l'expression soit le Verbe depuis toujours[3] ».

C'est en ce sens que le retentissement de la parole de Dieu est un miracle. Tout ce qui existe est généré par le retentissement du Verbe de Dieu, sans que cela ne l'épuise ni l'amoindrisse. C'est ce miracle qu'Augustin va tenter de comprendre autant qu'il est humainement possible de le faire en ne comparant plus le Christ au verbe extérieur comme Tertullien, mais plutôt au verbe intérieur, ce qui en l'homme est le plus à l'image de Dieu. Augustin écrit dans le *De Trinitate* :

> Le verbe qui sonne au-dehors est donc le signe du verbe qui luit au-dedans, et qui, avant tout autre, mérite ce nom de verbe. Ce que nous proférons de bouche n'est que l'expression vocale du verbe : et si, cette expression, nous l'appelons verbe, c'est que le verbe l'assume pour la traduire au-dehors. Notre verbe devient donc en quelque façon voix matérielle, assumant cette voix pour se manifester aux hommes

---

[1] Voir M. SPANNEUT, *Le stoïcisme des Père de l'Église de Clément de Rome à Clément d'Alexandrie*, Paris, Seuil, 1957, p. 310-316.
[2] Cf. Henri-Irénée MARROU, *L'Église de l'Antiquité tardive 303-604*, Paris, Éditions du Seuil, 1985.
[3] VM, p. 443 ; GW 1, p. 424.

> de façon sensible : comme le Verbe de Dieu s'est fait chair, assumant cette chair pour se manifester aux hommes de façon sensible. Et de même que notre verbe devient voix sans se changer en voix : de même le Verbe de Dieu s'est fait chair, mais n'allons pas croire qu'il se soit changé en chair. C'est en assumant le sensible, non en s'absorbant en lui, que notre verbe se fait voix, que le Verbe s'est fait chair. Voilà pourquoi quiconque désire trouver quelque ressemblance du Verbe de Dieu, ressemblance d'ailleurs mêlée de multiples dissemblances, ne doit pas considérer ce verbe humain qui sonne aux oreilles, ni quand nous le proférons de vive voix, ni quand nous le pensons en silence[1].

Augustin veut montrer que le verbe qui sonne au-dehors par l'articulation de notre voix n'est que le signe que le verbe intérieur emprunte pour se manifester à nos sens. Le verbe intérieur est en soi indépendant de toute langue particulière, il n'en revêt une que pour se manifester à l'extérieur, pour se rendre sensible. La manifestation langagière du verbe intérieur ne peut en rien l'affecter. Autrement dit, il ne faut pas confondre la pensée avec le langage[2].

Le verbe extérieur est expressément déprécié par Augustin. Le *verbum* ne peut se révéler dans son être véritable à une langue humaine. Le verbe intérieur est complètement indépendant de sa manifestation langagière. Il ne produit de son ni n'est conçu sous l'image d'un son :

> Il nous faut donc parvenir jusqu'à ce verbe de l'homme, à ce verbe d'un être doué d'une âme raisonnable, à ce verbe de l'image de Dieu — non l'image née de Dieu, mais l'image créée par lui, — verbe qui n'est ni proféré dans, ni pensé à la manière d'un son, qui est nécessairement impliqué dans tout langage, mais qui antérieur à tous les signes dans lesquels il se traduit, naît d'un savoir immanent à

---

[1] AUGUSTIN, *La Trinité*, XV, 1, trad. Mellet et Camelot, Paris, Institut d'études augustiniennes, Bibliothèque augustinienne, 1997.
[2] Cf. D. VESSEY, « Gadamer, Augustine, Aquinas, and Hermeneutic Universality », *Philosophy Today*, vol. 55, n° 2, 2011, 158-165.

l'âme, quand ce savoir s'exprime dans une parole intérieure, tel quel[1].

Le verbe intérieur naît de la science que nous possédons dans la mémoire[2]. Il précède tous les signes par lesquels il peut être rendu. Le verbe intérieur ne doit donc pas être confondu avec les discours intérieurs que nous nous tenons à nous-mêmes lorsque nous nous parlons silencieusement à nous-mêmes dans notre langue. Le tableau suivant représente cette analyse du *De Trinitate* :

Dieu	Intellect
Verbe éternel	Concept
Verbe incarné	Langage

Tableau 1 – L'analogie entre Dieu et l'esprit humain chez Augustin

Bref, inspiré par la procession des hypostases plotiniennes, Augustin conçoit le Verbe incarné comme une émanation du Verbe éternel et le verbe éternel comme une émanation de Dieu. Je suis tout à fait conscient que l'utilisation que fait Augustin de Plotin n'est peut-être pas philologiquement exacte. Il n'y a pas d'identification totale des deux doctrines. Je veux seulement montrer comment Augustin a pu s'inspirer du néoplatonisme pour comprendre que les rapports entre le langage, la pensée et l'âme humaine sont à l'image du mystère de la sainte Trinité et de l'Incarnation.

Mais il faut reconnaître que, comme Platon dans le *Cratyle*, Augustin, dans le *De Magistro*, réduit le langage à l'ordre instrumental des signes. Augustin peine à reconnaître la dignité du verbe extérieur, dans la mesure où celui-ci se trouve déterminé par une langue particulière et contingente :

> De plus, séparée même de la voix, la parole peut avoir son efficacité ; tandis que sans la parole la voix est vaine. Rendons compte de cette proposition ; expliquons-la si nous le pouvons. Tu voulais dire quelque chose ; ce que tu veux dire est déjà conçu dans ton cœur ; ta mémoire le garde, ta volonté se dispose à l'exprimer, c'est une idée vivante de ton intelligence. Mais ce que tu veux dire n'est encore formulé dans aucune langue ; cette idée que tu veux émettre, que tu

---

[1] AUGUSTIN, *La Trinité*, XV, 11, trad. Mellet et Camelot, Paris, Institut d'études augustiniennes, Bibliothèque augustinienne, 1997.
[2] AUGUSTIN, *La Trinité*, XV, 9.

as conçue dans ton esprit n'est encore formulée dans aucune langue, ni grecque, ni latine, ni punique, ni hébraïque, aucune langue enfin ; l'idée n'est encore que dans l'esprit, dont elle se prépare à sortir[1].

Le signe semble ainsi inessentiel à la parole. Le verbe intérieur, prononcé silencieusement en son cœur, échappe à la contingence du langage, ce qui lui confère une supériorité ontologique par rapport au langage qui l'exprime extérieurement, l'essentiel étant de se tourner vers l'intériorité où séjourne depuis toujours une vérité que le langage n'est pas apte à transmettre. Comme le dit Gadamer :

> Quand saint Augustin et la scolastique traitent le problème du *verbum*, en vue de se procurer les instruments conceptuels requis par le mystère de la Trinité, c'est uniquement ce verbe intérieur, le « verbe du cœur », et sa relation à l'*intelligentia*, qu'ils prennent pour thème[2].

Augustin tente, dans son *De Trinitate* – le traité dont s'inspire Descartes pour penser son *cogito* — de défendre le dogme de la Trinité au moyen de la notion néoplatonicienne d'émanation : l'éclat qui émane de la lumière sans s'en séparer est comme le Fils qui émane du Père en demeurant égal et identique à lui[3]. Le verbe est la lumière émanant de la mémoire. C'est probablement chez Plotin qu'Augustin puisera cette analogie du verbe : « [...] l'âme est le verbe et l'acte de l'Intelligence, comme elle-même est le verbe et l'acte de l'Un[4]. » On retrouve chez Plotin l'idée de considérer l'engendré comme étant le verbe de l'engendreur. Pour l'Alexandrin, les notions d'engendrement, de production du monde et de procession des hypostases impliquent une continuité ontologique entre l'engendreur et l'engendré, ce que ne permet pas la discontinuité radicale entre le créateur et sa création, qui se retrouve dans le concept de création *ex nihilo* d'Augustin. Augustin reprend par contre la notion plotinienne d'« engendrement » pour penser la consubstantialité ou l'identité de nature et de substance du Père et du Fils. Plotin, utilisant les métaphores du rayonnement, de la lumière et de la source pour souligner la continuité

---

[1] AUGUSTIN, « Sermon 288 », *Œuvres complètes de Saint Augustin*, trad. Raulx, Bar-le-Duc, 1869.
[2] VM, p. 444 ; GW 1, p. 424.
[3] AUGUSTIN, *De Trinitate*, IV, 20.
[4] PLOTIN, *Ennéades*, V, 6, trad. Bréhier.

ontologique entre ce qui engendre et ce qui est engendré, a constitué un répertoire de métaphores dans lequel viendra puiser Augustin pour tenter de démontrer la continuité entre le Père et le Fils. C'est ainsi qu'Augustin pourra penser que Dieu le Père est à son Fils ce que l'intellect (ou l'esprit recueilli auprès de lui-même) est au concept ou à la pensée en acte qui l'exprime parfaitement ; le Fils comme Verbe éternel est au Christ comme Verbe incarné ce que la pensée en acte (intérieure) est au langage sensible qui l'exprime au-dehors.

Ce qui, chez Augustin, intéresse Gadamer concernant l'être de la langue est que le mot n'est rien en lui-même, tout son être est dans son activité de révélation de la chose. Ce n'est pas le mot qui émane directement de la chose même, c'est la pensée qui est un verbe antérieur à tout son, à toute pensée de son et qui n'appartient à aucune langue. Mais alors, se demande Gadamer, en quoi la pensée pure de tout signe linguistique peut-elle être un véritable verbe ? Comment peut-on dire que « les phénomènes de la langue sont davantage mis en valeur dans la version scolastique de la métaphysique grecque qu'ils ne l'étaient chez les Grecs eux-mêmes[1] » ? Qu'est-ce donc au juste que ce verbe intérieur ?

La doctrine du verbe intérieur de Thomas d'Aquin

Pour comprendre ce que peut être le verbe intérieur, Gadamer va devoir délaisser Augustin et se tourner vers Thomas d'Aquin. Il va découvrir chez le Docteur angélique que la discursivité de la pensée humaine peut être décrite comme une émanation intellectuelle. En effet, le verbe intérieur est une émanation de la chose même et correspond à l'achèvement du processus de formation du concept. En ce sens, le verbe intérieur a un caractère événementiel.

Le *De natura verbi intellectus*, opuscule probablement apocryphe, mais largement utilisé par Gadamer qui le considère comme une compilation de textes de Thomas, explique l'engendrement du verbe humain à l'aide de la métaphore de la lumière émanant d'une source et d'une comparaison de l'intellect humain avec les réalités divines. Le Père, selon ce texte, correspond à la mémoire en tant qu'origine première qui engendre un Fils, parce qu'il est un individu substantiel achevé (*suppositum completum*) dont le propre est d'agir. De la même manière, notre intellect reçoit quelque chose de la mémoire comme présupposé pour l'engendrement. Il y a cependant une différence qui est due à la finitude de l'intellect humain : alors que le

---

[1] VM, p. 445 ; GW 1, p. 425-426.

Fils est entièrement engendré par le Père, ce n'est pas notre intellect tout entier qui provient de notre mémoire, mais seulement telle ou telle similitude. La parole apparaît comme contemporaine de la pensée, de telle sorte que le possible de l'énonciation effective est déjà là, comme la conclusion découle des prémisses. Il en va de même concernant le mystère de la Trinité. Le Fils est l'émanation du Père, de telle sorte que la naissance du Fils est toujours déjà comprise dans l'acte inépuisable du Verbe. La génération du mot est vue comme une image du mystère de la Trinité.

En résumé, le texte nous dit que l'idée, bien qu'antérieure en nature, ne peut être présente à elle-même sans le verbe qui la représente. Le verbe est en quelque sorte l'image de l'idée qu'elle engendre d'elle-même dès lors qu'elle parvient à l'être. Autrement dit, le verbe est le fruit de l'acte de pensée : dès qu'une idée est pensée, le verbe est formé. Pour concevoir ainsi le rapport entre le verbe et les idées, l'auteur du *De natura verbi intellectus* fait appel à la métaphore de la lumière. Le verbe a donc un caractère processuel, il émane toujours déjà de la pensée, l'un ne pouvant être sans l'autre.

Chez Thomas d'Aquin, le verbe intérieur est l'image du verbe de Dieu dans l'âme humaine. C'est l'immatérialité du verbe intérieur (*verbum cordis*) qui intéresse Thomas parce qu'elle justifie la pertinence du rapprochement entre le verbe humain et le verbe divin. Le verbe intérieur reste cependant lié au verbe extérieur en tant que cause finale[1].

Gadamer a donc raison de tirer du *De natura verbi intellectus*, en l'attribuant à Thomas d'Aquin, la doctrine selon laquelle le contenu de la pensée étant ordonné à l'expression vocale, le verbe intérieur est une pensée menée à son terme, une pensée qui a atteint sa perfection en arrivant à se dire elle-même :

> Le contenu, tel qu'il est conçu par l'intelligence, est en même temps ordonné à l'expression vocale *(similitudo rei concepta in intellectu et ordinata ad manifestationem vel ad se vel ad alterum)*. Le verbe intérieur n'est certainement pas référé à une langue déterminée et il ne correspond absolument pas à l'apparition confuse de mots qui émergeraient de la mémoire. C'est le contenu lui-même, mais pensé jusqu'au bout *(forma excogitata)*. Dans la mesure où il s'agit d'une pensée menée, il faut

---

[1] THOMAS D'AQUIN, *Questions disputées sur la vérité, Question IV, Le verbe*, trad. Jollès, Paris, Vrin, 1992, p. 29.

reconnaître qu'elle tient de la procession *(prozessuales Moment)*. Elle se comporte *per modum egredientis*[1].

Gadamer, dans cette synthèse de son interprétation de la doctrine thomasienne du verbe intérieur, cite en latin trois expressions sans en donner la référence. Il faut préciser la provenance de chacune d'elles afin d'en expliciter le sens et clarifier davantage le propos très dense de Gadamer.

La formule *similitudo rei concepta in intellectu et ordinata ad manifestationem vel ad se vel ad alterum* [le contenu, tel qu'il est conçu par l'intelligence, est en même temps ordonné à l'expression vocale] n'existe pas telle quelle dans le *corpus thomisticum*, mais on peut lire ce qui suit dans le commentaire de Thomas des *Sentences* de Pierre Lombard :

> En effet, comme le verbe est la ressemblance de la chose même pensée, dans la mesure où elle est conçue dans l'intellect, et ordonnée à sa manifestation, ou bien à lui ou à un autre ; cette forme en Dieu peut être comprise de deux manières : ou bien selon qu'elle dit ce par quoi quelque chose est formellement pensé en Dieu ; et ainsi, comme l'essence même se pense par soi, et se manifeste, l'essence même sera le verbe, et ainsi le verbe et l'intellect et la chose dont c'est le verbe, ne diffèrent qu'en raison, comme en Dieu diffèrent ce par quoi il est pensé et ce qui est pensé, et ce qui pense ; ou bien selon que la forme pensée dénomme quelque chose de distinct réellement de ce dont elle porte la ressemblance ; et ainsi le verbe est dit personnellement et convient au Fils, en qui le Père se manifeste, comme le principe se manifeste en procédant par mode d'intellect[2].

L'image de la chose même pensée, dans la mesure où elle est conçue dans l'intellect, est ordonnée en vue de sa manifestation. Une pensée n'est pleinement présente à elle-même que lorsqu'elle est prête à être exprimée au-dehors dans un langage. Il n'y a que ce qui est conçu qui puisse être énoncé.

---

[1] VM, p. 446 ; GW 1, p. 426.
[2] THOMAS D'AQUIN, *Super Sent.*, lib. 1 d. 27 q. 2 a. 2 qc. 1 co, trad. Berton, [Edition numérique http://docteurangelique.free.fr]. Traduction modifiée.

La formule *forma excogitata* [forme produite par la pensée] se retrouve au premier livre des *Primae redactiones Summae contra Gentiles* :

> [...] comme la forme que l'intellect produit par la pensée, qui est ce qui est intelligé et ce par quoi est intelligée la chose qui est à l'extérieur <de l'âme>[1].

On retrouve aussi une formule semblable à la troisième question du *De veritate* :

> [...] comme l'artisan, en pensant, imagine la forme de la maison ; et puisque cette forme est imaginée (*excogitata*) au moyen de l'acte de penser, et comme effectuée par cet acte, elle ne peut être le principe de l'acte de penser au point d'être le <principe> premier par quoi l'on pense ; mais elle joue plutôt le rôle d'objet pensé par lequel le sujet qui pense opère quelque chose[2].

Le verbe intérieur ne correspond absolument pas à l'apparition confuse de mots qui émergeraient de la mémoire. Le verbe intérieur est l'image de la forme de la chose pensée. La formation d'une image mentale achevée n'est pas le principe, mais l'aboutissement de l'acte de penser.

La formule *per modum egredientis* [au moyen d'un passage] est tirée du *De differentia divini Verbi et humani* :

> Tandis que le verbe conçu intérieurement existe sous la modalité de ce qui sort de <celui qui pense>, comme le prouve la parole extérieure de la voix, qui est son signe : celle-ci sort en effet de celui qui rend sa pensée extérieurement par la parole[3].

Le verbe intérieur est le résultat d'un processus interne de pensée, une émanation intellectuelle de l'esprit. Les pensée émanent de l'esprit comme les paroles émanent de la pensée.

Gadamer amalgame des expressions de provenance diverses pour formuler une synthèse de ce qui lui semble significatif pour définir la

---

[1] Thomas d'Aquin, *Primae redactiones Summae contra Gentiles*, I.
[2] Thomas d'Aquin, *De veritate*, q. 3 a. 2 co.
[3] Trad. Bandel, Édition Vivès. [Edition numérique http://docteurangelique.free.fr]. Traduction modifiée.

nature du verbe. Ce qui importe dans la doctrine thomiste pour Gadamer est le fait que la pensée qui émerge de notre esprit doit être constituée de façon discursive, elle n'apparaît jamais pleinement constituée tout d'un coup. La pensée n'est pleinement présente à elle-même que lorsqu'elle est en mesure d'être exprimée, que lorsqu'elle a trouvé les mots pour se dire, ce qui n'arrive toujours qu'au terme d'un processus d'élaboration interne. Ce que l'on veut dire n'apparaît jamais à notre esprit complètement formé dès le départ :

> En exprimant la pensée, le verbe intérieur reflète donc, pour ainsi dire, la finitude de notre entendement discursif. Puisque notre entendement n'embrasse pas d'un seul regard de la pensée ce qu'il sait, il doit à chaque fois commencer par extraire de lui-même ce qu'il pense et le poser devant lui comme dans une expression intérieure de lui-même. Tout penser est en ce sens un « se-dire »[1].

Thomas d'Aquin est utile pour Gadamer, car il décrit la discursivité de la pensée humaine à l'aide du concept néoplatonicien d'émanation intellectuelle. L'émanation néoplatonicienne est un processus de dispersion dans le multiple où la source de cette émanation, l'Un, demeure absolument intègre. L'émané est en ce sens un surcroît d'être qui découle de la surabondance d'être de l'Un. Dans les *Ennéades*, Plotin a recours à la métaphore de la source, du feu ou de l'arbre pour penser son concept d'émanation. Il y a là des images d'écoulement d'eau, de lumière ou de sève d'un endroit à un autre. Mais le phénomène physique de l'écoulement ne rend pas suffisamment compte d'une caractéristique pourtant essentielle de l'émanation plotinienne, qui est d'être un « total rester-en-soi ». Thomas d'Aquin a le mérite d'avoir pensé plus à fond le concept d'émanation en substituant aux exemples d'émanation physique de Plotin un exemple d'émanation intellectuelle, celui du processus de formation des concepts dans l'esprit humain, une analogie beaucoup plus pertinente que celle de la source pour penser l'émanation du Verbe à partir de Dieu.

Dans la *Somme théologique*, pour penser la procession du Fils à partir du Père, Thomas va distinguer deux types d'émanations : l'émanation physique et l'émanation intellectuelle[2]. L'émanation physique est une procession vers l'extérieur, car son action se porte sur une matière

---

[1] VM, p. 446 ; GW 1, p. 426.
[2] THOMAS D'AQUIN, *Somme théologique*, Ia, q. 27, a. 1, éd. du Cerf.

extérieure : par exemple, la chaleur qui émane d'un feu échauffe un corps à l'extérieur de lui. L'émanation intellectuelle, pour sa part, est une procession interne, car l'action demeure au-dedans de l'agent : par exemple, le concept d'une chose connue procède de la connaissance de cette chose sans en être séparé. Le concept d'une chose, que Thomas appelle aussi verbe intérieur, est l'émanation intellectuelle de la connaissance de cette chose.

Dieu étant au-dessus de toute réalité corporelle, il transcende l'espace et par conséquent ce qu'on peut dire de lui ne peut l'être que par analogie avec ce qui est supérieur aux corps. La procession en Dieu ressemble donc davantage à une émanation intellectuelle. La notion d'émanation intellectuelle permet à Thomas de penser la procession du Fils à partir du Père sans faire, comme Arius, du Fils une créature[1]. Car comme l'émanation du concept à partir de la connaissance demeure au-dedans de l'esprit et unie à la connaissance d'où elle émane, le Fils émane de Dieu tout en demeurant en Lui. Comme dit Thomas, « plus une nature est élevée, plus ce qui émane d'elle lui est intérieur[2] ».

La caractéristique essentielle qui distingue l'émanation intellectuelle de l'émanation physique est que pour le premier type d'émanation la source n'est nullement amoindrie par le processus d'émanation et que l'émané

---

[1] Arius était un prêtre et théologien chrétien qui vécut à Alexandrie, en Égypte, au IVe siècle après J.-C. Il est surtout connu pour ses idées qui s'opposaient à la doctrine orthodoxe de la Trinité. Selon Arius, le Fils (Jésus-Christ) était subordonné au Père, contredisant ainsi l'idée de la coéternité et de la consubstantialité des trois personnes de la Trinité. Cette position théologique fut formulée dans une perspective antitrinitaire et devint la base de l'arianisme, une hérésie selon les canons des églises chrétiennes orthodoxes et catholiques. Le conflit théologique provoqué par les enseignements d'Arius culmina dans le Premier concile de Nicée en 325 après J.-C., convoqué par l'empereur romain Constantin Ier. Le concile visait à résoudre les controverses et à établir une doctrine chrétienne uniforme. Le Credo de Nicée, qui en découla, réfutait explicitement les vues ariennes en affirmant que le Fils était « engendré, non créé, consubstantiel au Père ». En conséquence, Arius fut excommunié et ses écrits furent condamnés. Toutefois, l'arianisme survécut pendant plusieurs décennies et même des siècles, en partie grâce au soutien de divers empereurs romains et à une missionarisation réussie parmi les tribus germaniques. En fin de compte, cependant, l'orthodoxie trinitaire s'imposa dans l'église chrétienne, et l'arianisme fut largement éradiqué en tant que mouvement institutionnel. Dans le contexte de l'histoire du christianisme, Arius et son enseignement représentent une rupture significative qui conduisit à une réflexion théologique plus poussée sur la nature de Dieu et la Trinité. Ses idées ont continué à être étudiées et débattues, non seulement pour leur importance dans le développement de la doctrine chrétienne, mais aussi pour leur influence sur les discussions ultérieures concernant la relation entre la théologie et l'autorité ecclésiastique.

[2] THOMAS D'AQUIN, *Somme contre les gentils*, IV, 11, 1, trad. Moreau.

n'est nullement séparé de sa source. Le processus de formation des concepts est un total venir-en-soi-même de la connaissance. Il en est de même de la génération de Dieu à partir de Dieu le Père, dit Thomas.

Avec la notion d'émanation, souligne Gadamer, s'impose quelque chose qui ne se trouve pas chez Platon : « Dans le processus de l'émanation, ce dont s'écoule quelque chose, l'Un, ne subit pour autant ni privation, ni amoindrissement[1]. » Il en est de même de la génération du Fils à partir du Père, comme il en est de même de la procession spirituelle qui se réalise dans la pensée : l'émanation intellectuelle est un total rester-en-soi. Dans l'esprit humain, une parole procède d'une autre comme la conclusion procède des prémisses : *ut conclusio ex principiis*[2]. Gadamer cite la *Somme contre les gentils* où Thomas explique que dans le cas d'une génération intellectuelle,

> le verbe ne sort pas de l'intellect de manière telle qu'il y ait en lui une partie déjà pensée qui fasse office de récepteur, et une autre qui découle de l'intellect : c'est la totalité du verbe qui a son origine dans l'intellect, de même qu'en nous la totalité d'un verbe naît d'autres verbes, comme une conclusion des principes [*ut conclusio ex principiis*][3].

Ce qu'il y a de commun entre la procession des personnes divines et celui de la pensée est donc le caractère intellectuel de la génération, c'est-à-dire que ce qui est engendré demeure à l'intérieur de ce qui engendre. Mais pour saisir plus exactement l'aspect processuel du verbe, les imperfections de l'esprit humain et ses différences avec le divin importent plus pour Gadamer que les ressemblances. Il va ainsi relever les trois différences qu'expose Thomas[4].

Première différence : le verbe humain est potentiel avant d'être actualisé. La pensée est une émanation de la mémoire qui doit être pensée jusqu'au bout pour parvenir pleinement à son être, qui est d'être « comme un miroir dans lequel on voit la chose[5] ». Autrement dit, le verbe humain doit passer par un processus de formation avant d'être pleinement présent alors que le verbe divin est toujours déjà pleinement présent en acte :

---

[1] VM, p. 447 ; GW 1, p. 427.
[2] VM, p. 447 ; GW 1, p. 427.
[3] THOMAS D'AQUIN, *Somme contre les gentils*, IV, 14.
[4] *Commentaire sur l'Évangile de saint Jean*. Voir aussi l'opuscule apocryphe *De differentia divini verbi, et humani*.
[5] VM, p. 448 ; GW 1, p. 429.

> Voilà pourquoi il y a une cogitation dans notre âme, c'est-à-dire ce mouvement de recherche, puis un verbe dans une parfaite contemplation de la vérité. Ainsi, notre verbe est en puissance avant d'être en acte ; mais le Verbe de Dieu est toujours en acte, aussi le nom de *cogitation* ne lui convient-il pas proprement[1].

Deuxième différence : le verbe humain est par essence imparfait. La pensée humaine n'est jamais pleinement présente à elle-même, ce qui explique sa discursivité. L'esprit humain est radicalement fini : « Il est absolument exclu qu'il sache vraiment ce qu'il sait[2]. » Contrairement à Dieu, nous avons besoin d'une multiplicité de mots pour exprimer notre pensée.

> En Dieu il n'en est pas ainsi : comme il saisit par l'intelligence et lui-même et tout ce qu'il saisit par son essence, dans un seul acte de son intelligence, l'unique Verbe divin exprime tout ce qui est en Dieu, non seulement le Père, mais encore les créatures ; autrement il serait imparfait[3].

Troisième différence : la pensée d'une chose n'est toujours qu'un simple accident de l'esprit. Le verbe humain ne peut contenir tout l'être de la chose pensée, mais seulement son image[4]. En effet, le contenu intelligible saisi par notre intelligence ne possède qu'un être intelligible dans notre âme. Il n'est pas notre âme puisque l'être de notre âme ne se réduit pas à son acte d'intellection. Autrement dit, le verbe humain n'est qu'un accident de l'âme humaine. Le Verbe divin, par contre, n'est pas accidentel, mais appartient à sa nature divine, car la nature de Dieu est d'être un pur acte d'intelligence et tout ce qui est dans la nature de Dieu est Dieu. Ainsi, conclut Thomas,

> [i]l faut dire aussi que le Verbe, en Dieu, est la similitude de celui dont il procède ; qu'il est coéternel à celui dont il procède, puisqu'il n'a pas été en formation avant d'être formé, mais toujours en acte ; qu'il est égal au Père, puisqu'il est parfait et exprime

---

[1] Thomas d'Aquin, *Commentaire sur l'Évangile de saint Jean*, Paris, Cerf, 2002, p. 68.
[2] VM, p. 449 ; GW 1, p. 429.
[3] Thomas d'Aquin, *Commentaire sur l'Évangile de saint Jean*, Paris, Cerf, 2002, p. 68.
[4] Thomas d'Aquin, *Somme contre les gentils*, IV, 11, 5.

> tout l'être du Père ; qu'il est coessentiel et consubstantiel au Père, puisqu'il subsiste dans sa nature[1].

En somme, l'être humain, par la finitude de son état de créature, doit chercher ses mots, a besoin de plusieurs mots pour arriver à exprimer ce qu'il veut dire et ne peut jamais s'identifier pleinement à ce qu'il peine à dire.

De cette vertigineuse enquête sur la théologie du Verbe, Gadamer considère que deux points sont importants pour l'herméneutique. Premièrement, que le verbe intérieur ne soit pas formé par un acte réflexif. L'esprit n'est pas replié sur lui-même, il vise la chose. Le verbe n'est pas l'expression de l'esprit, mais l'expression de l'image de la chose (*similitudo rei*) : « [Thomas fait remarquer que la parole est ici comme la lumière sans laquelle la couleur ne deviendrait pas visible[2] ». Gadamer précise ce point dans une annexe de *Vérité et méthode* :

> Ce n'est cependant pas une expression d'expériences intérieures, mais une *structure réflexive* du verbe qui rend tout visible, y compris elle-même dans l'acte d'expression, tout comme la lumière rend tout visible, y compris elle-même[3].

Et chose importante à remarquer, il souligne l'origine néoplatonicienne de l'idée de présence réelle de ce qui est exprimé dans son expression :

> Cependant, l'approfondissement de l'essence de l'expression, et de l'expression esthétique en particulier, demeure (toujours) encore lié à son contexte métaphysique, qui est d'origine néoplatonicienne. Car l'expression n'est jamais simplement un signe par lequel on serait renvoyé à quelque chose d'autre, d'intérieur, au contraire ce qui est exprimé est lui-même présent dans l'expression[4].

---

[1] THOMAS D'AQUIN, *Commentaire sur l'Évangile de saint Jean*, Paris, Cerf, 2002, p. 68-69.
[2] VM, p. 450 ; GW 1, p. 430. THOMAS DE SUTTON (?), *De natura verbi intellectus* : « Verbum autem est in quo aliquid intelligitur, sicut lux in qua videtur aliquid. »
[3] GW 2, p. 384, note 11.
[4] GW 2, p. 385.

Nous pouvons donc voir ici, comme l'a fait remarquer avec raison Dominie Kaegi, que la relation que Gadamer a en vue lorsqu'il enquête sur le verbe intérieur n'est pas celle entre le verbe intérieur et le verbe extérieur, mais plutôt celle entre le mot (*Wort*) et la chose (*Sache*)[1]. Il ne faut pas oublier que c'est justement cette relation que méconnaît Platon dans le *Cratyle* et que Gadamer découvre dans la pensée de Thomas d'Aquin.

Deuxièmement, le caractère événementiel du verbe est à souligner. « Le sens de la parole ne peut être dissocié de l'événement de la proclamation. Le statut d'événement est au contraire celui du sens même[2]. » L'affirmation que la pensée humaine ne devient pleinement à elle-même que dans l'événement de sa proclamation est ce qui permet à la pensée scolastique de dépasser la philosophie grecque. Platon, en développant la structure du *logos* de manière dialectique, et Aristote, en montrant quelles structures logiques constituent le jugement et l'inférence, demeurent dans l'ordre de l'essence correspondant à la logique. La doctrine du verbe de la scolastique apporte quelque chose qui ne se laisse pas réduire à la logique : le caractère événementiel du verbe en tant qu'émanation intellectuelle correspondant au processus de formation du concept. Comme l'émanation plotinienne, le processus de formation du concept est un processus infini, dans la mesure où la pensée est un dialogue infini avec elle-même. Le langage humain ne saurait épuiser la pensée. Comme le dit J. Grondin, « [à] la différence du verbe divin, notre verbe à nous ne jouit d'aucune évidence dernière[3]. » On peut penser ici à l'impuissance ressentie par le poète qui n'arrive pas à trouver les mots nécessaires à l'évocation de ses plus sublimes intuitions. Le poète, dès lors, peut se décrire dans les mêmes termes qu'Héraclite dépeint Apollon : « Le dieu, dont l'oracle est à Delphes, ne parle pas, ne dissimule pas : il indique[4]. »

La logique grecque est dépassée avec le caractère événementiel du verbe dans la pensée scolastique. La parole ne se réduit pas à un enchaînement logique de propositions. Le langage ne se réduit pas à un phénomène d'encodage de la pensée. C'est plutôt l'aboutissement d'un processus dynamique, l'actualisation complète de la pensée qui ne devient totalement présente à elle-même que lorsqu'elle est incarnée dans les mots

---

[1] D. KAEGI, « Was heißt und zu welchem Ende studiert man philosophische Hermeneutik ? », *Philosophische Rundschau* 41, 1994, p. 129.
[2] VM, p. 450 ; GW 1, p. 431.
[3] J. GRONDIN, *L'universalité de l'herméneutique*, Paris, Presses Universitaires de France, 1993, p. 36.
[4] HÉRACLITE, Fragment 93, trad. Voilquin.

qui l'expriment. C'est dans l'événement de sa proclamation que la pensée se manifeste dans l'être. La pensée n'est réellement là que lorsqu'elle est proférée. C'est en ce sens que Gadamer veut dire que la parole est « événement ». Le langage incarne donc la pleine présence de la pensée à elle-même, formant ainsi une unité consubstantielle et indissoluble.

La pensée est un discours

Le verbe intérieur d'Augustin est ce qui émerge tout juste des profondeurs de la mémoire, c'est la pensée qui cherche à se dire. Le vouloir-dire excède toujours ce que peuvent dire les mots. Mais dans *Vérité et méthode*, la référence à Thomas d'Aquin est beaucoup plus déterminante que la référence à Augustin[1]. En effet, la notion de *verbum interius* de Thomas d'Aquin se rapproche davantage de la conception gadamérienne du langage que celle d'Augustin. En effet, le lien entre la pensée et le langage est beaucoup plus étroit chez Thomas d'Aquin que chez Augustin[2].

Ma lecture du chapitre consacré à l'idée de *verbum* dans *Vérité et méthode*, où Gadamer voit dans l'élaboration de ce concept dans la pensée chrétienne la seule exception à l'oubli occidental du langage, montre que Gadamer est plus proche de Thomas d'Aquin que d'Augustin. En effet, cette exception se trouve plus précisément chez Thomas d'Aquin et ses successeurs, dans la thèse sur la discursivité essentielle du processus de formation des concepts, processus pensé à partir de l'idée néoplatonicienne d'*emanatio intellectualis*.

Je constate aussi que Gadamer a beaucoup trop exagéré, sans doute sous l'influence de Heidegger, en faisant de Platon le parrain d'un oubli du langage qui, par ailleurs, n'a jamais été aussi total que ne le laisse entendre *Vérité et méthode*. Impossible en effet de nier l'existence en Occident d'une tradition qui, loin de dissocier langage et pensée, identifie au contraire la pensée à un langage intérieur qui se trouve au fondement de toute manifestation linguistique[3]. Outre le passage du *Sophiste*, que j'ai déjà cité, il y a au moins trois autres endroits où Platon identifie la pensée à un

---

[1] C'est également l'avis de D. VESSEY, « Gadamer, Augustine, Aquinas, and Hermeneutic Universality », *Philosophy Today*, vol. 555, n° 2, 2011, p. 158-165. Voir aussi sur l'importance de Thomas d'Aquin chez Gadamer J. ARTHOS, « "The World is not reflexive" : Mind and World in Aquinas and Gadamer », *American Catholic Philosophical Quarterly*, 78, 2004, p. 581-608.
[2] C. PANACCIO, *Le discours intérieur de Platon à Guillaume d'Ockham*, Paris, Seuil, 1999, p. 201.
[3] C. PANACCIO, *Le discours intérieur de Platon à Guillaume d'Ockham*, Paris, Seuil, 1999.

dialogue de l'âme avec elle-même[1]. Le texte le plus connu est celui du *Théétète* :

> – Qu'est-ce que tu appelles penser ? – Une discussion (*logos*) que l'âme elle-même poursuit tout du long avec elle-même à propos des choses qu'il lui arrive d'examiner. C'est en homme qui ne sait pas, il est vrai, que je te donne cette explication. Car voici ce que semble faire l'âme quand elle pense : rien d'autre que dialoguer, s'interrogeant elle-même et répondant, affirmant et niant. Et quand, ayant tranché, que ce soit avec une certaine lenteur ou en piquant droit au but, elle parle d'une seule voix, sans être partagée, nous posons que c'est là son opinion (*doxa*). De sorte que moi, avoir des opinions, j'appelle cela parler (*legein*), et l'opinion, je l'appelle un langage (*logos*) prononcé, non pas bien sûr à l'intention d'autrui ni par la voix, mais en silence à soi-même[2].

Platon identifie ici résolument la pensée à l'émission en soi-même de paroles silencieuses appartenant à une langue donnée[3]. Penser, c'est se parler « dans sa tête ». Augustin, nous l'avons vu, insiste expressément sur la distinction radicale entre cette représentation mentale de la parole sonore et le verbe intérieur qui n'appartient à aucune langue et absolument antérieur à tout signe. S'il y a oubli du langage, c'est donc bien plus chez Augustin que chez Platon qu'il faut le chercher.

Augustin avait bien vu que le verbe est une émanation de l'âme, mais il revient à Thomas le mérite d'avoir su tirer profit de cette notion néoplatonicienne pour penser le caractère processuel et événementiel de la venue du sens dans le langage. Et c'est justement en cela que Gadamer juge que la pensée scolastique permet de dépasser la philosophie grecque du *logos* et de mieux rendre compte de l'être de la langue. La pensée est un processus jamais terminé de formation de concept, c'est-à-dire la recherche infinie des meilleurs mots pour penser ce qui doit être pensé. C'est dans l'infinité de ce processus de recherche que se trouve l'universalité de l'herméneutique.

---

[1] C. PANACCIO, *Le discours intérieur de Platon à Guillaume d'Ockham*, Paris, Seuil, 1999.
[2] PLATON, *Théétète*, 189e, 190 a trad. Narcy. Voir aussi le *Philèbe*, 38c-39e et le *Timée*, 37 b.
[3] C. PANACCIO, *Le discours intérieur de Platon à Guillaume d'Ockham*, Paris, Seuil, 1999, p. 35.

La thèse de Gadamer sur l'être

Aussi célèbre qu'ambiguë, l'expression clé de la fin de *Vérité et méthode*, « L'être qui peut être compris est langage », est souvent interprétée de façon telle que l'on voit en Gadamer un relativiste postmoderne. Une analyse plus rigoureuse de la dernière section de l'ouvrage révèle pourtant une réappropriation de la métaphysique classique plutôt que son dépassement.

« L'être qui peut être compris est langage[1]. » Nous avons là une thèse métaphysique qui porte sur la constitution ontologique de l'être lui-même. Cette thèse sur l'être peut prendre deux sens différents. La proposition « l'être est langage » peut signifier, d'une part, que l'être se réduit au langage, que notre seule réalité est celle du langage ; elle peut aussi signifier, d'autre part, que la structure ontologique de l'être serait celle du langage.

Pour Vattimo, l'adage de Gadamer signifie qu'on ne peut donner de l'être que des interprétations, que l'être lui-même n'est qu'une interprétation et que cette thèse est elle-même une interprétation, conséquence d'un « affaiblissement interminable de l'être[2] » qui consacre la vocation nihiliste de l'herméneutique.

Très proche du nihilisme de Vattimo par son nominalisme pragmatique, Rorty fait de l'adage de Gadamer l'exergue à sa critique du scientisme de la philosophie anglo-américaine. Pour Rorty, l'être se réduit aux descriptions qu'on en donne et toutes ces descriptions se valent : « […] we never understand anything except under a description, and there are no privilegied descriptions[3] ». Selon Rorty, l'adage de Gadamer permet de modifier notre concept de compréhension par le remplacement de la métaphore phallocentrique de la pénétration[4] par la métaphore de l'élargissement des horizons, ce qui prépare l'avènement d'une « culture gadamérienne » où la fécondité de la philosophie ne sera plus mesurée au nombre de problèmes qu'elle parvient à résoudre, mais au nombre d'horizons qu'elle arrive à fusionner.

Pour Jean Grondin, Gadamer n'est certes pas un relativiste nominaliste comme Vattimo et Rorty. Selon Grondin, l'adage de Gadamer est effectivement une thèse sur la nature langagière de toute compréhension

---

[1] GW 1, p. 478, ma traduction.
[2] G. VATTIMO, *Au-delà de l'interprétation*, Paris, De Boek Université, 1997, p. 21.
[3] R. RORTY, « Being that can be understood is language », *London Review of Books*, 16 mars 2000, p. 23.
[4] R. RORTY, « Being that can be understood is language », *London Review of Books*, 16 mars 2000, p. 24.

qui affirme qu'il n'y a pas de compréhension sans langage. Contre un oubli du langage qu'il croit inauguré par Platon, Gadamer veut rappeler que la compréhension n'est pas un acte mental indépendant de sa mise en langage[1]. Mais ce n'est pas tout : la phrase de Gadamer est aussi une thèse sur l'être, car ce n'est pas seulement notre compréhension qui est langage, mais surtout et avant tout l'être lui-même.

Interprétée à partir de son contexte, la thèse de Gadamer est beaucoup moins équivoque qu'il n'y paraît. Elle fait office de conclusion dans la structure du paragraphe dont elle est tirée. Gadamer conclut que l'être est langage après avoir expliqué que la venue au langage de la chose même qui est à comprendre renvoie à une structure ontologique universelle. Le langage qui rend possible la compréhension est celui des choses mêmes telles qu'elles se donnent à comprendre. Pour Gadamer, la langue est à l'être ce que l'étant est à l'interprétation. Autrement dit, la langue est la constitution ontologique de toute interprétation de l'étant[2]. Par la suite, Gadamer précise le sens de sa thèse en disant « [c]e qui peut être compris est langue. En d'autres termes, la chose est telle qu'elle se présente d'elle-même à la compréhension[3]. »

Il est clair que le langage, l'être qui peut être compris, est celui des choses mêmes. Le langage par lequel les choses se présentent à nous est constitutif de l'être même de ces choses : « L'aspect sous lequel une chose se présente fait au contraire partie de son être propre[4]. » En effet, pour Gadamer, l'être de la langue possède une signification ontologique universelle :

> Ce qui vient au langage est, certes, autre chose que la parole même qui est proférée. Mais la parole n'est parole qu'en vertu de ce qui, en elle, vient au langage. Elle n'est là, dans l'être sensible qui lui est propre, que pour se « sursumer » dans ce qui est dit. Inversement, ce qui vient au langage n'est pas non plus préalablement donné hors du langage, mais reçoit dans la parole les traits de sa propre déterminité[5].

---

[1] Tout comme les traducteurs anglais (*Truth and Method*, second revised edition, translation revised by Joel Weinsheimer and Donald G. Marshall, New York, Crossroad, 1989, p. 474) qui ont traduit l'adage de Gadamer par « Being *that* can be understood is language ».
[2] VM, p. 500; GW 1, p. 478.
[3] VM, p. 500; GW 1, p. 479.
[4] VM, p. 500 ; GW 1, p. 479.
[5] VM, p. 501 ; GW 1, p. 479.

Que le langage qui permet à l'être d'être compris soit celui des choses autorise donc l'attribution d'un sens ontologique à la thèse de Gadamer. L'être est langage dans la mesure où les choses ont un langage dans lequel elles se donnent à comprendre, langage qui, lui-même, ainsi que l'a précisé Gadamer, fait partie de l'être même de ses choses. Cette précision de Gadamer, à son tour, exclut que le sens de sa thèse sur l'être soit la réduction de tout ce qui est au langage. Il est donc possible de conclure que « Sein, das verstanden werden kann, ist Spache » signifie que la structure ontologique de l'être est celle du langage dans lequel il se donne à comprendre. *L'être est compris en tant que parole.*

L'incompréhension de l'adage de Gadamer peut s'expliquer par le fait que l'on ne tient pas suffisamment compte de la conception gadamérienne du langage. La critique gadamérienne de l'instrumentalisation du langage par le Platon du *Cratyle* est en effet trop radicale pour que l'on puisse soutenir que Gadamer pense que l'être n'est que langage humain. Dire que l'être est langage ne signifie pas que l'être se réduit à être ce que la tradition conçoit spontanément comme étant le langage, c'est-à-dire une réserve de mots qu'une langue met à notre disposition pour servir d'instrument à la pensée. Pour Gadamer, cette conception instrumentale du langage n'est qu'une fausse analogie :

> Une telle analogie est fausse, parce que nous ne nous trouvons jamais comme une conscience face au monde, et que nous ne cherchons jamais, dans un état pour ainsi dire dépourvu de langage, l'outil de la communication. Nous sommes bien plutôt toujours et déjà, dans tout savoir sur nous-mêmes et dans tout savoir sur le monde, encerclés par le langage qui est le nôtre. Nous grandissons, nous apprenons à connaître le monde, nous apprenons à connaître les hommes, et finalement nous-mêmes, en apprenant à parler. Apprendre à parler ne veut pas dire : être introduit à l'usage d'un outil déjà disponible pour la dénomination du monde qui nous est familier et que nous connaissons ; mais cela veut dire : acquérir l'intimité et la connaissance du monde lui-même, comme il vient à notre rencontre[1].

---

[1] H.-G. GADAMER, « L'homme et le langage », *L'art de comprendre. Écrits II : herméneutique et champs de l'expérience humaine*, trad. Julien-Deygout, Forget et Fruchon, Paris, Aubier, 1991, p. 60-61.

Le véritable être qui nous environne est le monde du langage dans lequel nous vivons. Le langage est le seul monde de l'homme. Et le langage est plus le langage des choses que le langage des hommes. Par conséquent, le langage n'appartient pas à l'homme, c'est bien plutôt l'homme qui appartient au langage[1]. Autrement dit, le langage n'est pas lié à un *je* : « La réalité spirituelle du langage est, en effet, celle du *pneuma*, de l'esprit qui unit *je* et *tu*[2]. »

Contre la pensée postmoderne, Gadamer affirme avec vigueur l'intelligibilité du réel. La parole est l'être qui tient lieu de chose même. Le langage abrite les choses elles-mêmes dans leur intelligibilité. C'est dans sa manifestation langagière que l'être vrai des choses devient accessible. Mais ne peut-on pas dire que « l'incompréhensibilité radicale de la mort et du mal[3] » qui nous réduit au silence vient marquer les limites du langage, ce qui nous oblige à remettre en question l'universalité du langage ? L'expérience de l'indicible n'est-elle pas la preuve que l'être n'est pas langage ? Dans sa préface à la seconde édition de *Vérité et méthode*, Gadamer reconnaît que l'affirmation selon laquelle tout n'est que langage constitue une thèse insoutenable. Mais il maintient sa thèse de l'universalité du langage en soulignant qu'en principe tout dialogue est infini et que le caractère infini du dialogue dans lequel se réalise toute compréhension relativise toute référence à l'indicible[4]. En d'autres termes, si le dialogue est en principe infini, tout peut en principe être dit. Ce qui a l'apparence de l'indicible n'est alors que ce qui n'a pas encore pu être dit :

> Le langage n'est pas un domaine clos du dicible, en face duquel il y aurait d'autres domaines, ceux de l'indicible, mais, au contraire, le langage englobe tout. Il n'y a rien qui, en principe, soit soustrait à la

---

[1] H.-G. GADAMER, « Qu'est-ce que la vérité ? », *L'art de comprendre. Écrits II : herméneutique et champs de l'expérience humaine*, trad. Julien-Deygout, Forget et Fruchon, Paris, Aubier, 1991, p. 56.
[2] H.-G. GADAMER, « L'homme et le langage », *L'art de comprendre. Écrits II : herméneutique et champs de l'expérience humaine*, trad. Julien-Deygout, Forget et Fruchon, Paris, Aubier, 1991, p. 64.
[3] J. GRONDIN, quatrième de couverture à H.-G. GADAMER, *La philosophie herméneutique*, Paris, Presses Universitaire de France, 1996.
[4] GW 2, p. 444-445.

possibilité d'être dit, à la seule condition que la pensée pense quelque chose[1].

Gadamer semble ici oublier la finitude du dialogue humain. Seuls des immortels peuvent dialoguer à l'infini. N'avons-nous pas appris de Socrate que le dialogue s'épuise avant d'être parvenu à dire la vérité qu'il poursuit ?

Remarquons enfin que la critique gadamérienne de l'instrumentalisation du langage et le dépassement de cette instrumentalisation par une ontologie de la parole doit beaucoup à Heidegger. Nous avons presque l'impression que Heidegger devait regarder par-dessus les épaules de Gadamer lorsque ce dernier écrivit le passage de *Vérité et méthode* où il critique sévèrement le *Cratyle*. Pour Heidegger, la conception commune qui fait du langage un instrument de communication doit être dépassée. Il faut libérer le langage de l'empire de la raison, car la logique est une technique de domination de la pensée. Les règles de la logique nous empêchent de penser véritablement : « Et la pensée ne commence que lorsque nous avons éprouvé que la raison, tant magnifiée depuis des siècles, est l'adversaire la plus opiniâtre de la pensée[2]. » La véritable pensée est poésie, car poésie est ce qui fait apparaître l'être des choses. En nommant, la parole poétique fait apparaître des choses pour celui qui est à l'écoute : « Lors de leur nomination, les choses nommées sont appelées et convoquées dans leur être de choses[3]. » Peut-on voir ici une influence biblique ? Dans la *Genèse*, Dieu parle pour faire apparaître la lumière. Heidegger songe peut-être à cela lorsqu'il poursuit en ajoutant que ce qui est nommé par la parole poétique rayonne, que les « choses grandement nommées rayonnent dans la simplicité où elles se déploient comme choses[4] ». C'est peut-être en pensant à Heidegger que Gadamer souligne, dans *Vérité et méthode*, le fait qu'Augustin accorde une grande importance au rôle de la parole divine dans la venue de la lumière à l'existence. N'est-ce pas en ce sens que

---

[1] H.-G. GADAMER, « L'homme et le langage », *L'art de comprendre. Écrits II : herméneutique et champs de l'expérience humaine*, trad. Julien-Deygout, Forget et Fruchon, Paris, Aubier, 1991, p. 65.
[2] M. HEIDEGGER, « Le mot de Nietzsche "Dieu est mort" », *Chemins qui ne mènent nulle part*, Paris Gallimard, 1997, p. 322.
[3] M. HEIDEGGER, « La parole », *Acheminement vers la parole*, Paris, Gallimard, 1976, p. 24.
[4] M. HEIDEGGER, « La parole », *Acheminement vers la parole*, Paris, Gallimard, 1976, p. 31.

Heidegger disait que « seul le mot fait apparaître et ainsi venir en présence une chose, en tant que la chose qu'elle est[1] » ?

Nous pouvons donc voir que la conception du langage de Gadamer doit beaucoup à celle de Heidegger. Il y a cependant une différence radicale. Alors que pour Heidegger la poésie de la parole parlante se veut un mode d'être de la pensée libérée de la métaphysique, nous avons vu Gadamer rattacher l'être du langage aux catégories de la métaphysique platonicienne du beau. Ce que Heidegger avait pensé comme parole libérée du platonisme, Gadamer la rattache à son origine platonicienne, ce qui lui permet de mieux justifier l'existence du lien ontologique entre l'être et la parole.

---

[1] M. HEIDEGGER, « Le déploiement de la parole », *Acheminement vers la parole*, Paris, Gallimard, 1976, p. 152.

Chapitre 7

La métaphysique de la lumière

L'être doit d'abord apparaître de lui-même pour être accessible à la compréhension. Mais comment pouvons-nous savoir si l'être apparaît tel qu'il est ? Ne pouvons-nous pas être victimes d'apparences trompeuses ? Si l'être qui est compris est langage, on peut se demander si l'être tel qu'il se donne dans le langage est bien l'être lui-même. Gadamer souligne que la métaphysique classique avait superbement résolu le problème de l'adéquation du sujet connaissant et de l'objet connu :

> La supériorité de la métaphysique classique réside, à mon sens, en ce qu'elle est d'emblée au-delà du dualisme de la subjectivité-volonté d'une part, et de l'objet-être-en-soi, de l'autre, du fait qu'elle pense la correspondance préalable de l'un à l'autre. C'est, pour tout dire, sur une correspondance théologique que se fonde le concept de vérité forgé par la métaphysique classique, vérité définie comme conformité de la connaissance à la « res »[1].

La pensée médiévale offre effectivement une réponse théologique à cette question : l'être apparaît tel qu'il est à notre intelligence, car Dieu, dans son infinie bonté, a fait en sorte qu'il puisse y avoir adéquation entre ses créatures. Descartes s'appuiera sur un argument théologique de ce type en soutenant que c'est Dieu qui garantit la véracité de toute idée pensée clairement et distinctement. Gadamer, pour sa part, affirme que l'on ne peut comprendre que l'être parvenu à se manifester à travers le langage. Comment peut-il fonder l'adéquation entre le langage et l'être tel qu'il est ? Est-ce que, comme le soutient Jens Zimmermann, la thèse de Gadamer sur l'être n'a de sens que sur l'arrière-fond de la théologie chrétienne du *logos* ? Gadamer n'affirme nulle part l'existence du Dieu chrétien. Est-il possible, comme se le demande Jean Grondin, de soutenir l'idée d'une adéquation fondamentale entre l'être et le langage sans présupposés

---

[1] H.-G. Gadamer, « La nature de la "res" et le langage des choses », *L'art de comprendre. Écrits II : herméneutique et champs de l'expérience humaine*, trad. Julien-Deygout, Forget et Fruchon, Paris, Aubier, 1991, p. 129.

théologiques[1] ? Nous aurions alors là affaire à une herméneutique ontothéologique. Même si la philosophie ne peut plus avoir recours à une justification théologique, répond Gadamer, « elle n'a pas le droit de se fermer à la vérité de cette correspondance[2] » entre l'être et le langage. C'est la structure ontologique du langage qui atteste cette correspondance :

> On doit alors, à mon avis, se demander si le langage — lorsqu'on veut vraiment le penser — ne doit pas enfin porter le nom de « langage des choses », et si ce n'est pas dans le langage des choses que se montre la correspondance originaire entre l'âme et l'être, de sorte que même une conscience finie puisse en avoir connaissance[3].

Plus précisément, c'est « la manière dont les choses viennent au langage qui rend possible cette correspondance [...] conforme à notre finitude[4] ». Gadamer soutient l'idée d'une adéquation essentielle entre l'être et le langage en expliquant de quelle manière les choses viennent au langage à l'aide de présupposés métaphysiques plutôt que théologiques — plus précisément avec l'idée néoplatonicienne d'émanation. Pour Gadamer, le langage est une émanation des choses elles-mêmes, émanation à laquelle notre esprit participe dans l'acte de compréhension. Gadamer soutient la thèse voulant que le langage soit la lumière de l'être au moyen d'une interprétation du concept du beau inspirée par la notion néoplatonicienne d'émanation. Il explique qu'il est de la constitution ontologique même de la lumière, comme de celle du beau, que de se présenter elle-même dans sa manifestation. De la même manière, l'être des choses se présente de lui-même dans le langage qui en est l'émanation :

---

[1] J. GRONDIN, « La thèse de l'herméneutique sur l'être », *Revue de métaphysique et de morale*, n° 52, 2006, p. 481.
[2] H.-G. GADAMER, « La nature de la "res" et le langage des choses », *L'art de comprendre. Écrits II : herméneutique et champs de l'expérience humaine*, trad. Julien-Deygout, Forget et Fruchon, Paris, Aubier, 1991, p. 129.
[3] H.-G. GADAMER, « La nature de la "res" et le langage des choses », *L'art de comprendre. Écrits II : herméneutique et champs de l'expérience humaine*, trad. Julien-Deygout, Forget et Fruchon, Paris, Aubier, 1991, p. 130.
[4] H.-G. GADAMER, « La nature de la "res" et le langage des choses », *L'art de comprendre. Écrits II : herméneutique et champs de l'expérience humaine*, trad. Julien-Deygout, Forget et Fruchon, Paris, Aubier, 1991, p. 136.

> Si nous partons de la constitution ontologique fondamentale que l'expérience herméneutique de l'être nous a révélée, et selon laquelle l'être est *langue*, c'est-à-dire *auto-présentation*, il n'en résulte pas seulement que le beau est événement et que toute compréhension est structurellement advenir. De même que le mode d'être du beau s'est avéré être l'esquisse anticipée d'une constitution ontologique universelle, de même va se révéler quelque chose de semblable dans le *concept de vérité* correspondant[1].

En tant qu'émanation de l'être, le langage est autoreprésentation (*Sichdarstellen*) de cet être. Il y a donc un lien ontologique entre l'être et le langage. Il est dans la nature même de l'être de se manifester en langage. Autrement dit, l'être peut se donner dans le langage tel qu'il est parce que le langage *est* le *Sichdarstellen*. L'affirmation par la parole d'une vérité n'est pas la construction d'un sujet autonome, mais un événement ontologique de mise en lumière auquel l'homme participe.

Pour expliquer sa thèse selon laquelle l'être est langage, c'est-à-dire autoreprésentation[2], Gadamer doit réinterpréter l'histoire du concept du beau : le beau étant identique au bien, il révèle la mesure et l'ordre qui constituent le réel. Le beau est par nature apparition, il a le même mode d'être que la lumière. L'éclat du beau est donc la lumière de l'être. Gadamer rattachera ensuite cette doctrine sur le beau aux spéculations d'Augustin sur la parole divine créatrice de lumière pour expliquer pourquoi la lumière a le même mode d'être que la parole. C'est ainsi qu'il montre que l'être du langage est celui de l'être en tant qu'être. Nous touchons ici au *fondement métaphysique* de *Vérité et méthode*. Nous verrons que toute l'argumentation de Gadamer repose sur le présupposé métaphysique selon lequel l'éclat du beau révèle le bien qui constitue ontologiquement la réalité. À la toute fin de *Vérité et méthode*, Gadamer va évoquer la métaphysique médiévale, dépositaire de la doctrine platonicienne sur le beau, afin de souligner l'importance du lien qui unit étroitement le beau, la vérité et l'être, lien qui a été rompu par la pensée moderne. Gadamer veut redonner au concept de beau tout le sens ontologique qu'il pouvait avoir dans la métaphysique traditionnelle. Pour cette tradition, la beauté est une caractéristique de l'être. Le beau est la manifestation de la perfection d'un étant, fait intrinsèquement partie de son être et n'a absolument rien de subjectif,

---

[1] VM, p. 512 ; GW 1, p. 490.
[2] VM, p. 512 ; GW 1, p. 490.

contrairement à ce que l'on pense depuis l'apparition de la conscience esthétique au XVIIIe siècle. Un bel objet est beau en soi et non pas beau seulement parce qu'il plaît. Il faudra préciser ce qu'entend Gadamer par métaphysique traditionnelle et souligner l'importance de cette réhabilitation, par l'herméneutique, de l'héritage platonicien dans l'histoire de la métaphysique. Car les réflexions de Gadamer sur la métaphysique, affirme Jean Grondin, ne « s'en trouvent pas moins à la fin de son œuvre maîtresse, dont elles forment ainsi la conclusion, laissant présager une autre intelligence de la métaphysique, et de l'être, que celle qui domine chez Heidegger[1] ». La conclusion de *Vérité et méthode*, clairement formulée, est ceci : la vérité partage le mode d'être de la lumière.

Dans le présent chapitre, je contextualiserai les allusions de Gadamer à la métaphysique de la lumière que l'on retrouve dans les dernières sections de *Vérité et méthode*. Puisque Thomas d'Aquin est cité par Gadamer comme représentant de la métaphysique traditionnelle, je démontrerai d'abord que sa doctrine du beau est d'inspiration néoplatonicienne. » Après, je présenterai les fondements de la métaphysique de la lumière que l'on retrouve surtout dans la *République* et le *Phèdre* de Platon, dialogues où le lien ontologique entre le beau, la lumière et l'être se trouve posé. J'expliquerai ensuite comment Augustin pose un lien entre la lumière et la parole dans son interprétation du début de la *Genèse*. Enfin, je reconstituerai les sources métaphysiques qui inspirent Gadamer à la fin de *Vérité et méthode* pour montrer le caractère néoplatonicien de cette conclusion.

Le beau chez Thomas d'Aquin

Gadamer, lorsqu'il fait référence à la « métaphysique traditionnelle », cite les propos de Thomas d'Aquin sur le beau. Thomas d'Aquin, influencé par le Pseudo-Denys et par les *Sentences* de Pierre Lombard qu'il a commentées, considère le beau comme étant l'éclat du bien[2]. Voyons pourquoi c'est la trace qu'a laissée le néoplatonisme chez Thomas d'Aquin qui intéresse Gadamer lorsqu'il se réfère à la « métaphysique traditionnelle ».

Thomas d'Aquin n'accorde qu'une place marginale à la question du beau. Aucune *quaestio* ne lui est entièrement consacrée. Aucun de ses textes

---

[1] J. GRONDIN, *Introduction à la métaphysique*, Montréal, Presses de l'Université de Montréal, 2007, p. 353.
[2] Rappelons qu'à cette époque le *Banquet* et le *Phèdre* de Platon n'avaient pas encore été traduits en latin. Platon n'a donc pas pu influencer directement Thomas d'Aquin.

ne mentionne la transcendantalité du beau. Paradoxalement, plusieurs commentateurs soutiennent aujourd'hui que Thomas accorde au beau des propriétés transcendantales[1]. Mais selon J. Aertsen, le beau n'est pas un transcendantal pour Thomas d'Aquin[2]. « *Pulchrum autem respicit vim cognoscitivam, pulchra enim dicuntur quae visa placent*/Le beau, lui, concerne la faculté de connaissance, puisqu'on déclare beau ce dont la vue cause du plaisir[3]. » Le beau est en relation avec le désir et donc avec le bien, car le bien est l'objet propre du désir. Une chose n'est pas belle et bonne parce qu'elle est désirée, elle est plutôt désirée parce qu'elle est belle et bonne. Dans la *Somme théologique*, Thomas précise les trois conditions que requiert le beau :

> D'abord l'intégrité (*integritas*) ou perfection (*perfectio*) : les choses tronquées sont laides par là même. Puis les proportions voulues (*debita proportio*) ou harmonie (*consonantia*). Enfin l'éclat (*claritas*) : des choses qui ont de brillantes couleurs, on dit volontiers qu'elles sont belles[4].

Thomas énumère ces trois conditions du beau dans le cadre d'une discussion portant sur les attributs correspondant à chacune des trois personnes de la Sainte Trinité où il critique entre autres les positions de Hilaire de Poitier et d'Augustin. « La troisième condition s'accorde avec la troisième propriété du Fils, Verbe parfait, "lumière et splendeur de l'intelligence", comme dit Damascène[5]. » Dans son commentaire sur les *Sentences*, Thomas affirme que l'on retrouve la *claritas* comme condition du beau chez le Pseudo-Denys[6]. Dans la *Somme théologique*, après avoir cité le Pseudo-Denys sur l'éclat et la proportion comme conditions du beau, Thomas va conclure que « la beauté du corps consiste donc pour l'homme à avoir les membres du corps bien proportionnés, avec un certain éclat harmonieux du teint. De même la beauté spirituelle consiste pour l'homme à avoir une conduite et des actions bien proportionnées, selon l'éclat

---

[1] Voir, entre autres, U. ECO, *The Aesthetics of Thomas Aquinas*, Cambridge, Mass., 1988, p. 118-119.
[2] J. AERTSEN, *Medieval philosophy and the transcendentals, The case of Thomas Aquinas*, New York, Brill, 1996, p. 335-359. Voir aussi J.-F. COURTINE, *Suarez et le système de la métaphysique*, Paris, Presses universitaire de France, 1990, p. 362.
[3] THOMAS D'AQUIN, *Somme théologique*, Ia, q. 5, a. 4, éd. du Cerf.
[4] THOMAS D'AQUIN, *Somme théologique*, Ia, q. 39, a. 8, éd. du Cerf.
[5] THOMAS D'AQUIN, *Somme théologique*, Ia, q. 39, a. 8, éd. du Cerf.
[6] THOMAS D'AQUIN, *In I Sent.*, 31, 2, 1.

spirituel de la raison¹. » L'intempérance « est le plus contraire à l'éclat et à la beauté de l'homme, car c'est dans les jouissances sur lesquelles porte l'intempérance qu'apparaît le moins de lumière de la raison qui donne à la vertu tout son éclat et sa beauté² ». Le lien établi par Thomas entre la beauté et la lumière est fondé sur l'autorité de deux penseurs chrétiens à tendances néoplatoniciennes, Jean Damascène et le Pseudo-Denys l'Aréopagite, les deux autorités auxquelles Gadamer fait appel pour accorder une dignité ontologique à l'image dans *Vérité et méthode*, ainsi que je l'ai démontré au chapitre V.

Que Thomas se réfère aux plus grandes autorités de la tradition néoplatonicienne médiévale illustre bien la transmission de la doctrine néoplatonicienne du beau au Moyen Âge³. Il faut à présent démontrer que c'est précisément le motif néoplatonicien présent chez Thomas, à savoir le lien entre le beau et la lumière, qui intéresse Gadamer lorsqu'il le cite, dans le passage suivant, pour dire que le beau est la manifestation de la vérité de l'être :

> Selon la métaphysique traditionnelle, l'être-vrai de l'étant fait partie de sa détermination transcendantale et est très étroitement lié à l'être-bon (dans lequel en retour l'être-beau se manifeste aussi). On se souvient de la déclaration de saint Thomas, selon laquelle il faut définir le beau en fonction de la connaissance, le bien en fonction du désir. Est beau ce dont la vue fixe le désir : *cuius ipsa apprehensio placet*. Le beau ajoute, par-delà l'être-bon, une ordination au pouvoir de connaître : *addit supra bonum quemdam ordinem ad vim cognoscitivam*. La « manifestation » du beau apparaît ici comme une lumière qui brille au-dessus de ce qui est formé : *lux splendens supra formatum*⁴.

Le désir de connaître est apaisé par la lumière du beau. L'amoureux de la vérité est amoureux du beau, car désirer la vérité, c'est désirer le beau. Gadamer rappelle ici que Thomas déclare qu'il faut définir le beau en fonction de la connaissance et le bien en fonction du désir. Pour Thomas, est beau ce dont la vue apaise le désir de connaître (mais Gadamer ne

---

¹ THOMAS D'AQUIN, *Somme théologique*, IIa II æ, q. 145, a. 2, éd. du Cerf.
² THOMAS D'AQUIN, *Somme théologique*, IIa IIae, q. 142, a. 4, éd. du Cerf.
³ J. AERTSEN, *Medieval philosophy and the transcendentals, The case of Thomas Aquinas*, New York, Brill, 1996, p. 344.
⁴ VM, p. 512 ; GW 1, p. 490-491.

précise pas qu'il s'agit du désir de connaître). Il cite alors un passage de la *Somme théologique*[1] (*cuius ipsa apprehensio placet*) où Thomas affirme que le beau est ce qu'il « est agréable d'appréhender ». Le beau est ainsi ordonné au pouvoir de connaître : « [...] le beau ajoute au bien un certain rapport à la puissance connaissante » (*addit supra bonum quemdam ordinem ad vim cognoscitivam*), comme le dit Thomas dans un passage du même article de la *Somme théologique* cité par Gadamer[2].

Il a été impossible de repérer la source exacte de la formule *lux splendens supra formatum*. Je pense que cette expression, dans laquelle plusieurs voient un condensé de l'esthétique de Gadamer, n'est pas reprise textuellement de Thomas, mais semble avoir été forgée par Gadamer à partir d'aphorismes néoplatoniciens. L'expression *lux splendens* se trouve plusieurs fois chez Thomas d'Aquin, car elle figure d'abord dans la Bible latine : *Justorum autem semita quasi lux splendens procedit, et crescit usque ad perfectam diem.* /Le sentier des justes est comme la lumière resplendissante [*lux splendens*], qui augmente son éclat jusqu'à ce que le jour soit en sa perfection[3]. » En annotant le chant boécien *O qui perpetua* (livre III, neuvième chant), l'édition de la *Consolatio Philosophiae* cite, pour gloser son antépénultième mot — *semita* (sentier) —, Pr 4,18, et donc la formule *lux splendens*[4]. La formule émane donc possiblement d'un ouvrage du néoplatonisme chrétien, à moins qu'elle ne soit une concoction de Gadamer, qui paraphrase peut-être de mémoire[5], ce qui est également fort possible, puisque Gadamer semble citer de mémoire les deux premières formules, étant donné que la seule référence qu'il en donne (à la première citation) est erronée. Les deux premières formules sont en effet tirées de la *Somme théologique*, Ia IIae q. 27 a. 1 et non pas Ia, q. 5, a. 4 comme l'indique Gadamer en note.

Tout porte à croire que Gadamer n'avait pas la *Somme théologique* à portée de main au moment de la rédaction de ce passage. C'est un indice que Gadamer a rédigé un peu rapidement les dernières pages de *Vérité et méthode* et qu'il avait en tête à ce moment des expressions caractéristiques du néoplatonisme chrétien.

---

[1] THOMAS D'AQUIN, *Somme théologique*, Ia IIae q. 27 a. 1, éd. du Cerf, et non pas Ia, q. 5, a. 4 comme l'indique Gadamer en note.
[2] THOMAS D'AQUIN, *Somme théologique*, Ia IIae q. 27 a. 1, éd. du Cerf.
[3] Pr 4,18 (Vulgate).
[4] BOETHII, *De consolatione philosophiae*, Londres, A. J. Valpy, 1823, p. 279.
[5] Sur le néoplatonisme de Boèce, cf. Pierre COURCELLE. *La Consolation de Philosophie dans la tradition littéraire, antécédents et postérité*, Paris, Études augustiniennes, *1967*.

Afin d'expliciter davantage les présupposés métaphysiques de la conclusion de *Vérité et méthode*, il convient de voir plus en détail la principale source néoplatonicienne de la théorie de Thomas d'Aquin sur le beau, la doctrine du Pseudo-Denys sur les noms divins.

Le beau chez le Pseudo-Denys

C'est le Pseudo-Denys, dont les écrits ont été attribués jusqu'au XIXe siècle à l'Aréopagite converti par l'apôtre Paul, qui, en raison de la croyance en son origine apostolique, est le néoplatonicien ayant exercé le plus d'influence sur la formation de la pensée médiévale sur le beau[1].

Au chapitre IV du *De divinis nominibus*, le Pseudo-Denys expose les attributs premiers de Dieu, l'étant suressentiel. Le bien est le premier des attributs divins et le principe de toutes choses. Du bien, principe générateur comme le soleil, proviennent les rangs et les facultés des anges, les âmes et leurs propriétés, les êtres animés et inanimés[2]. Le bien est supérieur à tout, car il appelle à l'être les choses qui n'existent pas d'elles-mêmes, c'est-à-dire tout ce qui n'est pas Dieu. Il a créé les cieux et ordonné leur mouvement ; et le soleil, qui attire tout à lui, est comme dans la *République* sa splendide image[3]. Le bien est lumière, il est la lumière intellectuelle qui éclaire tous les esprits. La lumière du bien :

---

[1] Rappelons que le Pseudo-Denys aurait vécu au Ve siècle et est probablement un élève de Proclus (H. D. SAFFREY, « New Objective Links between the Pseudo-Dionysius and Proclus », D. J. O'MEARA (éd.), *Neoplatonism and Christian Thought*, Norfolk, International Society for Neoplatonic Studies, 1982, p. 65–74.)

[2] PSEUDO-DENYS, *De divinis nominibus*, 693b-696a, trad. Maurice de Gandillac : « Comme notre soleil, en effet, sans réflexion ni dessein, mais en vertu de son être même, éclaire tout ce qui est en mesure, selon la proportion qui convient à chacun, de participer à cette lumière, — il en est certainement de même du Bien (car il dépasse le soleil comme dépasse une image imprécise l'archétype transcendant considéré dans sa propre substance) — et c'est à tous les êtres que, proportionnellement à leurs forces, il distribue les rayons de son entière bonté. »

[3] PSEUDO-DENYS, *De divinis nominibus*, 697b-700a, trad. Maurice de Gandillac : « C'est du Bien, en effet, que lui vient la lumière et il est lui-même l'image du Bien. Aussi célèbre-t-on le Bien en l'appelant Lumière, puisque à travers l'image c'est le modèle qui se révèle. De même en effet que la bonté propre à la Déité totalement transcendante pénètre toute son essence, des plus hautes et des plus anciennes jusqu'aux dernières, bien qu'elle demeure elle-même au-delà des essences, puisque ni les plus hautes n'atteignent à sa transcendance ni les plus basses n'échappent à son domaine, en sorte qu'elle illumine tout ce qui peut recevoir sa lumière, qu'elle le façonne et lui donne vie, qu'elle le conserve et le perfectionne, qu'elle est la mesure de tout être, sa durée, son nombre, sa mesure, son extension, sa cause et sa fin, — il en est également ainsi de l'image où se manifeste la Bonté divine, ce grand soleil qui est toute lumière, et dont l'éclat ne cesse jamais, parce

> [...] chasse toute ignorance et toute erreur de toutes les âmes où il pénètre et leur fait don à toutes de sa sainte lumière, car il purifie les yeux de leur intelligence de la brume dont les couvre leur ignorance, car il réveille et fait lever les paupières à celles qu'assoupit le faix des ténèbres [...][1].

Dieu est aussi le beau en soi et toutes les choses belles sont belles parce qu'elles diffusent autant qu'elles en sont capables la splendeur de sa glorieuse perfection :

> [C]ette puissance d'embellissement qu'il dispense à tout être dans la mesure propre à chacun, et parce qu'à la façon de la lumière il fait rayonner sur toutes choses, pour les revêtir de beauté, les effusions de cette source rayonnante qui sourd de lui-même [...][2].

On voit que la perspective du Pseudo-Denys est plus théologique qu'ontologique[3]. En effet, ce n'est qu'à Dieu, le bien en tant qu'être suprême, que peut être identifié le beau en soi :

> [Le Bien,] si on le nomme Beau, c'est en ce sens qu'ensemble il contient toute beauté et surpasse toute beauté, qu'il demeure éternellement beau, d'une beauté identique à soi-même et constante, qui ne naît ni ne périt, ne croît ni ne décroît, car il n'est point beau en ceci et laid en cela, ni tantôt beau et tantôt laid, ni beau selon les points de vue, les lieux ou les façons de le considérer, mais bien plutôt d'une beauté constante, qui demeure la même en soi et pour soi, contenant d'avance en soi et de façon transcendante la source originelle de toute beauté[4].

On aura bien sûr remarqué que le Pseudo-Denys reprend ici mot à mot un passage du *Banquet* (211a-b) pour décrire l'être suprême de façon à

---

qu'il est un faible écho du Bien, et c'est lui qui éclaire tout ce qui peut être éclairé, c'est lui qui possède une lumière débordante et qui déverse sur la totalité du monde visible, à tous les échelons du haut en bas, l'éclat de son propre rayonnement. »

[1] PSEUDO-DENYS, *De divinis nominibus*, 700c-701a, trad. Maurice de Gandillac.
[2] PSEUDO-DENYS, *De divinis nominibus*, 701c, trad. Maurice de Gandillac.
[3] J. AERTSEN, *Medieval philosophy and the transcendentals, The case of Thomas Aquinas*, New York, Brill, 1996, p. 342.
[4] PSEUDO-DENYS, *De divinis nominibus*, 704a, trad. Maurice de Gandillac. Comme H.-G. Gadamer, le Pseudo-Denys identifie le beau au bien.

l'identifier au beau absolu. Sans le savoir, la pensée médiévale, en accordant une si grande importance à des textes qu'elle croit d'origine apostolique, aura été en contact avec un passage fondamental de l'œuvre de Platon sur le beau, passage utilisé pour accorder à l'être suprême la suprême beauté[1]. Dans la mesure où le bien est la cause de l'existence de tout être et que le bien est aussi le beau en soi, alors tout être en tant qu'il est un être est bon et beau : « Aussi le Beau se confond-il avec le Bien, car, quel que soit le motif qui meut les êtres, c'est toujours vers le Beau-et-Bien qu'ils tendent, et il n'est rien qui n'ait part au Beau-et-Bien[2]. » L'identification de la cause de tout étant au bien est une idée de Platon qui sera reprise dans l'élaboration de la doctrine des transcendantaux au cours du Moyen Âge.

Platon : le beau, lumière de l'être

La métaphysique de la lumière que le Pseudo-Denys a contribué à transmettre à la pensée médiévale trouve son origine dans la *République* de Platon. Socrate explique à la fin du livre VI que la lumière est la cause de la vision des objets vus[3]. Le soleil est la cause de la lumière[4]. Le soleil est aussi la cause de l'engendrement des objets vus[5]. Le soleil est donc à la fois cause de la vision et cause de ce qui est vu. Le rôle du soleil dans le monde sensible est, en tant qu'il est le fils du bien, à l'image du rôle du bien dans l'intelligible[6]. Par conséquent, la vérité est la cause de la connaissance des choses connues et le bien est la cause de la vérité ainsi que la cause de l'existence des objets connus[7]. On peut représenter l'analogie de la façon suivante :

Soleil	Bien
choses vues	choses connues
vision	connaissance
lumière	vérité
génération	existence

Tableau 2 – L'analogie de la lumière dans la *République* de Platon

---

[1] Sur l'influence du Pseudo-Denys au Moyen Âge, voir H. J. van Westra (éd.), *From Athens to Chartres : Neoplatonism and Medieval Thought*, Leiden, E. J. Brill., 1992.
[2] Pseudo-Denys, *De divinis nominibus*, 704a-704b, trad. Maurice de Gandillac.
[3] Platon, *République*, 507d-e.
[4] Platon, *République*, 508 a.
[5] Platon, *République*, 509 b.
[6] Platon, *République*, 508e-509 a.
[7] Platon, *République*, 509 b.

Dans l'allégorie de la caverne, le feu tient le rôle du soleil et le soleil de l'allégorie tient le rôle du bien. Dans la caverne, c'est la lumière du feu qui donne naissance aux ombres sur la paroi et qui permet aux hommes enchaînés de les percevoir. Et, à l'extérieur de la caverne, c'est la lumière du soleil qui fait croître les objets naturels et permet à l'œil acclimaté à cette lumière de les voir. Incréée et invisible en elle-même, la lumière crée et rend visible toute chose. Platon veut nous faire comprendre que le bien est la condition de possibilité de toute connaissance, il est la source de la science et de la vérité, mais il dépasse en valeur ontologique toute vérité et toute science, puisqu'il en est le principe. La vérité n'est pas le bien, mais découle du bien. Dans l'allégorie de la caverne, Platon exploite tout le spectre de la métaphore de la lumière : la semi-obscurité de l'opinion, la lumière aveuglante du soleil comme révélation trop violente du vrai et la manipulation des ombres projetées sur les parois de la caverne comme images des choses avec, chaque fois, une ontologie de chacun de ces degrés de réalité et une épistémologie correspondante. L'œil qui perçoit ce que génère et révèle la lumière est comme l'âme qui se tourne vers la lumière du bien pour connaître les vérités intelligibles. Le bien est la source de ce qui permet à l'âme de connaître, tout comme le soleil est la source de ce qui donne aux yeux la possibilité de voir :

> [...] l'œil est, je pense, de tous les organes des sens, celui qui ressemble le plus au soleil — de beaucoup. Eh bien ! La puissance qu'il possède ne lui vient-elle point du soleil, comme une émanation de ce dernier[1] ?

De l'Être émane une lumière qui illumine les objets de la connaissance[2]. La vérité est lumière. Chez Platon la lumière partage le même mode d'être que le beau. C'est la raison pour laquelle la doctrine platonicienne du beau est importante pour l'herméneutique.

Gadamer ne cherche pas à rétablir l'ordre métaphysique du beau afin de redonner une dignité ontologique de cosmos à la nature. « Kant a démontré de manière convaincante le caractère intenable du rationalisme esthétique[3]. » Ce n'est pas la correspondance de l'ordre du beau avec l'ordre téléologique du bien qui est significatif pour son herméneutique.

---

[1] PLATON, *République*, 508b-c, trad. Baccou.
[2] PLATON, *République*, 508 d.
[3] VM, p. 506 ; GW 1, p. 484.

Contrairement au rationalisme esthétique, c'est la différence entre le beau et le bien qui intéresse Gadamer : « Cette différence implique que *le beau jouisse d'un privilège qui lui est propre*. […]¹. » Contrairement au bien qui est insaisissable, le beau est à saisir : « Voilà d'abord ce qui est distinctif du beau pour l'âme humaine. Ce qui se montre dans une forme parfaite attire à lui le désir de l'amour². »

Platon, dans le *Phèdre*, compare le beau à la lumière : « […] seule la beauté a reçu pour lot le pouvoir d'être ce qui se manifeste avec le plus d'éclat et ce qui suscite le plus d'amour³. » On retrouve également une allusion à la brillance du beau dans un passage du *Lysis* :

> […] il se pourrait bien, suivant le vieux proverbe, que ce soit le beau qui est objet d'amitié. Il ressemble en tout cas à quelque chose de doux, de lisse et de brillant, et c'est sans doute pourquoi, vu sa nature, il nous glisse facilement entre les doigts et nous échappe. J'affirme donc que le bien est beau […]⁴.

Notons que le *Lysis* a pour scène les abords d'une palestre où s'entraînent de jeunes éphèbes nus et huilés, ce qui peut expliquer pourquoi on qualifie ici le beau de doux, lisse et brillant.

C'est le beau qui, dans la caverne des apparences, doit nous guider vers le bien. Car comme le dit Gadamer, le beau, comme la lumière et contrairement au bien, se manifeste par lui-même⁵. Le beau a la possibilité « de se manifester (*aletheia*) dans la mesure où une ultime surabondance lui est également attribuée⁶. » Notons au passage qu'en parlant de la surabondance ultime, Gadamer emploie une terminologie typiquement néoplatonicienne.

Étant par nature apparition, le beau possède le mode d'être de la lumière : il est éclat, c'est-à-dire un être qui se porte de lui-même à l'apparaître.

> C'est en effet la manière d'être générale de la lumière d'être ainsi réfléchie en elle-même. La lumière n'est pas seulement la clarté de ce qu'elle éclaire (*bescheint*),

---

[1] VM, p. 506 ; GW 1, p. 484.
[2] VM, p. 506 ; GW 1, p. 485.
[3] PLATON, *Phèdre*, 250 d, trad. Brisson.
[4] PLATON, *Lysis*, 216c-d, trad. Dorion.
[5] VM, p. 506; GW 1, p. 485.
[6] VM, p. 506 ; GW 1, p. 484.

> mais, en rendant visible autre chose, elle le devient elle-même, et elle n'est visible qu'en rendant visible autre chose[1].

Cette constitution réflexive de la lumière fait en sorte que c'est la lumière qui fait voir ce qui est visible. C'est la lumière qui fait voir la beauté des choses visibles.

Le *Phèdre* apparaît à Gadamer comme une réponse phénoménologique aux objections logiques formulées dans la première partie du *Parménide* : « L'exemple du beau permet donc de mettre en évidence la "parousie" de l'*eidos* que Platon a en vue et d'opposer aux difficultés logiques, relatives à la participation du "devenir" à l'"être", l'évidence de sa réalité[2]. » Selon Gadamer, le beau assure la médiation entre l'intelligible et le sensible, l'idée et la manifestation, car il se présente (*darstellt*) de lui-même et s'impose en son être : la présence est constitutive de l'être du beau. C'est pourquoi Platon privilégie l'exemple du beau pour éclairer la difficile notion de participation (*méthexis*) dans le *Phèdre*. Si le beau peut montrer soudainement son éclat dans le sensible, tout aussi brusquement, précise Gadamer, peut-il disparaître. Le beau est l'éclat de l'intelligible dans le sensible, l'idéal rendu visible. Le beau, qui soudainement peut apparaître et disparaître, c'est l'être qui se dévoile tout en demeurant en retrait. « S'il faut parler avec Platon d'une séparation (*khôrismos*) entre le visible et le réel, c'est bien ici qu'on la trouve ; mais c'est ici également qu'elle est en même temps abolie[3]. » Gadamer précise cette idée très importante dans une leçon de 1974 :

> [...] l'essence du beau ne réside précisément pas en ce qu'il se pose purement et simplement face à la réalité pour s'y opposer, mais consiste bien plutôt en ce que la beauté, aussi inattendue que soit sa rencontre, est pareille à un gage qui nous garantirait que malgré tout le désordre du réel, malgré toutes ses imperfections, ses méchancetés, ses malformations, sa partialité et la fatalité des désarrois qu'il provoque, que le vrai ne se trouve pas dans un lointain inaccessible, mais qu'il est ce qu'on rencontre. C'est la fonction ontologique du beau que de combler le fossé qui sépare l'idéal du réel[4].

---

[1] VM, p. 508 ; GW 1, p. 486.
[2] VM, p. 507 ; GW 1, p. 485.
[3] VM, p. 507 ; GW 1, p. 485.
[4] H.-G. GADAMER, *L'Actualité du beau*, trad. Poulain, Paris, Alinea, 1992, p. 35.

C'est le beau qui donne espoir aux hommes que la vie a un sens et vaut d'être vécue. La beauté est une preuve de l'existence de l'intelligible, certaines choses étant trop belles pour être seulement sensibles. Le beau a ce pouvoir de par sa nature qui est de se laisser voir, de pouvoir se manifester lui-même, d'apparaître avec éclat au sein de l'existence concrète où il trouve sa demeure. Le beau en soi est apparition de lui-même, manifestation de ce qui peut se laisser voir[1]. « C'est parmi nous, dit Gadamer, que la beauté condescend à resplendir[2]. » C'est ainsi que la suprême beauté est ce qui est le plus digne d'être rendu visible, c'est-à-dire le bien. « Nous voyons donc que la puissance (*dunamis*) du bien s'est réfugiée dans la nature du beau, car la mesure et la proportion réalisent partout la beauté et la vertu[3]. » Dans le *Philèbe*, la proportion, la mesure et la vérité sont les trois articulations fondamentales du bien qui apparaît en tant que beau. Autrement dit, la beauté est la forme visible de l'harmonie intérieure. Mesure, symétrie et vérité constituent les caractéristiques essentielles du beau et sont également celles du bien, car elles garantissent à tout ce qui est son être véritable[4]. Selon le *Philèbe*, l'idée du bien est l'idée du mélange idéal. C'est le bien qui fait que le mélange est beau, que le concret peut exister et être rendu visible. La *dunamis* du bien trouve refuge dans la *phusis* du beau.

Il y a en ce sens identité entre le bien et le beau. C'est pourquoi, affirme Gadamer dans *Vérité et méthode*, ce qui est beau n'est pas considéré comme moyen par rapport à autre chose, car il est choisi pour lui-même en tant que but[5]. Le lien entre l'idée du bien et l'idée du Beau est donc très étroit chez Platon :

> C'est ainsi que nous trouvons dans la philosophie platonicienne un lien étroit entre l'idée du bien et celle du beau ; il n'est même pas rare qu'il y ait entre elles

---

[1] Cohérent, Platon précise que si être beau c'est pouvoir se laisser voir, être laid c'est ne pas pouvoir se laisser voir : « les plaisirs, à mon avis, et en particulier les plus grands d'entres eux, lorsqu'on voit quelqu'un les éprouver, se révèlent avoir des effets ridicules et d'une telle laideur que nous en éprouvons nous-mêmes de la honte et tentons de les dissimuler autant que faire se peut, en les confiant à la nuit, comme si la lumière du jour ne devait pas les voir. » (PLATON, *Philèbe*, 65e, trad. Pradeau.)
[2] H.-G. GADAMER, *L'Idée du Bien comme enjeu platonico-aristotélicien*, trad. David et Saatdjian, Paris, Vrin, 1994, p. 102.
[3] PLATON, *Philèbe*, 64e, trad. Diès.
[4] H.-G. GADAMER, *L'Idée du Bien comme enjeu platonico-aristotélicien*, trad. David et Saatdjian, Paris, Vrin, 1994, p. 103.
[5] VM, p. 503 ; GW 1, p. 481.

> permutation. Elles sont toutes deux supérieures à tout ce qui est conditionné et multiple : le beau en soi rencontre l'âme aimante au bout d'un chemin qui mène à travers la diversité du beau, il se présente à elle comme l'un, ce qui est un en sa forme, le surabondant, tout comme l'idée du bien qui se trouve au-delà de tout ce qui est conditionné et multiple, de tout ce qui n'est bon que d'un certain point de vue. Le beau en soi se révèle, autant que le bien en soi, comme ce qui transcende tout étant *(epekeina)*[1].

Pour justifier cette permutation, Gadamer fait appel dans *Vérité et méthode* à un passage du *Philèbe* (64e). Le beau, comme le bien, est constitué par la mesure, l'ordre et la proportion. Mais si le beau est en intime relation avec le bien, le beau se distingue du bien par le fait qu'il apparaît, car alors que le bien n'est pas toujours facile à discerner, il appartient à l'essence du beau de se manifester. Il est plus facile de reconnaître un corps bien fait qu'une bonne action, car la beauté d'une action n'a pas autant d'éclat dans le sensible que la beauté des corps. Cela explique pourquoi c'est le beau qui se montre quand on poursuit le bien. Mais quel est le statut ontologique de l'apparition du beau ?

> On peut se demander si le dépassement de la sphère du visible vers l'« intelligible » signifie réellement une différenciation et une intensification de la beauté du beau, et non pas simplement celles de l'étant qui est beau. Mais Platon pense manifestement que l'ordre téléologique de l'être est aussi un ordre de la beauté, et que, dans le domaine de l'« intelligible », la beauté se révèle de façon plus pure et plus claire que dans le domaine du visible, troublé par ce qui est imparfait et contraire à la mesure[2].

Il semble clair chez Platon que l'intensité de la beauté d'un étant est proportionnelle à son rang ontologique. Mais Gadamer semble vouloir critiquer Platon en disant que le beau se donne toujours totalement dans l'étant qui est beau et que l'ordre téléologique de l'être n'implique pas une intensification de la beauté[3]. Toutes les belles choses sont *également* belles.

---

[1] VM, p. 503-504 ; GW 1, p. 482-483.
[2] VM, p. 504; GW 1, p. 482.
[3] VM, p. 507; GW 1, p. 485.

Le beau incarné dans le sensible ne perdrait ainsi rien de son être. Le beau est-il réellement présent dans ses apparitions sensibles ? D'après Gadamer, « [l] »'idée du Beau est véritablement présente dans ce qui est beau, elle l'est indivisiblement et totalement[1]. » Par conséquent, un beau corps n'est pas qu'une copie trompeuse de l'Idée du Beau, car en lui brille l'Idée du Beau elle-même. Selon Gadamer, l'Idée du Beau n'est pas séparable de ses manifestations, car l'essence du beau est d'apparaître. *Le beau, comme la lumière, n'existe que dans ses apparitions.* Gadamer affirme cela de façon très claire dans « Platon portraitiste » :

> On entend ailleurs bien entendu, toujours de Platon, que toutes les apparences participent seulement plus ou moins à l'essence, à l'*eidos* et que les belles choses ne sont jamais d'une pure beauté, mais qu'elles sont toujours mélangées à d'autres phénomènes et par conséquent qu'elles sont rendues impures. Or, il est de l'essence propre du beau que d'apparaître. Une des questions les plus intéressantes qui se soient répandues sur toute la métaphysique traditionnelle de la lumière est celle-ci : n'appartient-il pas à la doctrine platonicienne des idées de penser que l'essence est dans l'apparaître, pareille à la lumière du jour[2] ?

Rappelons-nous ce que nous avons vu au chapitre III concernant la vision des Idées : pour Gadamer, « voir » l'idée, c'est concevoir l'intelligible à partir et à travers le sensible. Par conséquent, Gadamer dira que dans le *Banquet*, « [l] »'ascension vers le beau lui-même ne signifie rien d'autre qu'apprendre à voir le beau qui réside en toute chose[3]. » Il n'y a pas de beauté au-delà des choses qui *sont* belles. « Même si, à quelque degré que ce soit, on rencontre la beauté comme le reflet de quelque chose de supraterrestre, elle n'en est pas moins présente dans le visible.[4] » Le beau présent dans le sensible est d'origine supraterrestre. Mais Gadamer dit plus loin que le beau « n'est pas l'éclat qui, venant du dehors, se répandrait sur

---

[1] VM, p. 507 ; GW 1, p. 485 : « Die Idee des Schönen ist wahrhaft anwesend in dem, was schön ist, ungeteilt und ganz. »

[2] H.-G. GADAMER, « Platon portraitiste », Jean BORREIL et Jacques POULAIN (dir.), *Lieux et transformation de la philosophie*, Saint-Denis, Presse universitaire de Vincennes, 1991, p. 36.

[3] H.-G. GADAMER, « Platon portraitiste », Jean BORREIL et Jacques POULAIN (dir.), *Lieux et transformation de la philosophie*, Saint-Denis, Presse universitaire de Vincennes, 1991, p. 34 — 35.

[4] VM, p. 507 ; GW 1, p. 485.

une forme[1]. » Il semble dire que le beau émerge du sensible, au lieu de provenir de l'intelligible. N'est-ce pas plutôt l'intelligible qui s'immerge dans le sensible pour lui conférer une forme ?

En affirmant ainsi l'immanence de l'intelligible dans le sensible, Gadamer tente d'acquitter Platon de l'accusation d'être à l'origine de la structure ontothéologique de la métaphysique. Mais il faut voir qu'avec cette thèse de la réelle présence du beau dans ses manifestations, Gadamer s'éloigne un peu de Platon. Platon n'explique jamais de façon aussi claire que Gadamer le lien entre l'intelligible et le sensible et n'affirme nulle part que l'Idée du Beau est *indivisiblement et totalement présente* dans les choses qui sont belles. Gadamer semble donc présenter la doctrine platonicienne du beau en lui ajoutant des éléments qui ne proviennent pas de Platon. Prenons le passage suivant :

> Le beau séduit immédiatement par lui-même, tandis que les modèles de vertus humaines ne sont, eux, qu'obscurément reconnaissables dans le médium confus des phénomènes, parce qu'ils ne possèdent, pour ainsi dire, pas de lumière propre, de sorte que nous sommes souvent pris au piège d'imitations impures et de simulacres de vertu. Il en va tout autrement du beau. Il possède sa clarté propre, de sorte qu'il ne nous arrive pas d'être victimes de copies défigurées[2].

Précisons d'abord que Gadamer affirme que « Platon définit le beau par la mesure, la convenance, la proportion[3]. » De plus, tout ce qui est beau est bon, car « [l] »'ordre de l'étant, qui consiste dans l'ordination à l'unique Bien, s'accorde avec l'ordre du beau[4] ». Or, à cela Gadamer ajoute que tout ce qui nous apparaît beau est réellement beau, car « il ne nous arrive pas d'être victimes de copies défigurées[5]. » Il faut donc conclure que tout ce qui nous semble mesuré, convenable, proportionné est bon. Mais Platon pense-t-il vraiment que tout ce qui a une belle apparence est bon ? La prémisse qui affirme que nous ne sommes pas victimes de copies défigurées du beau ne semble pas provenir de Platon. Comment expliquer,

---

[1] VM, p. 513 ; GW 1, p. 491.
[2] VM, p. 506 ; GW 1, p. 485.
[3] VM, p. 504 ; GW 1, p. 482.
[4] VM, p. 504 ; GW 1, p. 482.
[5] VM, p. 506 ; GW 1, p. 485.

sinon, l'existence d'opinions déraisonnables sur le beau que Platon désigne sous le terme *doxocalies* (*doxokalian*) dans le *Philèbe*[1] ? Ce qui nous semble mesuré, convenable et proportionné l'est-il toujours réellement ? Suffit-il pour Platon de trouver une chose belle pour qu'elle soit bonne ? Certes, pour Platon, tout ce qui est beau est bon, mais seulement *sous un certain rapport*. Puisque, comme le dit Gadamer, l'ordre du beau correspond à l'ordre téléologique du Bien, il existe par conséquent des degrés de beauté. Et s'il existe des degrés de beauté, cela signifie qu'il existe des choses plus belles que d'autres. En effet, une même chose qui peut apparaître belle lorsqu'elle est comparée à une moins belle peut apparaître laide comparée à une chose plus belle encore[2]. S'il en est bien ainsi, Platon pense que le beau n'est pas toujours entièrement présent dans ce qui est beau. D'où la possibilité d'être trompé par ce qui n'a que l'apparence du beau en soi[3]. Platon n'affirme nulle part qu'il n'arrive pas que nous soyons victimes de copies trompeuses du beau. Pour que tout ce qui nous semble beau soit réellement beau, il faudrait que le beau soit ontologiquement présent dans tout ce qui nous semble beau. L'idée que le beau est entièrement et indivisiblement présent dans les choses qui sont belles ne vient donc pas de Platon. L'interprétation de Gadamer devient cohérente si l'on présuppose que le beau peut être entièrement présent dans une belle chose, mais sans apparaître totalement. Mais c'est là un élément de doctrine qui vient non pas de Platon, mais de Plotin.

N'oublions pas que Gadamer critique la distinction historiographique entre le platonisme et le néoplatonisme. Il est fort possible que des points de doctrine d'origine plotinienne, mais ne se trouvant pas expressément affirmés dans les dialogues platoniciens, soient malgré tout considérés par Gadamer comme fidèles à la pensée de Platon.

La notion d'émanation est la solution de Plotin au problème du *khôrismos*, c'est-à-dire au problème de l'un et du multiple. Tout ce qui existe, en tant qu'émanation de l'Un, est ontologiquement lié à la source de l'être. Tout comme la sève qui monte des racines d'un arbre se répand dans les plus petites brindilles de sa ramure, tout comme les rayons du soleil ne sont jamais séparés de l'astre, la lumière du beau que diffuse la forme à travers la matière est réellement présente dans les choses qu'elle rend visibles[4]. On peut ici sentir l'influence de l'hylémorphisme aristotélicien. Pour Aristote, la forme n'existe que dans le sensible, elle est

---

[1] PLATON, *Philèbe*, 49 d.
[2] Cf. PLATON, *Hippias majeur*, 289a-289d ; *Banquet*, 211a.
[3] L. ROBIN, *Platon*, Paris, Presses Universitaires de France, 2009, p. 58.
[4] PLOTIN, *Ennéade* III, 8, 7 ; *Ennéade* III, 8, 10.

totalement immanente. Cette influence d'Aristote sur Plotin explique sans doute pourquoi ce dernier considère qu'il y a une présence immanente de la Forme dans les choses qui sont belles[1]. Mais la Forme pour Plotin est aussi cause efficiente, c'est une *dunamis* qui maintient la cohésion des corps contre la tendance à la dispersion caractéristique de la matière. La Forme, bien que d'origine supraterrestre, réside à l'intérieur des corps dont elle assure l'unité. Le signe de la présence de la Forme dans le sensible est l'irradiation d'une lumière dont le foyer est au centre des corps bien formés. Les corps bien formés brillent de l'éclat du Beau. « La lumière doit être considérée comme un être absolument incorporel, bien qu'elle soit l'acte du corps[2]. » Cette lumière est le rayonnement de l'âme qui maintient la cohésion et l'unité du monde contre l'irrésistible tendance à la dispersion de la matière. Ce qui est sans âme est sans vie, ce qui est mort se décompose et n'est pas beau.

> Il faut dire que la beauté consiste moins dans la symétrie que dans l'éclat qui brille en cette symétrie, et c'est cet éclat qui est aimable. Pourquoi en effet sur un visage la beauté est-elle éclatante, tandis que le visage mort n'en conserve qu'une trace, avant même que ses proportions disparaissent par la corruption de la chair[3] ?

Alors qu'il est facile de soutenir que la beauté sensible n'est pour Platon qu'une ombre de la vraie beauté, celle de l'intelligible, il est par contre très clair pour Plotin que toute chose belle est belle en raison de la réelle présence de la forme du beau dans la chose.

> La beauté siège donc en cet être, lorsqu'il est ramené à l'unité, et elle se donne à toutes ses parties et à l'ensemble. Mais lorsqu'elle survient en un être un et homogène, elle donne la même beauté à l'ensemble ; c'est comme si une puissance naturelle, procédant comme l'art, donnait la beauté, dans le premier cas, à une maison tout entière avec ses parties, dans le second cas, à une seule pierre. Ainsi la beauté du corps

---

[1] PLOTIN, *Énnéade* I, 6, 2.
[2] PLOTIN, *Énnéade* IV, 5, 7, trad. Bréhier.
[3] PLOTIN, *Énnéade* VI, 7, 22, trad. Bréhier.

dérive de sa participation à une raison venue des dieux[1].

Contrairement à ce qu'en disent Platon et Aristote, le Beau n'est pas proportion et symétrie. La proportion et la symétrie ne sont encore que des exemples de belles choses. Si la beauté est une symétrie des parties les unes avec les autres, un être beau est nécessairement un être composé. Comment expliquer alors la beauté des êtres non composés ?

La beauté est la lumière qui émane de la Forme de l'âme présente en tout ce qui est un. La beauté d'une chose non composée, comme une couleur pure, est due à la présence en elle de l'Idée du Beau : « La beauté d'une couleur simple lui vient d'une forme qui domine l'obscurité de la matière et de la présence d'une lumière incorporelle qui est raison et idée[2]. » Même le plus humble des êtres irradie une lumière selon le degré de la puissance qui en maintient l'unité[3]. La Forme, et par conséquent la beauté, est d'origine supraterrestre. La nature est belle parce que pénétrée par une lumière surnaturelle. L'éclat de la beauté des corps, c'est la lumière de l'être qui se diffuse au travers de leur matière. Du cœur de chaque être émane une lumière, plus un être est pur de toute matière et plus cette lumière resplendit. Les astres du ciel, faits de la matière la plus subtile, sont ainsi les plus resplendissantes substances corporelles. La beauté réside à l'intérieur des êtres, elle brille et diffuse sa lumière à travers le sensible tout comme la vertu resplendit au travers d'une âme pure : « ne cesse pas de sculpter ta propre statue, jusqu'à ce que l'éclat divin de la vertu se manifeste […][4]. »

Voilà ce à quoi doit penser Gadamer lorsqu'il fait appel à Plotin pour expliquer Platon : « Paraître, apparaître, transparaître, voilà ce qu'est cette *splendeur* qui, selon Plotin, est comme déversée sur la chose qui paraît, si elle est belle, car l'être de sa splendeur réside dans sa *diffusio sui*, dans sa diffusion[5]. » N'est-ce pas dans ce contexte que la formule *lux splendens supra formatum* prend tout son sens ? Il me semble clair que cette formule attribuée à Thomas par Gadamer, mais qu'on ne retrouve dans aucun de ses écrits, est, sinon d'origine, au moins d'inspiration néoplatonicienne.

---

[1] PLOTIN, *Ennéade* I, 6, 2, trad. Bréhier.
[2] PLOTIN, *Ennéade* I, 6, 3, trad. Bréhier.
[3] PLOTIN, *Ennéade* IV, 5, 7, trad. Bréhier.
[4] PLOTIN, *Ennéade*, I, 6, 9.
[5] H.-G. GADAMER, « Platon portraitiste », Jean BORREIL et Jacques POULAIN (dir.), *Lieux et transformation de la philosophie*, Saint-Denis, Presse universitaire de Vincennes, 1991, p. 35.

Dans *Vérité et méthode*, Gadamer offre une lecture de la doctrine platonicienne du beau semblable à celle qu'expose Plotin dans les *Ennéades*.

Ce ne serait pas la première fois que Gadamer livre une interprétation plotinienne de Platon. Jean Grondin rapporte qu'âgé d'à peine 22 ans, Gadamer, dans sa thèse de doctorat, écrivait ceci :

> On insistera ici sur le fait qu'une idée platonicienne (si l'on peut traduire par là provisoirement la signification des termes grecs) est un être divin ou démoniaque, en tout cas un être vivant et agissant (par exemple *Logos*, *Arété*, *Eros*, *Epistémè*, *Hédonè*), dont le cercle de vie remplit un espace spirituel. C'est plus qu'un simple jeu si dans les dialogues de Platon les idées se mettent soudainement à parler, ou à se plaindre d'être négligées[1].

Jean Grondin y voit une influence du cercle de Stefan George. Mais c'est aussi de cette façon que Plotin repense la théorie platonicienne des idées. En effet, pour la mettre en accord avec l'affirmation du *Sophiste* selon laquelle l'être est un être vivant (248e-249 a), Plotin va recourir au troisième livre du *De anima* d'Aristote, où le Stagirite affirme que « dans le cas des réalités sans matière, le sujet qui exerce l'intellection et l'objet de l'intellection sont identiques[2] ». Plotin utilise ce passage en association avec l'affirmation du *Sophiste* pour justifier sa thèse sur la vie de l'intelligible[3]. La Forme est l'âme qui donne vie au corps.

C'est donc plus la doctrine du beau de Plotin que celle de Platon qui inspire Gadamer lorsqu'il pense son concept de vérité herméneutique, en dégageant la constitution ontologique de l'être révélé par l'expérience herméneutique. C'est bien sûr Platon qui a pensé que le beau est l'éclat de l'intelligible : « C'est Platon qui a le premier montré dans l'*aletheia* un trait essentiel du beau : ce qu'il entend par là est clair : le beau, la manière dont le bien apparaît, se manifeste lui-même en son être, se présente[4]. » Mais c'est Plotin qui a pensé la présence réelle de la forme du beau illuminant les belles choses.

Il y a donc une affinité entre la théorie (néo) platonicienne de la beauté et l'idée d'une herméneutique universelle. En effet, pour Gadamer, le

---

[1] H.-G. GADAMER, *Das Wesen der Lust*, p. 3, cité et traduit par J. GRONDIN, *Hans-Georg Gadamer. Une biographie*, Paris, Grasset, 2011, p. 94.
[2] ARISTOTE, *De l'âme*, 430a, 3-5, trad. Thillet.
[3] PLOTIN, *Ennéade* V, 4, 2, 43-48.
[4] VM, p. 513 ; GW 1, p. 491.

phénomène du beau est le modèle de l'expérience herméneutique de la vérité. La vérité, comme le beau, est une lumière qui resplendit dans ses manifestations. L'expérience du beau est pour un homme révélatrice de sa finitude. Il suffit de penser aux moments où nous sommes saisis, séduits, emportés, ravis par la vue d'un beau corps, d'une belle toile ou d'un paysage sublime qui nous révèle la splendeur du monde. Nous pouvons comme Kant être saisis d'admiration et de stupeur devant la magnificence du ciel étoilé qui se déploie la nuit au-dessus de nos têtes. Stupeur, parce que celui qui entre en contact avec le beau n'est plus maître de ce qu'il vit. Le beau nous prend et nous met hors de nous-mêmes. L'expérience de la beauté est une sorte d'extase. Le beau nous captive. Nous sommes pris par le beau comme nous sommes pris par un jeu. Aussi voyons-nous Gadamer rapprocher l'expérience du beau du phénomène du jeu qui avait servi de fondement à la définition herméneutique de la vérité de l'art dans la première partie de *Vérité et méthode*. Nous pouvons en effet appliquer le concept de jeu au phénomène herméneutique et à l'expérience du beau :

> Ce qui vient à nous dans l'expérience du beau et dans la compréhension du sens de la tradition a réellement quelque chose de la vérité du jeu. En tant qu'êtres qui comprennent, nous sommes entraînés dans un advenir de vérité et nous arrivons en quelque sorte trop tard si nous voulons savoir ce que nous devons croire[1].

Ce ravissement dans lequel nous plonge le beau constitue l'expérience herméneutique par excellence. Car l'authentique expérience herméneutique est une complète possession de son être par la vérité, c'est en même temps la reconnaissance de la finitude de son être subjugué par la vérité, par le sens qui s'impose à lui. La vérité du beau nous possède comme une bonne musique peut le faire sur un plancher de danse où nous devenons esclaves de son rythme. Nous sommes pris par elle : telle est l'expérience du beau et du vrai.

Un dieu, impassible, ne pourrait se laisser emporter de la sorte. Un dieu ne peut éprouver le ravissement du beau, il possède toujours déjà le beau en son être et par conséquent n'en éprouve nul désir et lui reste tout à fait insensible.

---

[1] VM, p. 516 ; GW 1, p. 494. Voir aussi VM, p. 515 ; GW 1, p. 493.

> L'événement du beau aussi bien que l'advenir herméneutique supposent tous les deux, fondamentalement, la finitude de l'existence humaine. On peut même se demander si un esprit infini pourrait avoir une expérience du beau semblable à la nôtre. Peut-il voir autre chose que la beauté du tout qui s'étale devant lui ? La « manifestation » du beau semble réservée à l'expérience humaine finie[1].

Les véritables expériences de compréhension sont toujours celles où nous éprouvons notre finitude. L'herméneutique de Gadamer est en ce sens une métaphysique de la finitude inspirée par la doctrine de Platon sur le beau :

> Si nous avons pu nous réclamer à maintes reprises de Platon, bien que la philosophie grecque du *logos* ne laisse apparaître que très partiellement le sol sur lequel s'établit l'expérience herméneutique, à savoir le milieu de la langue, nous le devons manifestement à cet autre aspect du platonisme, à la théorie platonicienne de la beauté, qui accompagne, comme un courant souterrain, l'histoire de la métaphysique aristotélicienne et scolastique, et qui parfois refait surface, comme dans la mystique néo-platonicienne et chrétienne et dans le spiritualisme théologique et philosophique. C'est dans cette tradition du platonisme que s'est formé le vocabulaire conceptuel dont a besoin la pensée de la finitude de l'existence humaine. De même, l'affinité [*Affinität*] apparue entre la théorie platonicienne de la beauté et l'idée d'une herméneutique universelle témoigne-t-elle aussi de la continuité de cette tradition platonicienne[2].

La théorie platonicienne de l'amour se fonde sur la finitude de l'existence humaine. Seul un être fini peut aimer, car comme l'ignorance, l'amour est un manque. Chez Socrate, le savoir de son ignorance devient amour du savoir. Le meilleur guide pour parvenir au savoir, c'est l'amour du beau. C'est précisément parce qu'il sait qu'il est ignorant que Socrate s'y connaît autant en matière d'amour. La prêtresse Diotime lui a enseigné que c'est par l'amour des beaux jeunes hommes qu'il est possible, étape par étape, de se libérer de l'ignorance. Transmise par une prêtresse, la

---

[1] VM, p. 511 ; GW 1, p. 489.
[2] VM, p. 512 ; GW 1, p. 490.

connaissance de Socrate des choses de l'amour est d'origine divine. Ainsi ce qu'il en sait ne tient pas de lui, mais des dieux, seuls détenteurs de la *sophia*. Le désir qui enflamme Socrate à la vue d'un beau garçon intelligent est au plus profond de son âme un brûlant désir de savoir. L'extase du délire amoureux donne les ailes nécessaires pour voir le réel dans une perspective nouvelle, éclairé dans une plus éclatante lumière. C'est la vision du beau qui fait que la vie humaine vaut la peine d'être vécue[1]. Ce qui définit le philosophe selon Platon, c'est-à-dire l'ignorance qui explique son désir de savoir et sa capacité d'être affecté jusqu'au délire et l'extase par le beau, caractérise la finitude humaine. Voilà donc pourquoi la tradition du platonisme a pu développer la conceptualité nécessaire pour penser la finitude de l'existence humaine.

Le lien entre la théorie platonicienne du beau et l'herméneutique universelle de Gadamer est évident. Il faut cependant préciser la nature de ce lien. Il n'y a qu'une affinité (*Affinität*) entre la théorie platonicienne du beau et l'herméneutique de Gadamer, et non pas une identification totale. Pour Platon, le vrai se manifeste à notre sensibilité dans le beau. Mais la vérité herméneutique ne se donne pas uniquement dans l'expérience du beau. Nous pouvons acquérir plus de sagesse en étant emportés dans la souffrance et le malheur. Il y a des événements de la vie qui sont des événements de sens et qui éclairent l'existence. Nous pouvons aussi être captivés par le sens d'un texte qui répond à nos interrogations :

> Quand nous comprenons un texte, ce qui en lui a sens captive de la même manière que le beau. Il s'impose et il captive d'emblée, avant que pour ainsi dire on ne revienne à soi et que l'on puisse contrôler la prétention au sens qu'il formule à quelqu'un[2].

Ce qui unit la théorie platonicienne du beau et l'herméneutique universelle de Gadamer c'est leur commune reconnaissance du fait que l'homme, pour comprendre son existence et s'élever de l'ignorance à la sagesse, doit prendre part à l'événement qui éclaire sa vie d'une nouvelle lumière. Ce lien entre le platonisme et l'herméneutique est si fort que Gadamer déclare lui-même que son œuvre s'inscrit dans la tradition platonicienne.

Tel est, selon moi, la doctrine de Platon dont Gadamer retrouve les traces chez Thomas d'Aquin et qui se prolonge dans l'herméneutique philosophique : le beau est la manière dont le bien apparaît, le beau se

---

[1] PLATON, *Banquet*, 211 d.
[2] VM, p. 516 ; GW 1, p. 494.

manifeste de lui-même en son être, car il est de la constitution ontologique de la forme de briller par elle-même. C'est en tant que manifestation sensible de l'intelligible que le beau est ainsi très étroitement lié au vrai en tant qu'*aletheia*. Le beau est l'éclat de l'être et la splendeur du vrai. Cette relation entre le beau et la vérité de l'être est importante en ce qui concerne la dimension métaphysique de l'herméneutique de Gadamer. Il a été clairement établi par son analyse phénoménologique du phénomène de la lumière que la lumière et le beau ont la même structure ontologique et que la splendeur du beau est la manifestation de la vérité de l'être.

> C'est donc sur la métaphysique de la lumière qu'est fondée la relation étroite qui existe entre la manifestation du beau et ce qui est éclairant *(einleuchtend)* dans l'intelligible. Or, c'est justement ce lien qui nous avait guidés dans notre problématique herméneutique[1].

D'après Gadamer, le concept du beau est un concept métaphysique universel qui avait, au sein de la métaphysique traditionnelle, c'est-à-dire de la théorie générale de l'être, une fonction qui n'était aucunement limitée à l'esthétique au sens moderne du terme[2]. Gadamer termine *Vérité et méthode* en montrant que le concept du beau est un concept dont la signification, si l'on remonte à ses origines, peut servir une herméneutique d'extension universelle :

> Nous reconnaissons donc en même temps que la métaphysique de la lumière met en valeur un aspect du concept antique du beau, qui maintient son droit, même une fois détaché du contexte de la métaphysique de la substance et du rapport métaphysique à l'esprit divin infini. Notre analyse de la position du beau dans la philosophie grecque classique a donc pour résultat que ce même aspect de la métaphysique conserve encore pour nous une signification féconde[3].

La métaphysique traditionnelle nous parle encore. Elle nous dit que la lumière du beau est une émanation, un surcroît d'être. Cette lumière qui

---

[1] VM, p. 509 ; GW 1, p. 487.
[2] VM, p. 502 ; GW 1, p. 481.
[3] VM, p. 509 ; GW 1, p. 487.

nous éclaire n'a pas nécessairement pour Gadamer une origine divine — cela relève uniquement de la foi —, c'est plutôt la lumière de l'être lui-même qui partage avec la lumière le même mode d'apparaître. La lumière d'une parole éclairante s'impose à nous sans que l'on puisse la maîtriser[1]. « [C]e qui est éclairant est manifestement toujours quelque chose de surprenant, tel le surgissement d'une lumière nouvelle, qui élargit le domaine de ce qui entre en considération[2]. » C'est en étant pris dans le jeu de sa lumière que nous apparaît le sens de ce qui « s'adresse à nous du fond de la tradition[3] ». Telle la pâle lueur d'une bougie qui guide nos pas dans la nuit, l'appel de la tradition, bien qu'incertain, est souvent notre seule orientation dans l'existence. C'est la finitude de la condition humaine qui rend l'appel à l'autorité de la tradition et des classiques inévitable. L'expérience de la finitude apporte ainsi une légitimation philosophique à ce qui n'est qu'un sophisme aux yeux des logiciens.

Augustin : la parole est la lumière de l'être

Pour que la lumière du beau devienne la parole de l'être, Gadamer va rattacher la métaphysique du beau à la doctrine chrétienne du Verbe. Tout comme la lumière du soleil est ce qui fait naître et rend visibles les êtres vivants, « la lumière qui donne relief à toutes choses de façon à les rendre intelligibles en elles-mêmes, c'est la lumière de la parole[4] ». En effet, si l'être se donne à la compréhension en tant que langage, c'est parce que la parole est lumière au sens de ce à quoi les choses doivent leur intelligibilité, de la même manière que l'éclat du beau est la manifestation de l'intelligible dans le sensible. Gadamer va s'appuyer sur Augustin qui a, dans sa pénétrante interprétation du récit de la création dans la *Genèse*, anticipé « l'interprétation spéculative de la langue, [...] selon laquelle la multitude de ce qui est pensé procède de la seule unité de la parole[5] ». En effet, selon Gadamer, Augustin

> insiste tout particulièrement sur le fait que la création initiale du ciel et de la terre a encore lieu sans qu'intervienne la Parole divine. Ce n'est que pour la création de la lumière que Dieu « parle » pour la

---

[1] VM, p. 511; GW 1, p. 489.
[2] VM, p. 511 ; GW 1, p. 489.
[3] VM, p. 511 ; GW 1, p. 489.
[4] VM, p. 508-509 ; GW 1, p. 487.
[5] VM, p. 509 ; GW 1, p. 487.

> première fois. Saint Augustin voit dans la parole qui nomme et crée la lumière, l'illumination spirituelle qui permet la différenciation des choses qui prennent forme. C'est la lumière seule qui permet à la masse informe du ciel et de la terre initialement créés, de prendre corps en formes multiples[1].

Avant la création de la lumière par la Parole de Dieu (*Fiat lux!*), la terre était informe et vide. Il ne peut en effet y avoir de forme sans lumière, la lumière étant ce qui met fin au chaos des ténèbres.

Le lien entre le langage et la lumière remonte au moins au récit de la création de la *Genèse*. C'est au moment de créer la lumière que Dieu parle pour la toute première fois. Pourquoi n'est-ce pas par la Parole que Dieu crée le ciel et la terre ? Augustin répond que la pure matière est trop informe pour avoir quelque rapport avec la parole divine[2]. Assimilant le verbe du Prologue de l'évangile de Jean à la lumière du verset 3 de Genèse 1, Augustin comprend l'acte créateur de la parole à l'aide de la métaphore de la copie et du modèle. Autrement dit, la matière informe n'a pas la dignité ontologique nécessaire pour prendre la parole divine comme modèle, alors que la lumière se doit d'être le reflet sensible de la divine parole. Augustin souligne en effet le haut rang ontologique de la lumière, qu'il identifie avec l'intelligence qui prend sa source en Dieu :

> Quant à la lumière, qui la première reçut l'ordre de se former et se forma, s'il faut admettre qu'elle tient le premier rang dans la création, elle se confond avec la vie de l'intelligence, de l'intelligence qui doit se tourner vers le Créateur pour en être éclairée, sous peine de flotter dans l'incertitude et le désordre. Or, l'instant où elle se tourna vers Dieu et fut éclairée, fut celui où s'accomplit la parole prononcée dans le Verbe de Dieu : *Que la lumière soit*[3].

Au livre XIII de ses *Confessions*, Augustin reconnaît le pouvoir unifiant de la parole qui donne forme aux choses et à l'âme par sa lumière :

> Toutes ces choses seraient demeurées informes sous votre parole, si cette même parole ne les avait

---

[1] VM, p. 509 ; GW 1, p. 487.
[2] AUGUSTIN, *De la genèse au sens littéral*, livre I, chap. 4.
[3] AUGUSTIN, *De la genèse au sens littéral*, livre I, chap. 9.

> ramenées à votre Unité, en leur communiquant la forme et l'excellence qui ont leur source en vous seul, le Souverain Bien. [...] Et quels titres avait la créature spirituelle encore à l'état d'ébauche, ne fût-ce que pour être cette chose flottante et ténébreuse, pareille à l'abîme, différente de vous, si par ce même verbe elle n'eût été ramenée au Verbe même qui l'avait faite, et si, illuminée de sa clarté, elle n'était devenue elle-même lumière [...][1].

Clairement identifiée à la lumière, la parole divine joue le même rôle chez Augustin que le bien chez Platon : elle est à la fois source de l'être et source de son intelligibilité. La parole de Dieu est lumière et ceux qui la reçoivent en leur cœur accèdent à la Vérité. Pour Augustin, penser véritablement c'est penser la Vérité. La véritable pensée est celle qui se conforme au Verbe de Dieu, au Verbe qui est Dieu. La présence de la lumière divine en soi est la condition de possibilité de tout discours vrai, discours qui se dit d'abord dans le silence de son cœur.

Le lien entre la parole et la lumière a aussi une origine néoplatonicienne. Très jeune, Augustin fut fasciné par le culte de la lumière des manichéens et cela le prépara sans doute à sa rencontre avec le platonisme, où il trouva une métaphysique de la lumière compatible avec l'Évangile. En effet, dans un passage des *Confessions*, Augustin affirme avoir retrouvé dans les écrits des platoniciens plusieurs des vérités révélées par le prologue de l'évangile de Jean, dont l'identification du Verbe de Dieu à la Lumière :

> Or, j'y ai lu — non pas, bien sûr, en ces termes, mais suggéré tel, à s'y méprendre, par maintes sinueuses raisons — [...] que le Verbe de Dieu, lui, *est la lumière vraie qui illumine tout homme venant en ce monde*[2].

Le Verbe, Dieu lui-même, est la lumière véritable qui éclaire tout homme venant en ce monde. Augustin cite une traduction latine de la Bible plus ancienne que la Vulgate de saint Jérôme[3]. La nouvelle Vulgate, promulguée par Jean-Paul II en 1979, ajoute une virgule qui en modifie le sens, comme on peut le voir dans la TOB, « le Verbe était la vraie lumière qui, en venant dans le monde, illumine tout homme » et la Bible de Jérusalem, « Le Verbe

---

[1] AUGUSTIN, *Confessions*, XII, 2, trad. Trabucco.
[2] AUGUSTIN, *Confessions*, VII, 9, 13-14, *Œuvres I*, Paris, Gallimard, Bibliothèque de la Pléiade, 1998, p. 914-915.
[3] Codex Palatinus, Folio 44r.

était la lumière véritable qui éclaire tout homme ; il venait dans le monde ». Alors que nous lisons aujourd'hui que c'est la lumière qui est venue dans le monde éclairer tous les hommes, Augustin lisait que lorsque les hommes viennent au monde, ils sont éclairés par la lumière du verbe qui a créé ce monde. L'ancienne traduction laisse entendre que le Verbe de Dieu a toujours été dans le monde, la nouvelle souligne le caractère événementiel de l'incarnation du Verbe qui vient porter la lumière aux hommes. La version que cite Augustin se prête plus à des rapprochements avec la pensée grecque et sa conception de l'éternité du monde que la nouvelle, le caractère contingent et événementiel de la venue du Verbe dans le monde provenant plutôt de la pensée juive et de sa conception linéaire du temps.

Si nous admettons l'hypothèse qu'Augustin a lu des *Ennéades* de Plotin traduites par Marius Victorinus[1], nous pouvons, concernant l'identification johannique de la parole de Dieu à la lumière qui éclaire les hommes aux thèses qu'Augustin dit avoir retrouvées dans les *libris platonicorum*, penser qu'un passage des *Ennéades* comme celui-ci a pu influencer Augustin : « Le produit de l'Intelligence est un Verbe, et la réflexion discursive est une réalité subsistante. Elle est l'être qui se meut autour de l'Intelligence ; elle est la lumière de l'Intelligence[2]. »

Il est plausible que ce soit par la lecture de passages des *Ennéades* qu'Augustin en est venu à penser que la lumière intérieure qui permet de connaître la Vérité est le Verbe de Dieu, le Christ qui demeure en chacun de nous. On ne peut toutefois pas conclure avec certitude qu'Augustin avait précisément lu ces passages. Il est possible qu'il ait pris connaissance des thèses de Plotin de façon indirecte, en lisant par exemple des textes de Porphyre où ce dernier expose la pensée de son maître, ou encore des textes de Marius Victorinus, traducteur de Plotin. Tout ce que l'on peut rigoureusement conclure de ceci est qu'Augustin a pris connaissance des doctrines de Plotin d'une façon ou d'une autre, probablement au travers des sermons d'Ambroise. Quoi qu'il en soit, Augustin a dû être directement ou indirectement influencé par Plotin, par des lectures qui lui ont fait voir des ressemblances entre le platonisme et le christianisme en ce qui concerne le rapport entre le Verbe et la lumière de Dieu. On peut donc supposer qu'Augustin identifie l'Un à Dieu et le Christ à la lumière qui émane de l'Un pour engendrer l'Intellect. L'évangéliste Jean utilise la lumière comme analogie pour penser la présence de la Parole de Dieu dans l'âme humaine : « Le Verbe était la lumière véritable qui éclaire tout

---

[1] Sur la question des traités de Plotin qu'aurait lus Augustin, voir P. HENRY, *Plotin et l'Occident*, Louvain, Spicilegium Sacrum Lovaniense, 1934, p. 78-119.
[2] PLOTIN, *Ennéade* V, 1, 7, trad. Bréhier.

homme[1]. » Augustin considère pour cette raison les platoniciens comme des précurseurs du message chrétien et attribue au verbe de Dieu les attributs de l'intellect néoplatonicien. La lumière représentant l'Intellect chez Plotin devient chez Augustin le Fils, le Maître intérieur qui illumine notre âme de sa Vérité. Augustin a établi des concordances entre l'Intellect de Plotin et le verbe johannique. Ainsi, le Verbe est engendré par Dieu, comme l'Intellect est engendré par l'Un et constitue son verbe ; les deux engendrés sont des hypostases et la seconde hypostase est dans les deux cas engendrée par la première. Il y a cependant des différences. En effet, l'idée de personne n'apparaît pas chez Plotin alors que dans la théologie johannique, le Verbe de Dieu s'est fait chair en la personne de Jésus-Christ.

On retrouve aussi chez Plotin l'idée de considérer l'engendré comme étant le verbe de l'engendreur, idée que l'on retrouvera reprise telle quelle par Augustin dans le *De Trinitate* et qui se retrouve également dans les écrits johanniques, bien que, chez Plotin, le verbe (*logos*) désigne une fonction plutôt qu'un être. Chaque hypostase est le *logos* de la précédente alors que dans la théologie chrétienne il s'agit d'une substance unique. De plus la notion de *logos*, d'origine stoïcienne tant chez Plotin que dans les écrits johanniques, est assimilée dans ce passage à la notion d'acte, d'origine aristotélicienne. Augustin identifie le *logos* de Dieu du prologue de l'évangile de Jean au *Noûs* platonicien, c'est-à-dire à la seconde hypostase du système de Plotin et de Porphyre. Ce qui revient à dire que Jésus, en tant que Sagesse éternelle de Dieu, contient l'infinité des formes platoniciennes dont participe le monde créé. Augustin voit en Jésus de Nazareth une entité philosophique qui est aussi, en raison de son incarnation, une présence disponible et secourable en nous, présence qui fait de la connaissance une opération divine immanente.

Quel est le sens de la métaphore de la lumière chez Augustin ? La pensée qui connaît la vérité est comme l'œil qui voit les corps : *menti hoc est intelligere, quod sensui videre*[2]. Comme le soleil est la source de la lumière sensible qui rend visibles les choses sensibles, Dieu est la lumière intelligible qui fait connaître les vérités intelligibles à la pensée : « [...] toutes les plus grandes certitudes sont comparables aux choses que le soleil illumine pour qu'on les voie, comme la terre et tout ce qui est terrestre. Mais c'est Dieu qui illumine[3] ! » L'âme est à Dieu ce que la lune est au soleil. La lumière est au corps ce que Dieu est à la vérité. Il importe de noter avec É. Gilson qu'Augustin opère un renversement de la

---

[1] Jean, 1, 9.
[2] AUGUSTIN, *De ordine*, II, 3, 10.
[3] AUGUSTIN, *Soliloques*, I, 6, 12, trad. Pléiade, p. 200.

métaphore ; la lumière divine est la lumière véritable, celle du soleil n'est qu'une imitation de celle de Dieu[1]. Ce n'est donc pas Dieu qui fait comme le soleil, mais le soleil qui fait comme Dieu. La métaphore de la lumière est donc en fait une véritable *métaphysique* de la lumière. Précisant ce qui revient à Dieu et ce qui revient à l'homme dans l'acte de connaissance, Augustin affirme qu'il n'y a pas de confusion entre la pensée humaine et la lumière divine, car si être une lumière qui illumine est une chose, être ce que cette lumière illumine en est une autre[2]. Il est de la nature même de l'intellect humain que d'être le sujet récepteur de l'illumination divine. L'homme est par nature un être illuminé par Dieu. L'intellect humain est ainsi nécessairement soumis dans ses opérations aux idées de Dieu. Dieu et ses idées étant immuables et nécessaires, telles sont les vérités auxquelles la pensée humaine est soumise. Autrement dit, un homme ne peut penser le vrai que dans la lumière de la vérité de Dieu. Si la présence illuminatrice de Dieu disparaît, l'esprit humain est aussitôt plongé dans les ténèbres. É. Gilson note ici une différence entre les gnoséologies platonicienne et augustinienne : « Voir les choses dans la lumière de Dieu n'implique pas la mémoire platonicienne du passé, mais la mémoire augustinienne du présent[3]. » La connaissance n'est pas réminiscence, mais lumineuse présence de Dieu.

La métaphysique de la lumière se fonde sur le rapport établi entre la vision et la connaissance. La vue étant de nos sens celui qui nous procure le plus de connaissances, un rapport analogique a été établi par les Grecs entre la vision et l'intellection[4]. L'analogie a été transmise du platonisme au christinanisme pour être reprise par l'herméneutique. Les correspondances que j'ai établies entre la métaphore de la vision, sa transformation en métaphysique dans le platonisme, sa reprise par le christianisme et son prolongement dans l'herméneutique se résument dans le tableau suivant :

---

[1] Augustin, *De la Genèse au sens littéral*, IV, 38, 45. Cf. É. Gilson, *Introduction à l'étude de saint Augustin*, Paris, Vrin, 1982, p. 106.
[2] Augustin, *Les soliloques*, I, 6, 13. Cf. É. Gilson, *Introduction à l'étude de saint Augustin*, Paris, Vrin, 1982, p. 106.
[3] É. Gilson, *Introduction à l'étude de saint Augustin*, Paris, Vrin, 1982, p. 112.
[4] Cf. Aristote, *Métaphysique*, A, 980a.

	Vision	Platonisme	Christianisme	Herméneutique
Objet	forme visible	Forme intelligible	salut	vérité
Récepteur	œil	âme	âme	humain
Médiateur	lumière	beau	Verbe divin	langage
Principe	soleil	bien	Dieu	être

Tableau 3 – La métaphysique de la lumière de Platon à Gadamer

L'éclat du vrai

En établissant une relation entre le beau et ce qui est éclairant dans l'intelligible, Gadamer s'inscrit dans la tradition néoplatonicienne qui à partir du Pseudo-Denys influence toute la scolastique. Plus précisément, c'est le néoplatonisme chrétien qui influence Gadamer, car ses développements sur le concept de beau se rattachent plus directement à la doctrine du Pseudo-Denys qu'à la doctrine des transcendantaux de Thomas d'Aquin, les propos de Thomas sur le beau étant eux-mêmes fortement influencés par le Pseudo-Denys.

Pour Gadamer, la caractéristique métaphysique du beau est de « supprimer le hiatus entre idée et manifestation[1] ». La beauté est donc une manifestation de la vérité de l'être. Puisque nous sommes des êtres finis, cette beauté nous emporte et prend possession de nous. Le ravissement par le beau est en ce sens une expérience de vérité. De la même manière, c'est lorsque la subjectivité est emportée par un événement de sens que la vérité se donne à l'homme. Comme le beau, la vérité est un phénomène qui relève plus de l'être que de l'intellect humain. L'événement de la vérité est un phénomène ontologique non pas de domination, mais de participation à la vérité de l'être. L'*adaequatio rei et intellectus* de Thomas d'Aquin n'est pas une définition de la vérité où le sujet connaissant domine son objet, c'est plutôt l'intellect qui subit l'action de la chose. Nous pouvons ainsi comprendre pourquoi Gadamer découvre dans la doctrine médiévale des transcendantaux une signification herméneutique. Pour les philosophes médiévaux, en effet, le vrai et le beau sont des propriétés de l'être en soi avant d'être des catégories de l'entendement.

Il est donc possible de soutenir qu'en regard de la révolution copernicienne de Kant, Gadamer solidarise avec les Grecs et les

---

[1] VM, p. 513 ; GW 1, p. 491.

médiévaux contre les modernes[1]. En effet, dans la *Critique de la raison pure*, Kant critique le principe de la convertibilité des transcendantaux, « Quodlibet ens est unum, verum, bonum », de la « philosophie transcendantale des Anciens ». Selon lui, les scolastiques font l'erreur d'attribuer à l'être et aux étants des prédicats qui ne sont que ceux de l'entendement du sujet connaissant[2]. Dans la perspective kantienne, ce que les scolastiques ont appelé transcendantaux ne sont que les exigences logiques du sujet connaissant qui donnent comme fondement pour la connaissance des objets en général les catégories de la quantité : l'*unité* du concept, la *vérité* quant aux conséquences en tant que signe de la réalité objective du concept et sa *perfection* en tant que la pluralité unifiée par le concept qui s'accorde complètement et seulement à lui.

C'est donc tout l'héritage de la *Critique de la raison pure* que la réactualisation herméneutique de la doctrine médiévale des transcendantaux remet en question[3]. Après Kant et même après Heidegger, une métaphysique de la finitude reste possible : c'est ce que propose l'herméneutique.

Il est fort intéressant de remarquer que la notion de vérité herméneutique comme autoreprésentation du sens est un retour à l'antique conception selon laquelle la vérité se manifeste à nous d'elle-même[4]. Aristote considère que toute l'histoire de ses prédécesseurs philosophiques converge et aboutit à sa propre philosophie. Il voit dans ce cheminement une impulsion de la « chose même » : « Mais à ce point de leur marche, la réalité elle-même leur traça la voie, et les obligea à une recherche plus approfondie[5]. » De la même manière, Plotin fait des stoïciens des témoins involontaires — parce que poussés par la vérité — de la supériorité de l'âme vis-à-vis du corps : « Les stoïciens eux-mêmes, conduits par la vérité, témoignent qu'il faut avant les corps une forme d'âme supérieure à eux[6]. » La métaphore aristotélicienne de la vérité se frayant un chemin est ensuite reprise par la patristique. On voit par exemple Lactance dire que la force de la vérité est si grande que personne

---

[1] Sur ce point, voir M. SCRAIRE, « Les sources médiévales du concept gadamérien d'*appartenance* dans *Vérité et méthode* », *Laval théologique et philosophique*, 65, 1 (février 2009), p. 90.
[2] E. KANT, *Critique de la raison pure*, Ak. II, p. 97-99, B 113-116, trad. Renaud.
[3] Cf. M. SCRAIRE, « Les sources médiévales du concept gadamérien d'appartenance dans *Vérité et méthode* », *Laval théologique et philosophique*, vol. 65, n° 1, 2009, p. 83-104.
[4] Je m'inspire ici de H. BLUMENBERG, *Paradigmes pour une métaphorologie*, Paris, Vrin, 2006.
[5] ARISTOTE, *Métaphysique* A, 984a, trad. Tricot.
[6] PLOTIN, *Ennéade* IV, 7, 4, trad. Bréhier.

ne peut y échapper complètement : « Non parce qu'ils ont possédé une connaissance de la vérité, mais parce que le pouvoir de la vérité est si grand que personne ne peut être si aveugle au point de ne pas voir que la clarté divine l'oriente ou l'inspire avec sa lumière[1]. » Au Moyen Âge, cette idée d'une vérité qui s'impose d'elle-même, voire même malgré soi, se retrouve aussi chez Anselme de Canterbury, alors à la recherche d'une preuve nécessaire de l'existence de Dieu : « Mais alors que je voulais absolument exclure de moi cette pensée, de peur qu'en occupant vainement mon esprit elle n'empêchât d'autres occupations où je pusse progresser, voilà qu'elle commença d'une importunité certaine, à s'imposer de plus en plus en moi, malgré mon refus et ma défense[2]. » On voit aussi Thomas d'Aquin, dans son commentaire du *De anima*, reprendre la formule aristotélicienne lorsqu'il dit qu'Empédocle et Platon furent conduits à leurs doctrines de l'âme « comme contraints par la vérité, ils atteignaient cette dernière comme en songe[3] ». En effet, Thomas fait de la vérité la cause efficiente de la connaissance, « cognitio est quidam veritatis effectus[4] ».

À partir de l'époque hellénistique et pour tout le Moyen Âge, il suffit de connaître les vérités indispensables au salut, le reste n'est que vaine curiosité, voire même intempérance. « [I]l y a une sorte d'intempérance à vouloir apprendre plus que de besoin[5] », écrit Sénèque à Lucilius. Augustin parlera plus tard de la *concupiscentia oculorum*[6]. Les vérités nécessaires à l'existence de l'homme s'imposent à lui d'elles-mêmes. La modernité est à la recherche de connaissances interdites, de vérités cachées. Ces vérités ne s'imposent pas d'elles-mêmes, c'est l'homme qui doit en forcer l'accès. Une méthode devient nécessaire. Pour la modernité et son *Aufklärung*, croire que la vérité se manifeste elle-même est l'erreur qui est la cause de l'obscurantisme du Moyen Âge. C'est une illusion caractéristique de la paresse de l'esprit médiéval que de croire que le beau et le vrai se montrent entièrement à l'homme. « Les principes des sciences et des arts étaient perdus, parce que le beau et le vrai qui semblent se montrer de toutes parts

---

[1] LACTANCE, *De Divinae Institutiones*, I, 5, 2, trad. Monat, « Sources chrétiennes », Paris, Cerf, 1986-2000.
[2] SAINT ANSELME, *L'œuvre de saint Anselme*, I, *Monologion, Proslogion*, trad. M. Corbin, Paris, Cerf, 1986, p.229.
[3] THOMAS D'AQUIN, *Commentaire du traité de l'âme d'Aristote*, trad. Vernier, Paris, Vrin, 1999, p. 46.
[4] THOMAS D'AQUIN, *De veritate*, I, 1.
[5] SENEQUE, *Lettres à Lucilius* 88.
[6] AUGUSTIN, *Confessiones*, X, 35.

aux hommes, ne les frappent guère à moins qu'ils n'en soient avertis », écrira d'Alembert[1].

La réflexion sur la méthode de la modernité naissante provient ainsi du sentiment nouveau d'un rapport violent à la vérité, que l'on veut maintenant absolument certaine afin de devenir enfin « comme maître et possesseur de la nature[2] ». La vérité doit être conquise. Aussi voit-on Descartes écrire : « Car c'est véritablement donner des batailles que de tâcher à vaincre toutes les difficultés et les erreurs qui nous empêchent de parvenir à la connaissance de la vérité[3]. » Ce rapport violent à la vérité se traduit alors par la métaphore de la soumission et de la maîtrise de la vérité[4]. Nous avons un exemple de cela avec la métaphore de l'interrogatoire que l'on retrouve dans la préface de la seconde édition de la *Critique de la raison pure* de Kant :

> [Les premiers physiciens modernes] comprirent que la raison ne voit que ce qu'elle produit elle-même selon son projet, qu'elle devrait prendre les devants avec les principes qui régissent ses jugements d'après des lois constantes et forcer la nature à répondre à ses questions, mais non pas se laisser guider uniquement par elle pour ainsi dire à la laisse ; car, sinon, des observations menées au hasard, faites sans nul plan projeté d'avance, ne convergent aucunement de façon cohérente vers une loi nécessaire, que pourtant la raison recherche et dont elle a besoin. La raison doit s'adresser à la nature en tenant d'une main ses principes, en vertu desquels seulement des phénomènes concordants peuvent avoir valeur de lois, et de l'autre main l'expérimentation qu'elle a conçue d'après ces principes, certes pour recevoir les enseignements de cette nature, non pas toutefois à la façon d'un écolier, qui se laisse dire tout ce que veut le maître, mais comme un juge dans l'exercice de ses fonctions, qui force les témoins à répondre aux questions qu'il leur soumet[5].

---

[1] D'ALEMBERT, *Discours préliminaire de l'Encyclopédie*, Paris, Vrin, 2000, p. 117.
[2] Cf. H. BLUMENBERG, *Paradigmes pour une métaphorologie*, Paris, Vrin, 2006, p. 40.
[3] R. DESCARTES, *Discours de la méthode*, Sixième partie.
[4] H. BLUMENBERG, *Paradigmes pour une métaphorologie*, Paris, Vrin, 2006, p. 40.
[5] E. KANT, *Critique de la raison pure*, B XIII, trad. Renaut.

À l'époque moderne s'opère un renversement radical de notre rapport à la vérité. La vérité ne se donne plus par elle-même à l'humain, elle doit être découverte, arrachée de force à la nature par l'application d'une méthode qui somme la réalité de se mettre à nu. C'est cette radicale mutation de l'essence de la vérité que veut corriger l'herméneutique. L'être de la vérité est lumière.

Conclusion

À la question *Quid est veritas ?*, citée en introduction, la réponse de Gadamer est : *la vérité est l'autoreprésentation du sens*. Résumons de quelle manière il a été démontré que Gadamer, dans *Vérité et méthode*, s'inspire du néoplatonisme pour proposer à la modernité une meilleure façon de concevoir la vérité.

L'une des sources les plus profondes de la pensée de Gadamer est l'herméneutique de la facticité du jeune Heidegger, qui exige l'enracinement du questionnement philosophique dans l'existence concrète. Ce retour de la pensée à l'existence concrète nécessite la destruction de la conceptualité sclérosée de la métaphysique. Mais Gadamer, plutôt que de poursuivre le projet d'une destruction de l'héritage de la métaphysique, retourne l'élan reçu de Heidegger contre l'idéal d'objectivité et de neutralité des sciences afin de montrer que le travail de l'histoire est essentiel à la connaissance. Gadamer va ainsi entrer en dialogue avec l'histoire de la métaphysique afin de proposer une conception de la vérité qui ne fait pas abstraction de notre appartenance à une tradition, appartenance nécessaire à toute compréhension. La primauté herméneutique accordée à l'existence concrète conduira ainsi Gadamer à se réapproprier l'héritage de la pensée grecque pour critiquer la modernité, alors que Heidegger n'est retourné aux Grecs que pour mieux pouvoir aller par-delà leur pensée.

En effet, Heidegger voit en Platon l'origine de la condamnation de l'Occident au nihilisme. Avec sa doctrine de l'être comme présence permanente, Platon veut fuir la finitude humaine. Platon masque le caractère fuyant de l'être en recouvrant la révélation originelle de l'être par une doctrine qui réduit l'être à ce qui peut être rendu présent à un intellect calculateur : l'idée. Oblitérant ainsi le voilement de l'être, Platon décrète que seul ce qui se soumet à la raison est véritablement existant. La logique devient alors l'instrument de domination de la métaphysique, mode d'existence inauthentique qui est une volonté de domination de l'étant permettant au *Dasein* de nier sa finitude radicale. La métaphysique, synonyme de platonisme, culmine aujourd'hui dans la volonté de puissance déchaînée de l'empire planétaire de la technique.

L'interprétation gadamérienne de Platon est une critique de celle de Heidegger tout en demeurant dans le prolongement de la pensée du maître. L'interprétation gadamérienne nous présente un Platon soucieux de l'existence concrète et beaucoup plus socratique que métaphysicien. Les dialogues platoniciens sont des conversations vivantes qui tiennent plus compte des exigences du dialogue vivant que de celles de la logique. La *mixture* est une notion qui représente le mélange de l'intelligible dans le sensible, et non pas un rapport de participation ou d'imitation. La vérité, comme le beau, brille par elle-même dans l'existence concrète. On ne peut faire de Platon le fondateur de l'ontothéologie étant donné que, chez lui, le bien est immanent au sensible. C'est Aristote, en caricaturant Platon, qui fait du bien l'étant suprasensible ultime. Cela mis à part, Aristote reste un fidèle disciple de Platon traduisant en concepts la pensée imagée de son maître. Il règne en effet selon Gadamer une profonde unité au sein du platonisme, même chez ses critiques péripatéticiens.

Il n'y a pas non plus de réelle distinction entre le platonisme et le néoplatonisme. Plotin fonde sa doctrine de l'être sur la notion platonicienne de *dunamis*, notion que Platon a développée dans ses derniers dialogues en s'inspirant d'Héraclite. Mais chez Plotin apparaît une nouvelle conception de l'être : l'être n'est plus présence permanente du présent, mais déploiement dynamique des potentialités de l'Un, surgissement de l'être dans le multiple. Le bien ne se montre jamais directement, mais toujours de manière indirecte et chacune de ses manifestations dans le beau est en même temps dissimulation. Diamétralement opposé à Heidegger sur ce point, Gadamer affirme que la notion de vérité comme dévoilement est une notion platonicienne. Gadamer peut donc s'appuyer sur la tradition néoplatonicienne pour développer sa propre conception de la vérité de l'art qui deviendra le modèle de la vérité herméneutique.

Gadamer part en effet du phénomène de l'art pour développer son concept de vérité herméneutique. Pour Gadamer, en opposition avec l'esthétique qui s'est développée depuis le XVIIIe siècle, l'œuvre d'art n'est pas un objet pour la conscience d'un sujet, car une œuvre d'art englobe en elle-même celui qui en fait l'expérience. En effet, avec sa structure de jeu, l'être de l'art met son spectateur hors de lui-même comme peut le faire le délire érotique qui s'empare d'un amoureux. Il s'appuie pour ce faire sur l'autorité de Platon, qui affirme que le délire est nécessaire pour transporter les mortels dans la vérité. La participation du spectateur au jeu de l'art fait partie du processus de la représentation. L'expérience de l'art est un pâtir qui métamorphose celui qui se fait prendre à son jeu. L'art est la représentation d'un ordre métaphysique de l'être qui transforme le rapport qu'entretient le spectateur avec lui-même. L'art est donc l'expérience d'une vérité subie comme un événement qui échappe au contrôle méthodique. Lorsqu'il s'agit d'interpréter correctement une œuvre d'art, l'objectivité est un obstacle à la compréhension. Pour bien comprendre, il faut se laisser prendre complètement, bien que toujours une certaine réflexivité demeure.

Après avoir redonné une dignité herméneutique à la dépossession de soi, Gadamer redonne une dignité ontologique à l'image grâce au néoplatonisme christianisé de Jean Damascène. La notion néoplatonicienne d'émanation permettant de repenser le rapport de l'image avec la réalité, le penseur chrétien aide Gadamer à renverser la dévastatrice critique platonicienne de la *mimèsis*. La représentation artistique est une émanation du représenté et il y a présence réelle du représenté dans sa représentation. Une image n'est pas nécessairement qu'une copie plus ou moins imparfaite d'un original. Une représentation artistique réussie en dit souvent plus que l'original lui-même. La pensée chrétienne du Pseudo-Denys, elle aussi nourrie par la métaphore de l'émanation, permet quant à elle de critiquer les notions modernes de symbole et d'allégorie, notions que la dictature du concept rabaisse à n'être que des figures de style, modes dérivés et inférieurs d'expression. Qu'une représentation soit sous forme d'image, de symbole ou d'allégorie, l'émanation néoplatonicienne permet de penser la présence réelle du représenté dans sa représentation, la représentation émanant du représenté sans l'amoindrir, mais lui apportant au contraire un surcroît d'être.

Après avoir montré le rapport de l'art et de la rhétorique avec la vérité, Gadamer affirme qu'un lien indissoluble unit les mots aux choses et ajoute que le langage est toujours plus celui des choses que de l'homme qui veut parler des choses. Gadamer va alors avoir recours à la doctrine du verbe intérieur de Thomas d'Aquin, doctrine selon laquelle le verbe intérieur n'est pas l'expression de l'esprit, mais l'expression de la *similitudo rei*, idée qui permet à Gadamer de penser le lien entre le mot et la chose même, lien que Platon avait occulté. Chez Thomas d'Aquin, le processus de formation du verbe intérieur est une émanation intellectuelle. L'utilisation de cette notion néoplatonicienne permet à Thomas d'Aquin de dépasser la philosophie grecque du *logos* et de mieux rendre compte de l'être de la langue.

Une fois rappelée l'existence du langage des choses, Gadamer radicalise sa pensée en affirmant que l'être qui peut être compris est langage, ce qui veut dire que l'être se manifeste à l'homme en tant que langage, dont l'être est autoreprésentation. C'est le langage qui donne un sens au réel. Cette conception du langage doit certes beaucoup à Heidegger, mais alors que pour lui la parole poétique est un mode de pensée libérée de la métaphysique, Gadamer rattache l'être du langage à la métaphysique de la lumière.

En effet, à partir d'une interprétation du concept du beau comme émanation de la lumière de l'être et du rapprochement qu'Augustin effectue, sous l'influence du néoplatonisme, entre la parole, la lumière et la vérité, Gadamer découvre les présupposées métaphysiques nécessaires pour fonder ontologiquement le lien entre le langage et les choses. De l'être émane une lumière : l'éclat du beau qui manifeste la présence d'un ordre intelligible dans le sensible. Le langage est cette lumière par laquelle l'être se manifeste. Les mots qui donnent leur sens aux choses sont une émanation des choses mêmes. Les mots sont les images des choses. Il y a une présence réelle des choses dans ces images qui les représentent.

En retournant à l'antique relation entre le beau, la lumière et la vérité, Gadamer s'inscrit dans le sillage du néoplatonisme. C'est plus le néoplatonisme chrétien que la scolastique en tant que telle qui importe dans les dernières pages de *Vérité et méthode*, car les développements de Gadamer sur le concept de beau se rattachent plus directement à la doctrine du Pseudo-Denys qu'à la doctrine des transcendantaux de Thomas d'Aquin. Les propos de Thomas sur le beau sont eux-mêmes fortement influencés par le Pseudo-Denys, et la scolastique n'a jamais fait (sauf chez Bonaventure) du beau une caractéristique transcendantale de l'être.

Les dernières pages de *Vérité et méthode* rappellent que la splendeur du beau est la manifestation de la vérité de l'être. Comme un jeu, le beau nous emporte et prend possession de nous. Ce ravissement par le beau est une expérience de vérité. Car ce n'est que lorsque la subjectivité baigne dans la lumière de l'être, le langage des choses, que la vérité se donne à l'homme. La vérité est un phénomène qui relève plus de l'être que de l'intellect humain. L'événement de la vérité n'en est pas un de domination, mais de participation à cette lumière de l'être dans laquelle nous baignons. Gadamer découvre ainsi dans le néoplatonisme des éléments permettant de s'opposer à la dictature de la subjectivité moderne, subjectivité qui méconnaît le réel rapport de l'homme à la vérité en faisant abstraction de la finitude de son existence concrète. Une métaphysique de la finitude reste ainsi possible.

La reconstruction du dernier chapitre de *Vérité et méthode* montre qu'il renferme les éléments qui permettent de dégager l'unité structurelle de *Vérité et méthode* et qui peuvent servir de fil conducteur à la compréhension de l'œuvre entière.

Le vocabulaire néoplatonicien de l'émanation se retrouve à trois moments stratégiques de la structure argumentative de *Vérité et méthode*. La première fois, c'est lorsque Gadamer distingue le phénomène de la copie de celui de l'image. S'appuyant sur les réflexions de Jean Damascène à propos des images saintes, Gadamer explique alors que l'image, en tant que cération proprement humaine, n'est pas une copie amoindrie d'un original, mais est une émanation qui accroît l'être par sa manifestation en images. L'image révèle ainsi l'inépuisabilité de l'être de son modèle de la même manière que l'Un est l'intarissable source de tout ce qui est. L'émanation néoplatonicienne joue un rôle fondamental dans l'architecture de *Vérité et méthode* puisqu'elle permet à l'art de retrouver sa vérité.

Gadamer a recours une seconde fois à l'émanation néoplatonicienne pour rappeler le lien originaire entre les mots et les choses. S'inspirant de la notion d'émanation intellectuelle reprise par Thomas d'Aquin pour décrire les concepts comme images des choses, Gadamer affirme que la vérité advient dans le langage.

Nous voyons le lien entre le premier et le deuxième moment néoplatonicien de *Vérité et méthode* : l'image est une émanation de l'être ; la pensée est une émanation de la parole. La parole est une émanation, une manifestation du sens, comme l'éclat du Beau dans le *Phèdre*. Cela nous amène au troisième moment néoplatonicien de *Vérité et méthode*, où, dans ses dernières pages, Gadamer, en s'inspirant de la doctrine platonicienne du Beau comme éclat de l'intelligible dans le sensible, affirme que la vérité qui nous saisit dans l'art, l'histoire et le langage est la lumière qui émane de l'être. La beauté est lumière. Pour Gadamer, la structure de la lumière, identique à celle du langage en tant qu'automanifestation, est celle de l'être même. Ce n'est donc pas pour rien, dira alors Gadamer, que le Beau a été considéré par la métaphysique traditionnelle comme un des attributs essentiels de l'être. Gadamer reconnaît lui-même que sa description du phénomène de la lumière est inspirée par le néoplatonisme : « […] la structure de la lumière peut manifestement être détachée de la représentation métaphysique d'une source de lumière, sensible et spirituelle, dans le style du néoplatonisme chrétien[1]. »

Comme la lumière du beau dans la tradition platonicienne, la vérité est autoreprésentation, c'est-à-dire autoreprésentation du sens. L'herméneutique philosophique se veut ainsi le prolongement du platonisme. Cette tradition platonicienne est plus précisément celle du néoplatonisme chrétien : « […] la structure de la lumière peut manifestement être détachée de la représentation métaphysique d'une

---

[1] VM, p. 509 ; GW 1, p. 487.

source de lumière, sensible et spirituelle, dans le style du néoplatonisme chrétien[1]. »

En fusionnant la métaphysique platonicienne de la lumière et du beau avec la doctrine chrétienne du Verbe, Gadamer élabore une ontologie du langage qui devient le fondement du concept de vérité herméneutique[2]. Le langage n'est pas un étant comme les autres étants, car comme l'être en tant qu'être, il est autoreprésentation, manifestation de lui-même. Sa manifestation est un événement qui nous emporte. Cette structure réflexive d'autoreprésentation de l'être, que la tradition néoplatonicienne a conçue comme la surabondance découlant de la perfection de l'Un et exprimée par la puissante métaphore de l'émanation, constitue le fondement métaphysique de toute l'herméneutique de Gadamer.

L'émanation néoplatonicienne permet de penser la possibilité de faire l'expérience de la vérité malgré la radicalité de notre finitude, facticielle, historique et langagière. Grâce à elle, Gadamer peut atténuer la différence entre la source et l'émané, l'original et la copie, la pensée et le langage. C'est finalement la différence entre l'intelligible et le sensible, distinction qui est au fondement de la métaphysique ontothéologique, qui peut être supprimée par la notion d'émanation, ouvrant la voie à une autre intelligence de la métaphysique — une métaphysique de la finitude. La tradition platonicienne fournit à Gadamer le vocabulaire nécessaire pour penser une métaphysique de la finitude. « [C] »'est dans cette tradition du platonisme que s'est formé le vocabulaire conceptuel [existe-t-il un vocabulaire non-conceptuel ?] dont a besoin la pensée de la finitude de l'existence humaine[3]. » Jean Damascène, Thomas d'Aquin et Platon sont les trois principaux penseurs que cite Gadamer pour emprunter une conceptualité permettant de penser la finitude.

Gadamer utilise certes le vocabulaire du néoplatonisme chrétien, mais peut-on parler d'une réelle influence du néoplatonisme sur Gadamer ou doit-on plutôt parler d'une simple affinité permettant l'utilisation de son vocabulaire ? Bien que Gadamer cite textuellement Jean Damascène, le Pseudo-Denys, Augustin et Thomas d'Aquin dans *Vérité et méthode*, est-ce que cela veut dire qu'il admet implicitement les présupposés métaphysiques et théologiques de ces auteurs ? Bien qu'il n'y ait pas, selon Gadamer, de métaphysique chez Platon et encore moins de théologie, il

---

[1] VM, p. 509; GW 1, p. 487.
[2] Voir aussi D. CARPENTER, « Emanation, Incarnation and the Truth-Event in Gadamer's *Truth and Method* », B. R. WACHTERHAUSER (dir.), *Hermeneutics and Truth*, Evanston, Northwestern University Press, 1994, p. 120.
[3] VM, p. 512 ; GW 1 p. 490.

me semble que la doctrine platonicienne du Beau doit bien reposer sur certains postulats métaphysiques. Faut-il croire au mystère de l'Incarnation du Verbe, à l'existence d'un principe intelligible immergé dans le sensible ? Le Beau est-il vraiment la lumière de l'Idée ? L'argumentation de *Vérité et méthode* repose-t-elle sur une forme de mysticisme ?

Dans *Vérité et méthode*, Gadamer propose une interprétation phénoménologique de la théologie chrétienne du Verbe. Il dégage la structure phénoménologique de l'être de la parole qui se trouve dans la pensée d'Augustin et de Thomas d'Aquin. Même chose pour la doctrine platonicienne du Beau : Gadamer en dégage la structure phénoménologique de l'être de la lumière pour découvrir que le phénomène du langage et le phénomène de la lumière partage une même structure phénoménologique d'autoreprésentation. La notion néoplatonicienne d'émanation permet de penser le phénomène d'autoreprésentation. Comme les rayons de lumière émanent du soleil sans jamais s'en séparer, l'Un est présent partout dans l'émanation qui le manifeste. L'influence du néoplatonisme chrétien chez Gadamer est donc bien réelle au sens où Gadamer cherche à voir le phénomène de l'image comme l'a vu Jean Damascène, à voir le phénomène de la langue comme l'ont vu Augustin et Thomas d'Aquin, à voir le phénomène du Beau comme l'a vu Platon. Que Gadamer affirme que l'image, la parole et le beau se donnent à voir tels que ces auteurs les ont vus ne signifie pas nécessairement qu'il faille admettre les postulats métaphysiques que présupposent ces penseurs pour expliquer ces phénomènes. C'est de la même manière qu'Husserl s'était inspiré de Descartes pour décrire le phénomène de la conscience et d'Augustin pour décrire le phénomène du temps. Gadamer n'est pas un mystique, mais un phénoménologue. Bien que Gadamer détache la structure phénoménologique du phénomène de la parole et de la lumière du beau de son contexte théologique ou métaphysique, *Vérité et méthode* est la preuve que le néoplatonisme chrétien conserve encore aujourd'hui une signification qui nous permet de penser la présence de l'être dans ses apparitions et de la vérité dans la contingence du langage, de l'art et de la tradition. La vérité herméneutique est la lumière de l'être qui nous prend. L'influence de Platon s'avère ici décisive. Dans le *Phèdre*, Platon explique la fascination qu'exercent les beaux garçons par le pouvoir d'une sorte de lumière qui émane d'eux. Cette lumière est l'éclat de l'idée du Beau. Celui qui contemple un joli garçon est absorbé par l'aura de lumière que l'Idée du Beau diffuse au travers de son corps. Cette lumière le captive, il y est pris comme dans un filet. Celui qui se laisse prendre par l'aura de beauté qui émane du joli garçon est emporté dans un événement qui le transporte dans le vrai : la splendeur du beau garçon révèle la présence de l'intelligible dans le sensible. C'est notre capacité d'être affecté, la possibilité que nous avons de pâtir, autrement dit notre finitude qui nous rend sensibles au beau. De la même manière, il n'est possible d'être touché par certaines vérités que si l'on se laisse prendre dans l'événement de la compréhension. La finitude humaine trouve de la sorte une légitimation herméneutique, elle est dans cette mesure la cause et la condition de notre aspiration au savoir. Un dieu ne peut éprouver l'amour de la sagesse.

J'ai aussi démontré que Gadamer réhabilite Platon et le défend efficacement contre les accusations de Heidegger. Cela dit, il peut tout de même sembler étrange de voir ensuite Gadamer critiquer les conceptions platoniciennes de l'image et du langage et défendre là-dessus des thèses résolument antiplatoniciennes. Il faut reconnaître que par ses critiques, Gadamer fait également apparaître dans certaines pages de *Vérité et méthode* un Platon très tenté par la métaphysique. Si le rapport de Gadamer à Platon peut sembler ambigu, c'est que Gadamer retourne en quelque sorte la pensée platonicienne contre elle-même. Pour renverser la condamnation platonicienne de l'art et critiquer le mépris platonicien du langage, Gadamer va utiliser la doctrine de Platon sur le Beau. En effet, si pour Platon le beau est l'éclat de l'intelligible dans le sensible, lumière de l'être qui nous emporte dans le vrai, c'est qu'il est possible pour le platonisme de penser la présence de la vérité dans le contingent. L'éclat sensible du beau, en tant qu'émanation de l'être, est le signe que, malgré la finitude que nous impose notre condition de mortel incarné en ce bas monde, un accès à la vérité nous demeure imparti. Par conséquent, si Platon succombe à la tentation métaphysique, cette métaphysique reste consciente des limites de la condition humaine.

Enfin, la philosophie herméneutique de Gadamer repose sur une conception de l'être qui s'est constituée à partir d'une réappropriation d'éléments de la pensée platonicienne qui se retrouvent au cœur de la conception de l'être de Plotin. Nous avons vu au chapitre IV que, selon Gadamer, Plotin accorde une primauté à la notion de puissance (*dunamis*) pour déterminer le sens de l'être : l'être pour Plotin n'est plus présence du présent, mais une puissance qui se manifeste par elle-même, une force vitale qui se maintient par la puissance de son activité. Autrement dit, l'être plotinien est autoreprésentation. Le concept de *dunamis*, fondamental dans l'ontologie plotinienne, permet à Plotin de penser le dynamisme du surgissement de l'être à tous les niveaux de la réalité, fulgurance ontologique qu'on peut se représenter par la métaphore de l'émanation.

Le concept est également pour Gadamer un élément fondamental. C'est la *dunamis* de l'être qui rend possible l'unité de l'un et du multiple :

> Il faut donc voir aussi la *dunamis* du bien dans la pluralité de ce qu'elle réalise, de même que la *dunamis* de la vision consiste en la pluralité de ce qu'elle voit et en rien d'autre. En termes conceptuels, cela signifie qu'il y va de l'indissolubilité du rapport de l'un et du multiple[1].

La *dunamis* de l'être permet à l'étant d'être ce qu'il est est : la lumière qui rend visible ce qui peut être vu.

> L'être véritable [...] apparaît dans la pensée comme la lumière crée une accointance entre le visible et la vue. C'est le « bien » qui fait de la pensée une pensée. L'aptitude à quelque chose (*dunamis*) ne cesse d'être déterminée par ce dont elle est l'aptitude et ce qu'elle accomplit [...]. Ainsi, ce qui resplendit [...] en tant qu'*alethéia te kai to on* (« la vérité et l'être ») permet à la pensée d'être une pensée [...][2].

La thèse selon laquelle l'être se présente de lui-même dans ses manifestations et que toujours demeure une unité dans le multiple constitue le fondement ontologique de l'herméneutique de Gadamer. Il doit présupposer une telle conception de l'être pour défendre l'existence du déploiement historique de multiples interprétations d'un texte ou d'une œuvre pouvant chacune avoir une égale prétention à la vérité. La tradition, les textes et les œuvres d'art déploient leur potentialité de sens tout au long de l'histoire de leurs interprétations. Cette histoire manifeste le dynamisme de l'être qui se révèle dans sa vérité. *L'être qui peut être compris possède la structure de l'être plotinien en tant que* dunamis *de ce qui déborde de lui-même.* Comme le monde de Plotin, l'être qui se donne à comprendre peut être dit « vivant » et la multiplicité de sens que peut prendre par exemple une œuvre d'art au fil des générations est une manifestation du dynamisme de l'être lui-même qui ne se donne jamais de façon absolue et définitive. C'est pour des raisons ontologiques qu'une interprétation n'est jamais définitive

---

[1] H.-G. GADAMER, *L'Idée du Bien comme enjeu platonico-aristotélicien* [1978], trad. David et Saatdjian, Paris, Vrin, 1994, p. 103 ; GW 7, p. 194.
[2] H.-G. GADAMER, *L'Idée du Bien comme enjeu platonico-aristotélicien* [1978], trad. David et Saatdjian, Paris, Vrin, 1994, p. 80-81 ; GW 7, p. 176-177.

et que nous pouvons toujours comprendre autrement. L'horizon de l'herméneutique est universel, parce qu'ontologique.

Le génie de Gadamer est de redonner une signification herméneutique à la lumière au moyen d'une description phénoménologique guidée par la tradition métaphysique. Contrairement à Heidegger qui s'oppose à toute l'histoire de la métaphysique, Gadamer critique la métaphysique moderne à l'aide de la métaphysique traditionnelle. Pour Gadamer, la volonté de domination intégrale de l'étant est plus le fait de la pensée moderne que de la métaphysique grecque et médiévale. Jean Grondin fait remarquer que c'est également l'idée directrice de l'interprétation gadamérienne de Platon[1]. Nous avons en effet vu que Gadamer s'oppose à la conception heideggérienne qui fait de Platon le père de la métaphysique en tant que régime de pensée hégémonique. Ce n'est pas la métaphysique en tant que métaphysique qu'il faut détruire et dépasser, mais seulement *une* métaphysique, celle du sujet moderne. C'est lorsque la métaphysique s'est trouvée ensorcelée par l'obsession de la certitude garantie par le contrôle méthodique que s'est posé le problème de l'occultation de la question de l'être dont Heidegger croyait avoir détecté l'origine dans la pensée de Platon, où se serait opérée une mutation dans l'essence de la vérité. Il serait plus juste de situer cette mutation chez les précurseurs de la pensée scientifique moderne : Bacon, Descartes et même Kant. L'idée toute moderne que les vérités que renferment, par exemple les traités d'Aristote, doivent se soumettre au contrôle de l'expérience afin d'en éprouver la fiabilité constitue un changement radical dans notre rapport à la vérité. Jusqu'à l'aube des Temps modernes, la vérité a la capacité de s'imposer par elle-même à l'humain qui doit se soumettre et se laisser guider par la puissance de la vérité[2]. La tradition antique et médiévale du commentaire de textes de Platon et d'Aristote relevait de cette conception de la vérité. Gadamer dirait sans doute qu'on ne cherche pas à comprendre la *Métaphysique* d'Aristote simplement pour relever le défi de comprendre un texte extrêmement difficile à interpréter. On lit la *Métaphysique* parce qu'on espère, comme tous ceux qui l'ont commentée et fait recopier de génération en génération, y trouver des réponses à nos questions.

---

[1] J. GRONDIN, *Introduction à la métaphysique*, Montréal, Presses de l'Université de Montréal, 2007, p. 353, note 40.
[2] C'est ce que Hans Blumenberg appelle la métaphore de la vérité puissante (H. BLUMENBERG, *Paradigmes pour une métaphorologie*, Paris, Vrin, 2006).

La pensée, comme un arbre, reste toujours prisonnière de ses racines[1]. Ainsi, alors que Heidegger veut détruire et dépasser l'histoire de la métaphysique, Gadamer a compris qu'on ne peut pas échapper à l'histoire de la métaphysique : nous lui appartenons. Pour développer sa pensée, Gadamer va en ce sens se réapproprier la tradition philosophique occidentale. C'est pourquoi Gadamer rattache tous ses développements philosophiques dans *Vérité et méthode* à un moment de la tradition philosophique. Ce livre est en soi un fruit de l'histoire.

La rationalité est la racine de la pensée. D'après Gadamer, l'universalité de l'ordre de la raison n'est pas, comme le croit Heidegger, la conséquence de décisions ontologiques inaugurales, propres à la pensée grecque, et que l'on pourrait réviser, mais constitue l'horizon essentiel et indépassable de tout langage humain :

> Certes, le langage scolaire de la philosophie reste prédéterminé par la structure grammaticale de la langue grecque et, dans son histoire gréco-latine, il a affermi des manières de voir dont Heidegger a dévoilé les préjugés ontologiques. Mais est-ce que l'universalité de la raison objectivante et la structure eidétique des significations langagières sont vraiment liées à ces lectures particulières des notions de *subjectum*, *species* et *actus*, que l'Occident a produites ? Ou ne valent-elles pas pour toutes les langues[2] ?

De toute manière, Heidegger reste un métaphysicien selon Gadamer. D'une part, comme Hegel maintient son point de vue du savoir absolu, Heidegger a une ambition philosophique similaire : « Heidegger semble lui-même avoir revendiqué une authentique conscience de soi historique, dont l'orientation était même eschatologique[3]. » D'autre part, la question « Pourquoi y a-t-il quelque chose et non pas rien ? » étant la question fondamentale de la métaphysique, la pensée de Heidegger est aussi confrontée à cette question, la compréhension de l'être comme présence étant toujours cernée par le néant : « [...] on peut dire que l'approche de

---

[1] J'emprunte cette image à Jérôme LAFOND, *Buffalo*, Montréal, Marchand de feuilles, 2008, p. 43 : « Au nord/Il existe bel et bien un arbre/Un arbre prisonnier de ses racines. »
[2] H.-G. GADAMER, « Le langage de la métaphysique » [1968], *Les chemins de Heidegger*, trad. J. Grondin, Paris, Vrin, 2002, p. 99 ; GW 3, p. 236.
[3] H.-G. GADAMER, « Le langage de la métaphysique » [1968], *Les chemins de Heidegger*, trad. J. Grondin, Paris, Vrin, 2002, p. 91 ; GW 3, p. 231.

Heidegger a été intérieurement préparée par ce dont il y va dans la métaphysique elle-même[1]. »

C'est ainsi que la destruction de la métaphysique n'est pas possible ni souhaitable. Renoncer à la métaphysique, c'est renoncer à la pensée. Comme le dit Gadamer, « [l]a phénoménologie, l'herméneutique et la métaphysique ne sont pas trois points de vue philosophiques différents, mais l'expression de ce qu'est l'acte de philosopher lui-même[2]. »

Il apparaît donc comme une vérité incontournable que Gadamer, tout en marchant dans les traces philosophiques laissées par Heidegger, choisit néanmoins de diverger radicalement de son maître sur une question essentielle : le rapport au legs platonicien. Loin de succomber à la tentation heideggérienne de rompre avec Platon pour échapper aux griffes du nihilisme engendré par la domination planétaire de la technologie, Gadamer propose une réhabilitation audacieuse de la pensée platonicienne. Pour Gadamer, le salut ne réside pas dans la réjection de Platon, mais dans une réappropriation éclairée de son héritage. Cette divergence s'ancre dans une interprétation du combat intellectuel de Platon contre les sophistes, ces maîtres de l'artifice rhétorique qui cherchent à assouvir leur volonté de domination. Platon, en se définissant en opposition à ces figures, érige un modèle de délibération citoyenne qui transcende la simple manipulation de la parole. Pour Platon, c'est à travers l'interaction des citoyens maîtrisant l'art de l'argumentation que l'éclat lumineux de la vérité surgit, illuminant la cité et guidant ses habitants vers le bien commun. Ainsi, Gadamer envisage la possibilité d'une réconciliation avec l'héritage platonicien comme le véritable remède aux maux du nihilisme contemporain. Il ne s'oppose pas à Heidegger par un simple rejet, mais en engageant un dialogue fécond avec lui, révélant par là même que la quête de la vérité demeure un processus dialectique, inextricablement lié à la tradition et à l'histoire des idées. Ce faisant, Gadamer fusionne des horizons, édifie une passerelle entre les générations philosophiques, réunissant Platon, Plotin, Heidegger et bien d'autres dans une conversation infinie au service de la quête humaine du sens.

---

[1] H.-G. GADAMER, « Le langage de la métaphysique » [1968], *Les chemins de Heidegger*, trad. J. Grondin, Paris, Vrin, 2002, p. 92 ; GW 3, p. 232. La question « Pourquoi y a-t-il quelque chose et non pas rien ? » est beaucoup plus ancienne que l'on ne le croit généralement, car elle ne vient pas de Leibniz, mais d'un philosophe du XIIIe siècle, Siger de Brabant, dans son commentaire de la *Métaphysique* d'Aristote.
[2] GW 10, p. 109.

BIBLIOGRAPHIE

Œuvres de Hans-Georg Gadamer

Gesammelte Werke 1, Hermeneutik I: Wahrheit und Methode: Grundzüge einer philosophischen Hermeneutik, Tübingen, J.-C. B. Mohr (Paul Siebeck), 1986.
Gesammelte Werke 2, Hermeneutik II : Wahrheit und Methode: Ergänzungen, Register, Tübingen, J.-C. B. Mohr (Paul Siebeck), 1986.
Gesammelte Werke 3, Neuere Philosophie I: Hegel, Husserl, Heidegger, Tübingen, J.-C. B. Mohr (Paul Siebeck), 1987.
Gesammelte Werke 4, Neuere Philosophie II: Probleme, Gestalten, Tübingen, J.-C. B. Mohr (Paul Siebeck), 1987.
Gesammelte Werke 5, Griechische Philosophie I, Tübingen, J.-C. B. Mohr (Paul Siebeck), 1985.
Gesammelte Werke 6, Griechische Philosophie II, Tübingen, J.-C. B. Mohr (Paul Siebeck), 1985.
Gesammelte Werke 7, Griechische Philosophie III: Plato im Dialog, Tübingen, J.-C. B. Mohr (Paul Siebeck), 1991.
Gesammelte Werke 8, Ästhetik und Poetik I: Kunst als Aussage, Tübingen, J.-C. B. Mohr (Paul Siebeck), 1993.
Gesammelte Werke 9, Ästhetik und Poetik II: Hermeneutik im Vollzug, Tübingen, J.-C. B. Mohr (Paul Siebeck), 1993.
Gesammelte Werke 10, Hermeneutik im Rückblick, Tübingen, J.-C. B. Mohr (Paul Siebeck), 1995.
Plato: Texte zur Ideenlehre (texte grec, traduction, commentaire), Francfort, Klosterman, 1976.
L'éthique dialectique de Platon, trad. F. Vatan et V. von Schenck Paris, Actes Sud, 1994 [1931].
Truth and Method, second revised edition, translation revised by Joel Weinsheimer and Donald G. Marshall, New York, Crossroad, 1989.
Vérité et méthode, trad. P. Fruchon et al, Paris, Seuil, 1996 [1960].
L'Actualité du beau, trad. E. Poulain, Paris, Alinea, 1992 [1977].
L'Idée du Bien comme enjeu platonico-aristotélicien, trad. P. David et D. Saatdjian, Paris, Vrin, 1994 [1978].
Les chemins de Heidegger, trad. J. Grondin, Paris, Vrin, 2002 [1983-1987].
L'art de comprendre. Écrits I : Herméneutique et tradition philosophique, trad. M. Simon, Paris, Aubier, 1982.
L'art de comprendre. Écrits II : herméneutique et champs de l'expérience humaine, trad. I. Julien-Deygout, P. Forget et P. Fruchon, Paris, Aubier, 1991.
La philosophie herméneutique, trad. J. Grondin, Paris, Presses Universitaires de France, 1996.
Interroger les Grecs. Études sur les présocratiques, Platon et Aristote, trad. F. Renaud et al., Montréal, Fides, 2006.

« Platon portraitiste », J. Borreil et J. Poulain (dir.), *Lieux et transformation de la philosophie*, Saint-Denis, Presse universitaire de Vincennes, 1991.
« Plotino », *Il cammino della filosofia*, [En ligne], 2000. [http://www.emsf.rai.it/gadamer/interviste/07_plotino/plotino.htm].
Hermeneutics, Religion & Ethics, trad. J. Weinsheimer, New Haven, Yale University Press, 1999.

Sources secondaires

AERTSEN, J., *Medieval philosophy and the transcendentals, The case of Thomas Aquinas*, New-York, Brill, 1996.
AMBROSIO, F. J., « The Figure of Socrates in Gadamer's Philosophical Hermeneutics », L. E. L. Hahn, E. (dir.), *The Philosophy of Hans-Georg Gadamer*, Chicago/La Salle, 1997.
ARTHOS, J., «'The World is not reflexive': Mind and World in Aquinas and Gadamer », *American Catholic Philosophical Quarterly*, vol. 78, n° 4, 2004, p. 581-608.
—, *The Inner Word in Gadamer's Hermeneutics*, Notre Dame, University of Notre Dame Press, 2009.
AUBIN, P., *Plotin et le christianisme*, Paris, Beauchesne, 1992.
BASQUE, T., *Le concept phénoménologique de phénomène chez Heidegger :* Sein und Zeit *et les* Marburger Vorlesungen *de 1923 à 1926*, Montréal, Université de Montréal, 2005.
BLOOM, A., *L'amour et l'amitié*, trad. P. Manent, Paris, Fallois, 1996.
BLUMENBERG, H., *Paradigmes pour une métaphorologie*, Paris, Vrin, 2006.
CANTO-SPERBER, M., *Philosophie grecque*, Paris, Presses Universitaires de France, 1997.
CARPENTER, D., « *Emanation, Incarnation*, and the *Truth-Event* in Gadamer's *Truth and. Method.* », B. R. WACHTERHAUSER (dir.), *Hermeneutics and truth*, Evanston, Northwestern UP, 1994, p. 98-122.
CESARE, D., « Zwischen Onoma und Logos : Platon, Gadamer und die dialektische Bewegung der Sprache », G. Figal, J. Grondin et D. Schmidt (dir.), *Hermeneutische Wege. Hans-Georg Gadamer zum Hundertsten*, Tübingen, 2000, p. 106-128.
COURTINE, J.-F., *Suarez et le système de la métaphysique*, Paris, Presses universitaire de France, 1990.
DE GERIN-RICARD, L., *Histoire de l'occultisme*, Paris, Payot, 1947.
DE LIBERA, A., *La philosophie médiévale*, Paris, Quadridge, Presses universitaire de France, 2004.
DODD, C. H., *L'interprétation du quatrième évangile*, Paris, Cerf, 1975.
DORION, L.-A., *Socrate*, Paris, PUF, 2006.
DOSTAL, R., « Gadamer's Continuous Challenge: Heidegger's Plato Interpretation », L. E. Hahn (dir.), *The Philosophy of Hans-Georg Gadamer*, Chicago/La Salle, Open Court, 1997, p. 289-307.

DOSTAL, R., « Gadamer's Platonism and the *Philebus*: The Significance of the *Philebus* for Gadamer's Thought», C. Gill, F. Renaud (dir.), *Hermeneutic Philosophy and Plato, Gadamer's response to the Philebus*, Sankt Augustin, Academia Verlag, 2010, p. 1-17.

DOYON, F., « L'objectivité : un obstacle à la compréhension ? », *Dire*, octobre-novembre 2002, p. 6-7.

—, « Les concepts : une origine métaphorique ? », *Dire*, janvier-février 2003, p. 26-27.

—, « La beauté : illusion ou réalité ? », *Dire*, hiver 2004, p. 6-8.

—, «Gadamer et le concept "classique" : l'actualité herméneutique de Herder», *Horizons philosophiques*, vol. 13, n° 2, 2003, p. 23-31.

—, « L'origine gnostique de la vision négative de la sexualité chez saint Augustin », *Ithaque*, 1, 2007, p. 25-47.

DUMOUCHEL, D., *Kant et la genèse de la subjectivité esthétique*, Paris, Vrin, 1999.

ECO, U., *The Aesthetics of Thomas Aquinas*, Cambridge, Mass., 1988.

FARIAS, V., *Heidegger et le nazisme*, trad. M. Benarroch et J.-B. Grasset, Paris Verdier, 1987.

FERRY, ., *Homo Aestheticus. L'invention du goût à l'âge démocratique*, Paris, Grasset, 1990.

FESTUGIERE, A.J., *Contemplation et vie contemplative selon Platon*, Paris, Vrin, 1967.

FORGET, P. et J. LE RIDER. « Hans-Georg Gadamer et le pouvoir de la philosophie », *Le monde*, 19 avril 1981.

FORTIN, J., *Le Banquet de Platon : l'apologie d'Alcibiade ou les paradoxes d'Éros*, Montréal, Université de Montréal, 2009.

FRUCHON, P., *L'herméneutique de Gadamer. Platonisme et modernité*. Paris, Cerf, 1994.

GILSON, É., *L'esprit de la philosophie médiévale*, Paris, Vrin, 1948.

—, *Elements of Christian Philosophy*, New-York, Doubleday, Catholic Textbook Division, 1960.

—, *Introduction à l'étude de saint Augustin*, Paris, Vrin, 1982.

—, *Peinture et réalité*, Paris, Vrin, 1972.

GONZALEZ, F. J. « How to read a platonic prologue: *Lysis* 203a-207d », A. MICHELINI (éd.), *Plato as author*, Lieden, Brill, 2003.

GREISCH, J., *L'arbre de vie et l'arbre du savoir. Le chemin phénoménologique de l'herméneutique heideggérienne (1919-1923)*, Paris, Cerf, 2000.

GRONDIN, « L'universalité de l'herméneutique et de la rhétorique : Ses sources dans le passage de Platon à Augustin dans *Vérité et méthode* », *Revue internationale de philosophie* vol. 54, n° 3, 2000.

—, « L'universalité de l'herméneutique et les limites du langage. Contribution à une phénoménologie de l'inapparent » in *Laval théologique et philosophique*, vol. 53, n° 1, 1997, p. 181-194.

—, « Gadamer vor Heidegger » *Internationale Zeitschrift der Philosophie*, vol. 5, 1996, p. 197-226.

—, « L'*aletheia* entre Platon et Heidegger », *Revue de métaphysique et de morale*, vol. 87, 1982, p. 551-556.
—, « La thèse de l'herméneutique sur l'être », *Revue de métaphysique et de morale*, vol. 111, 2006, p. 469-481.
—, *Le tournant herméneutique de la phénoménologie*, Paris, PUF, 2003.
—, *A l'écoute du sens*, Montréal, Bellarmin, 2011.
—, « Gadamer and the Tübingen School » in C. J. Gill and F. Renaud (eds.), *Hermeneutic Philosophy and Plato: Gadamer's Response to the Philebus*, Sankt Augustin, Studies in Ancient Philosophy, 2010.
—, *Hans-Georg Gadamer. Une biographie*, Paris, Grasset, 2011.
—, *Introduction à Hans-Georg Gadamer*, Paris, Cerf, 1999.
—, *Introduction à la métaphysique*, Montréal, Presses de l'Université de Montréal, 2004.
—, *L'horizon herméneutique de la pensée contemporaine*, Paris, Vrin, 1993.
HALPERIN, D., « Plato and the Erotics of Narrativity », *Oxford Studies in Ancient Philosophy. Methods of Interpreting Plato and his Dialogues*, Oxford, Clarendon Press, 1992, p. 93-130.
HENRY, P., *Plotin et l'Occident*, Louvain, Spicilegium Sacrum Lovaniense, 1934.
JEAUNEAU, É., « Denys l'Aréopagite, promoteur du néoplatonisme en Occident » in L. G. Benakis (dir.), *Néoplatonisme et philosophie médiévale. Actes du Colloque international de Corfou, 6-8 octobre 1995*, Turnhout, Brepols, 1997, p. 1-23.
KAEGI, D. « Was Heißt und zu welchem Ende studiert man philosophische Hermeneutik? », *Philosophische Rundschau*, 41, 1994, p. 116-132.
LAFRANCE, Y., « L'interpétation herméneutique du *Philèbe* par Gadamer », C. Gill, F. Renaud (dir.), *Hermeneutic Philosophy and Plato, Gadamer's response to the Philèbus*, Sankt Augustin, Academia Verlag, 2010.
LALANDE, A., *Vocabulaire technique et critique de la philosophie*, dixième édition, Paris, Presses universitaires de France, 1968.
LAURENT, J., *L'homme et le monde selon Plotin*, Fontenay-aux-Roses, ENS édition, 1999.
MARITAIN, J. *Art et scolastique*, Paris, Louis Rouart et Fils, 1927.
MUNSON R. et A. BLACK, *The Elements of Reasoning*, 5e éd., Belmont, Thomson/Wadsworth, 2007.
OLIVA, M., *Das innere Verbum in Gadamers Hermeneutik*, Tübingen, Mohr Siebeck, 2009.
PANACCIO, C., *Le discours intérieur de Platon à Guillaume d'Ockham*, Paris, Seuil, 1999.
PICHE, C., « La métaphore de la guerre et du tribunal dans la philosophie critique », P. Laberge et al. (dir.), *L'année 1795. Kant. Essai sur la paix*, Paris, Vrin, 1997, p. 389-401.
POUILLON, H., « Le premier traité des propriétés transcendantales, la "summa de bono" du chancelier Philippe », *Revue néoscolastique de philosophie*, vol. 42, 1939.

PRADEAU, J.-F., *Platon, l'imitation de la philosophie*, Paris, Aubier, 2009.
RADCLIFFE, G. E., « Socrates the Beautiful: Role Reversal and Midwifery in Plato's Symposium », *TAPA*, vol. 130, 2000, p. 261-285.
RENAUD, F., « Gadamer, lecteur de Platon », *Études phénoménologiques*, vol. 26, 1997, p. 33-57.
—, *Die Resokratisierung Platons. Die platonische Hermeneutik Hans-Georg Gadamers*, Sankt Augustin, 1999.
RICARD, M.-A., « Le verbe intérieur au sein de l'herméneutique de Hans-Georg Gadamer », *Laval théologique et philosophique*, vol. 57, n° 2 (juin 2001), 251-260.
RORTY, R., « Being that can be understood is language », *London Review of Books*, 16 mars, 2000, p. 23-25.
ROSSETTI, L., « La rhétorique de Socrate », G. Romeyer Dherbey (dir.), *Socrate et les socratiques*, Paris, Vrin, 2001, 161-188.
RUELLO, F., *La notion de vérité chez saint Thomas et saint Albert le Grand*, Paris-Louvain, 1969.
SALLIS, J., « Au seuil de la métaphysique », *Martin Heidegger*, Éditions de l'Herne, Paris, 1983.
SCHÜRCH, F.-E., *Le Savoir en appel, Heidegger et le tournant dans la vérité*, Bucarest, Zeta Books, 2009.
SCRAIRE, M., « Les sources médiévales du concept gadamérien d'*appartenance* dans *Vérité et méthode* », *Laval théologique et philosophique*, vol. 65, n° 1, 2009, p. 83-104.
SMITH, C., « Plato as impulse and obstacle in Gadamer's development of a hermeneutical theory », H. Silverman (ed.), *Gadamer and Hermeneutics*, New York, Routledge, 1991.
—, « H.-G. Gadamer's Heideggerian Interpretation of Plato », *Journal of the British Society for Phenomenology*, 12 octobre 1981, 211-230.
SPANNEUT, M., *Le stoïcisme des Père de l'Église de Clément de Rome à Clément d'Alexandrie*, Paris, Seuil, 1957.
TROUILLARD, J., *La procession plotinienne*, Paris, PUF, 1955.
VATTIMO, G., *Art's Claim to Truth*, New-York, Columbia University Press, 2008.
—, *Au-delà de l'interprétation*, Paris, De Boek Université, 1997.
VESSEY, D., « Gadamer, Augustine, Aquinas, and Hermeneutic Universality », *Philosophy Today*, vol. 55, n° 2, 2011, 158-165.
WACHTERHAUSER, B. R., *Beyond Being: Gadamer's Post-Platonic Hermeneutic Ontology*, Evanston, 1999.
WEINSHEIMER, J., « Gadamer's metaphorical hermeneutics », in H. Silverman (ed.), *Gadamer and Hermeneutics*, New York, 1991.
ZUCKERT, C. H., *Postmodern Platos*, Chicago, The University of Chicago Press, 1996.

Autres sources

AUGUSTIN, *Confessions*, trad. A. d'Andilly, Paris, Gallimard, 1993.
—, *Confessions*, trad. J. Trabucco, Paris, Flammarion, 1964.
—, « La cité de Dieu », *Œuvres, tome 2, La cité de Dieu*, L. Jerphagnon, Paris, Gallimard, Bibliothèque de la Pléiade, 2002.
—, « Sur la genèse au sens littéral », *Œuvres complètes de Saint Augustin*, tome 7, trad. J. M. Péronne, P. F. Écalle, L. Charpentier, Vincent, H. Barreau, Paris, Louis Vivès, 1873.
—, « L'ordre », *Œuvres, tome 1, Les confessions — Dialogues philosophiques*, trad. sous la direction de L. Jerphagnon, *Paris*, Gallimard, Bibliothèque de la Pléiade, 1998.
—, « Sur la Trinité », *Œuvres complètes de Saint Augustin*, tome 27, trad. J. M. Péronne, P. F. Écalle, L. Charpentier, Vincent, H. Barreau, Paris, Louis Vivès, 1871.
—, « Les soliloques », *Œuvres complètes de Saint Augustin*, tome 2, trad. J. M. Péronne, P. F. Écalle, L. Charpentier, Vincent, H. Barreau, Paris, Louis Vivès, 1870.
ANSELME, *L'œuvre de saint Anselme*, I, *Monologion, Proslogion*, trad. M. Corbin, Paris, Cerf, 1986.
ARISTOTE, *Aristoteles Latinus. Politica*, edidit Petrus Michaud-Quantin, Paris, Desclée de Brouwer, 1961.
—, *De l'âme*, trad. R. Bodéüs, Paris, Flammarion, 1993.
—, *Les politiques*, trad. P. Pellegrin, Paris, Flammarion, 1999.
—, *Métaphysique*, trad. J. Tricot, Paris, Vrin, 1953.
—, *Physique*, trad. H. Carteron, Paris, Les Belles Lettres, 2002.
—, *Poétique*, trad. J. Hardy, Paris, Les Belles Lettres, 2003.
—, *Rhétorique*, trad. J. Lauxerois, Paris, Pocket, 2007.
BERGSON, H., *Essai sur les données immédiates de la conscience*, Paris, PUF, 1984.
BOÈCE, *Contra Eutychen, The theological Tractates*, Cambridge, Steward, 1973.
BONAVENTURE, « Tractatus de transcendentalibus », *Franziskanische Studien*, vol. 41, 1959.
D'ALEMBERT, *Discours préliminaire de l'Encyclopédie*, Paris, Vrin, 2000.
DAMASCENE, J., « Discours apologétiques contre ceux qui rejettent les images saintes », trad. A.-L. Darras-Worms, *Jean Damascène : le visage de l'invisible*, Paris, Migne 1994.
DESCARTES, R., *Discours de la méthode*, Paris, Flammarion, 2000.
ÉPICTETE, « Entretiens », *Les Stoïciens*, trad. É. Bréhier et P. — M. Schuhl, Paris, Gallimard Bibliothèque de la Pléiade, 1962.
HEGEL, G. W., *La phénoménologie de l'esprit*, t. 1, trad. Hyppolite, Paris, Aubier, 1939.
HEIDEGGER, M., *Gesamtausgabe 6.2: Nietzsche II* (1939–1946), Franfurt am Main, Vittorio Klostermann, 1997.

—, *Gesamtausgabe 59: Phänomenologie der Anschauung und des Ausdrucks. Theorie der philosophischen Begriffsbildung*, Franfurt am Main, Vittorio Klostermann, 1993.
—, *Gesamtausgabe 60: Phänomenologie des religiösen Lebens*, Franfurt am Main, Vittorio Klostermann, 1995.
—, *Gesamtausgabe 63: Ontologie. Hermeneutik der Faktizität*, Franfurt am Main, Vittorio Klostermann, 1988.
—, *Questions II*, trad. A. Préau, Paris, Gallimard, 1968.
—, *Questions IV*, Paris, Gallimard, 1976.
—, *Acheminement vers la parole*, Paris, trad. J. Beaufret, W. Brokmeier et F. Fédier, Paris, Gallimard, 1976.
—, *Écrits politiques, 1933-1966*, trad. F. Fédier, Paris, Gallimard, 1995.
—, *Être et temps*, trad. E. Martineau, Édition hors commerce, 1985.
—, *Interprétations phénoménologiques d'Aristote*, trad. J.-F. Courtine, Mauzevin, TER, 1992.
—, *Introduction à la métaphysique*, trad. G. Kahn, Paris, Gallimard, Collection tel, 2006.
—, *La logique comme question en quête de la pleine essence du langage*, trad. F. Bernard, Paris, Gallimard, 2008.
—, *Les problèmes fondamentaux de la phénoménologie*, trad. J.-F. Courtine, Paris, Gallimard, 1985.
—, *Lettre sur l'humanisme*, trad. R. Munier, Paris, Aubier, 1964.
—, *Nietzsche I*, trad. P. Klossowski, Paris, Gallimard, 1971.
—, *Platon : Sophiste*, trad. J.-F. Courtine, P. David, D. Pradelle, P. Quesne, Paris, Gallimard, 2001.
—, *Qu'est-ce que la philosophie*, trad. K. Axelos et J. Baufret, Paris, Gallimard, 1957.
HUSSERL, E., *Zur Phänomenologie des inneren Zeitbewusstseins (1893-1917)*, Hrsg. von R. Boehm, Den Haag, M. Nijhoff [*Husserliana* X], 1966.
KANT, E., *Critique de la faculté de juger*, trad. A. Philonenko, Paris, Vrin, 2000.
KANT, E., *Critique de la raison pure*, trad. A. Renaut, Paris, Flammarion, 2006.
LACTANCE, *De Divinae Institutiones*, I, 5, 2, trad. P. Monat, « Sources chrétiennes », Paris, Cerf, 1986-2000.
NATORP, P., *Platos Ideenlehre*, 2ᵉ éd., Leipzig, Meiner, 1921.
NIETZSCHE, F., « Le problème de Socrate », *Crépuscule des idoles*, trad. P. Wotling, Paris, Flammarion, 2005.
—, « Vérité et mensonge au sens extra-moral », *Œuvres philosophiques complètes, Écrits posthumes 1870-1873*, tome I, trad. J.-L. Backes, M. Haar, M. B. De Launay, Paris, Gallimard, 1976.
—, *Par-delà le bien et le mal*, trad. G. Bianquis, Paris, Union générale d'éditions, 1973.
PLATON, « Charmide », trad. L.-A. Dorion, L. Brisson (éd.), *Œuvres complètes*, Paris, Flammarion, 2008.
—, « Cratyle », 439b, trad. Dalimier, L. Brisson (éd.), *Œuvres complètes*, Paris, Flammarion, 2008.
—, *Ion*, trad. É. Chambry, Paris, Flammarion, 1967.

—, « Lois », trad. L. Brisson et J.-F. Pradeau, L. Brisson (éd.), *Œuvres complètes*, Paris, Flammarion, 2008.

—, « Lysis », trad. L.-A. Dorion, L. Brisson (éd.), *Œuvres complètes*, Paris, Flammarion, 2008.—, *Parménide*, trad. A. Diès, Paris, Les Belles Lettres, 1923.

—, « Phèdre », trad. L. Brisson, L. Brisson (éd.), *Œuvres complètes*, Paris, Flammarion, 2008.

—, *Philèbe*, trad. A. Diès, Paris, Les Belles Lettres, 1941.

—, *République*, trad. R. Baccou, Paris, Flammarion, 1966.

—, « République », trad. G. Leroux, L. Brisson (éd.), *Œuvres complètes*, Paris, Flammarion, 2008.

—, « Sophiste », trad. N. Cordero, L. Brisson (éd.), *Œuvres complètes*, Paris, Flammarion, 2008.

—, *Sophiste*, trad. A. Diès, Paris, Les Belles Lettres, 2003.

—, « Timée », trad. L. Brisson, L. Brisson (éd.), *Œuvres complètes*, Paris, Flammarion, 2008.

PLOTIN, *Ennéades*, trad. É. Bréhier, Paris, Les Belles Lettres, 1924-1936.

—, *Traité 30-37*, trad. L. Brisson, J. — F. Pradeau, R. Dufour, J. Laurent, Paris, Flammarion, 2006.

PORPHYRE, *Isagoge*, trad. A. de Libera, Paris, Vrin, 1998.

PSEUDO-DENYS L'ARÉOPAGITE, *Œuvres complètes du Pseudo-Denys l'Aréopagite*, trad. Maurice de Gandillac, Paris, Aubier, 1943.

RENAN, E. *Histoire des origines du christianisme, Livre premier, Vie de Jésus*, 13ᵉ édition, Paris, Calmann-Lévy, 1867.

ROUSSEAU, J.-J., *Discours sur les sciences et les arts, Discours sur l'origine et les fondements de l'inégalité parmi les hommes, Du contrat social*, Paris, Flammarion, 2008.

SÉNÈQUE, *Lettres à Lucilius*, trad. H. Noblot, Paris, Les Belles Lettres, 1945-1964.

THOMAS D'AQUIN, *Commentaire du traité de l'âme d'Aristote*, trad. J.-M. Vernier, Paris, Vrin, 1999.

—, *Commentaire sur l'Évangile de saint Jean*, trad. sous la direction de M.-D. Philippe, Paris, Cerf, 2002.

—, *Questions disputées sur la vérité, Question IV, Le verbe*, trad. B. Jollès, Paris, Vrin, 1992.

—, *Somme contre les gentils*, trad. D. Moreau, C. Michon, V. Aubin, Paris, Flammarion, 1999.

—, *Somme théologique*, trad. A.-M. Dubarle, C. Geffré, J.-M. Maldamé, É. Neyrand, M.-J. Nicolas, J.-H. Nicolas, A. Raulin, A.-M. Roguet, Paris, Cerf, 1984.

Remerciements

Le présent ouvrage émane de ma thèse de doctorat en philosophie. Je remercie tout d'abord le Professeur Claude Piché, qui a pris la peine de diriger mes recherches malgré qu'il aurait préféré que je passe mes vacances à voyager plutôt qu'à écrire une thèse de doctorat. Je remercie également le Professeur Jean Grondin, car il est celui qui m'a superbement introduit à la philosophie de Gadamer durant mes belles années de baccalauréat et de maîtrise.

Mes plus sincères remerciements sont destinés à mon époux Tommy Guignard. Sans son amour, sa bienveillance sa générosité et sa maîtrise stupéfiante de la langue française, le présent ouvrage n'aurait jamais pu exister. Je remercie aussi chaleureusement mon précieux ami Frédéric Tremblay, pour sa très minutieuse relecture qui a permis de résoudre les dernières failles logiques de mon argumentation.

Je suis évidemment responsable des erreurs qui pourraient subsister, hormis celles concernant Thomas D'Aquin. Celles-là sont dues à la médiocre co-direction de recherche de David Piché, professeur à l'Université de Montréal.

Pour contacter l'auteur : francoisdoyon@protonmail.com

Structures éditoriales du groupe L'Harmattan

L'Harmattan Italie
Via degli Artisti, 15
10124 Torino
harmattan.italia@gmail.com

L'Harmattan Hongrie
Kossuth l. u. 14-16.
1053 Budapest
harmattan@harmattan.hu

L'Harmattan Sénégal
10 VDN en face Mermoz
BP 45034 Dakar-Fann
senharmattan@gmail.com

L'Harmattan Congo
219, avenue Nelson Mandela
BP 2874 Brazzaville
harmattan.congo@yahoo.fr

L'Harmattan Cameroun
TSINGA/FECAFOOT
BP 11486 Yaoundé
inkoukam@gmail.com

L'Harmattan Mali
ACI 2000 - Immeuble Mgr Jean Marie Cisse
Bureau 10
BP 145 Bamako-Mali
mali@harmattan.fr

L'Harmattan Burkina Faso
Achille Somé – tengnule@hotmail.fr

L'Harmattan Togo
Djidjole – Lomé
Maison Amela
face EPP BATOME
ddamela@aol.com

L'Harmattan Guinée
Almamya, rue KA 028 OKB Agency
BP 3470 Conakry
harmattanguinee@yahoo.fr

L'Harmattan RDC
185, avenue Nyangwe
Commune de Lingwala – Kinshasa
matangilamusadila@yahoo.fr

L'Harmattan Côte d'Ivoire
Résidence Karl – Cité des Arts
Abidjan-Cocody
03 BP 1588 Abidjan
espace_harmattan.ci@hotmail.fr

Nos librairies en France

Librairie internationale
16, rue des Écoles
75005 Paris
librairie.internationale@harmattan.fr
01 40 46 79 11
www.librairieharmattan.com

Librairie des savoirs
21, rue des Écoles
75005 Paris
librairie.sh@harmattan.fr
01 46 34 13 71
www.librairieharmattansh.com

Librairie Le Lucernaire
53, rue Notre-Dame-des-Champs
75006 Paris
librairie@lucernaire.fr
01 42 22 67 13

www.ingramcontent.com/pod-product-compliance
Lightning Source LLC
LaVergne TN
LVHW010341260326
834688LV00036B/820